GILBERT BORDES

Né en 1948 à Orliac-de-Bar, en Corrèze, Gilbert Bordes a d'abord été instituteur puis journaliste avant de se consacrer à l'écriture et à la lutherie, les deux passions de sa vie. Romancier des situations contemporaines, avec notamment *La Nuit des hulottes* (Robert Laffont, 1990, prix RTL grand public), il s'est aussi révélé un grand romancier de l'Histoire avec *Le Porteur de destins* (Robert Laffont, 1992, prix Maison de la Presse), *Lydia de Malemort* (Robert Laffont, 2000) et *La Peste noire* (XO, 2007). Plusieurs de ses œuvres ont été adaptées pour la télévision. Après *Le Chant du papillon* (Belfond, 2011), *Le Barrage* (Belfond, 2012) et *La Tour de Malvent* (Belfond, 2012), son dernier roman, *Un violon sur la mer*, a paru aux éditions XO en 2013.

Marie Claude // 1 eléphant

Céline

chemisier Blanc Brodé
de roses —   1 montre
+ 1 chemisier Bleu clair
Brodé
+ 1 sac —
avec des
pompons —   petit
                             + sac
2 Bracelets cuir   Beige
noir + Beige   Ange

Yannick sac cuir
         + tee - shirt
         Roli Tao

MATTEO
              ?

Christiane ~~[scribble]~~   Briquets ou
Christine   Bracelets ?

S.L (petits Bouddhas)   ①
STEPH   petite pochette ?   ②
Diane   "   "   ?   ③ Céline

LES SECRETS DE LA FORÊT

VM ?

Simone Charles ⎤ SAC Bleu
Simone guy   ⎦ avec éléphant
    A Blé Bouddha en Bois

2 paréos
1 grand sac couleur fluo
1 " " éléphant
1 " " toute les couleur
pour St valentin
2 sacs fait main très colorés
avec pompons en forme d
kich

GILBERT BORDES

LES SECRETS
DE LA FORÊT

1 sac blanc avec
bordure éléphant.

capes ③

1 pour
christiane
?

1 moi
1 marie France?

ROBERT LAFFONT

© Éditions Laffont, S.A., Paris, 2010

ISBN 978-2-266-20989-2

Un long feulement domine les autres bruits de la forêt. Un grognement puissant suivi de cris aigus. Une voix appelle au secours.

Un merle fait entendre son cri effrayé semblable à un éclat de rire. Le soleil brille, un soleil de mai, éclatant, lumière légère et transparente sur les feuilles des aubépines dont les fleurs blanches se fanent. Un lièvre pointe le nez hors de son terrier, hume l'air, dresse ses oreilles et court à travers les herbes nouvelles qu'un peu de vent agite.

Un jeune homme à vélo trouble ce calme fragile. Il pédale vivement en évitant les ornières, freine brutalement devant un spectacle qu'il ne croyait possible de voir qu'au cinéma : une jeune femme aux vêtements déchirés étendue en travers du sentier. Le visage en sang, elle gît inanimée, peut-être morte.

Le cycliste hésite, cherche son téléphone dans son sac à dos, compose fébrilement un numéro.

— Allô ! La gendarmerie de Villeroy ? Venez vite ! En bordure de la forêt de Monteret.

Le lieutenant Pierre Lormeau lève les yeux vers la fenêtre ouverte et les marronniers fleuris sur la place de la mairie. À Villeroy, en Lozère, il ne se passe jamais rien. Tous les gendarmes de France souhaitent venir travailler ici tant il fait bon vivre près de l'immense parc naturel de Monteret. Pas de délinquance ou si peu ; le travail consiste à surveiller la circulation, se montrer dans les fêtes locales, régler les rares différends entre voisins.

— Une femme, je vous dis, c'est affreux.

— Je vous ai bien entendu. On arrive.

Le lieutenant ordonne à trois de ses hommes de le suivre. Il avertit les pompiers, puis le docteur Juillet qui lui répond par un seul mot, sur un ton qui montre son insensibilité :

— J'arrive !

— Toujours aussi sauvage, celui-là, murmure le gendarme en se dirigeant vers le fourgon bleu.

Ce qu'il voit sur le petit chemin de terre l'horrifie. Une jeune fille gît inanimée au milieu de l'allée. Ses vêtements sont déchirés ; ses bras, ses jambes nues montrent des griffures. Le visage est atrocement déchiqueté. Le sang coule abondamment, imbibe les cheveux, rampe en langues noires sur la poussière et les cailloux.

— Nom de Dieu ! murmure le lieutenant.

Le camion des pompiers arrive pendant que les gendarmes s'occupent du jeune homme qui a fait la découverte macabre. Extrêmement choqué, il est proche de la crise de nerfs.

— Je crois que c'est la petite Jourdan, dit le lieutenant Lormeau d'une voix peu assurée.

Le docteur Bertrand Juillet sort de sa voiture. Il faisait ses visites dans les hameaux voisins. La région manque de médecins, et il doit aller de plus en plus loin autour de Villeroy. Âgé de quarante-cinq ans, grand, les cheveux bruns, l'homme se tient très droit. Sa tête rasée pour cacher une calvitie naissante accentue une impression de sévérité. Le bruit a couru qu'il était membre d'une secte, mais il a su faire taire les ragots par quelques remarques bien placées. Les gens apprécient cet homme froid, peu bavard, qui ne sourit que rarement. Son sérieux, le drame qui a détruit sa vie imposent le respect.

Il s'arrête un instant devant la jeune fille toujours inanimée, s'accroupit, prend le pouls de la victime.

— Vite ! dit-il aux pompiers. Il faut l'emmener aux urgences à Mende. Elle a perdu beaucoup de sang…

Juillet peste contre le sous-équipement de la région ; pas un seul hôpital à moins de cinquante kilomètres. Il va devoir se débrouiller une fois de plus, se battre avec ses moyens dérisoires contre l'hémorragie qui vide ce jeune corps. En cet instant, il pense à un autre combat, celui qu'il n'a pas gagné et qui a fait de lui un vaincu de la vie, un solitaire. C'était un mois de novembre. Anne conduisait Noémie à son cours de danse à Mende. L'accident est arrivé dans un virage, sur la petite route. La voiture, qui aurait été gênée par un chauffard, a percuté un arbre avant de tomber dans le ravin. Le temps de dégager les deux blessées des tôles et c'était trop tard…

Les pompiers démarrent en trombe. Juillet est monté dans le camion auprès de la jeune fille. Il s'affaire, conscient de son impuissance. C'est dans de tels moments qu'il comprend que les jeunes médecins répugnent à s'installer ici. Les hameaux où subsistent encore quelques vieux qui s'accrochent à leurs masures sont trop éloignés les uns des autres. En hiver, les routes étroites, sinueuses et mal entretenues deviennent impraticables. Les forces vives ont cédé devant la nature austère, les hivers rigoureux, les étés de sécheresse et cette terre semblable à de la poussière, sur les rochers que le vent dénude. Les écolos ont profité de l'aubaine pour obtenir la création d'une réserve naturelle où bêtes et plantes peuvent grandir à l'abri des hommes. Dans l'immense parc de Monteret, il est interdit de couper les arbres, de ramasser les champignons. Seuls quelques endroits sont encore autorisés à la promenade.

— Plus vite ! ordonne le docteur Juillet au chauffeur.

En moins d'une heure, toute la ville est en émoi. Jusqu'à une époque récente, Villeroy était un gros bourg qui devait sa prospérité aux brebis de l'Aubrac dont le lait sert à fabriquer le roquefort. Depuis la fin des années 1960, la région a perdu la moitié de ses habitants. Les élus locaux ont cherché à attirer des usines pour garder les jeunes qui partent vers les grandes métropoles, principalement Montpellier. Le centre de recherches biologiques a créé une centaine d'emplois ; une usine de batteries, des ateliers de mécanique de précision, un dépôt de transporteur et plusieurs petites entreprises locales occupent la zone industrielle dont l'isolement limite le développement.

Maintenant que la blessée est partie, les gens se rassemblent sur la place du Chêne-Brûlé. C'était autrefois une clairière, mais deux lotissements construits avant la mise en place du parc l'ont intégrée à la ville. Retrouvant ses automatismes professionnels, le lieutenant Lormeau délimite un périmètre interdit aux curieux. Un de ses gendarmes fait des photos pendant qu'il relève de nombreuses empreintes, celles des pattes d'un animal qui pourrait être un gros chien.

— C'est bizarre ! dit l'un d'eux, les pieds de chien sont d'ordinaire assez ronds, et ceux-là sont plutôt allongés, comme si c'était…

Il hésite avant de prononcer le mot qui lui est venu spontanément à l'esprit tant il est chargé d'anciennes terreurs prêtes à ressurgir à la première occasion.

— Si c'était quoi ? demande un curieux, nouveau venu dans la région.

— Un loup.

Lormeau lui jette un regard incrédule. C'est un homme corpulent, à la figure large et sanguine, à la voix puissante qui rassure.

— Qu'est-ce que tu racontes ? Ça fait belle lurette qu'il n'y a plus de loups dans la région. Le dernier loup a été tué près de Mende en 1929. On en a signalé au mont Aigoual en 1946, mais ce n'est pas certain. Depuis, aucune trace sérieuse.

— Il paraît qu'il en vient de temps en temps d'Espagne.

— Le loup n'attaque pas les hommes, conclut Lormeau.

Un curieux s'exclame :

— C'est peut-être les chiens des romanos. Ils les lâchent dans la forêt. Moi, je les ai vus. D'énormes bergers allemands dressés pour mordre. Le campement se trouve à moins de cinq cents mètres de là.

Depuis longtemps, les gens de la région demandent le départ de ces étrangers. Mais le préfet a toujours fait la sourde oreille : les chasser d'ici où ils ne gênent personne pour les envoyer où ? Personne ne veut des romanichels.

Jules Boissy, commissaire principal de la police judiciaire de Mende, arrive à son tour. Le célèbre petit homme à la grosse tête, aux cheveux coupés en une brosse dure, au regard pétillant sous d'épais sourcils noirs s'est illustré en élucidant plusieurs affaires compliquées et, dans sa ville, on le considère désormais comme une sorte de Maigret local malgré sa petite taille, son manque total de prestance. Sa façon hachée de parler fait rire. Il a aussi une formule qui revient souvent, quand il est à bout d'arguments, et qui ne manque pas de susciter l'hilarité générale : « J'ai deux fils, monsieur, alors je ne me hasarde pas à dire n'importe quoi ! »

Il arrive en coup de vent, car il n'a pas l'habitude de perdre son temps. Il salue rapidement le lieutenant Lormeau, se penche sur le sol où l'herbe a été piétinée.

— Bizarre. dit-il.

Ce mot sorti de la bouche du commissaire le plus perspicace de la région donne à l'événement une dimension mystérieuse à la Sherlock Holmes. Les groupes ultra-écolos auraient-ils lâché des loups dans le parc naturel, comme ils prétendent vouloir le faire ? N'a-t-on pas rapporté à la gendarmerie qu'une femelle avec ses cinq petits avait été ramenée d'Europe centrale à l'automne dernier ? Lormeau et ses hommes ont effectué un grand nombre de patrouilles en forêt, les gardes de l'ONF ont fouillé le parc, questionné les riverains et les promeneurs sans rien découvrir de particulier.

— Un loup ? demande à son tour le commissaire en levant son regard sombre vers le lieutenant Lormeau qui se gratte la moustache. Est-ce possible ?

Un loup. Le mot est une nouvelle fois lâché. Un loup sorti du parc où toute une meute pourrait facilement se terrer sans jamais être dérangée. Boissy a un mouvement nerveux des épaules, passe une main dans ses cheveux d'une raideur de brosse métallique, se redresse, un vrai gringalet à côté du lieutenant Lormeau.

— Regardez les photos, fait-il comme s'il se parlait à lui-même. Les vêtements sont déchirés, certes, mais le docteur Juillet a dit que les griffures sur le corps n'étaient pas profondes. Par contre, l'animal s'est acharné sur le visage de la jeune fille qu'il a littéralement déchiqueté comme s'il avait surtout l'intention de la défigurer.

Lormeau observe les photos sur l'appareil numérique.

— Curieux, en effet…

Le maire, Joël Letertre, arrive à son tour. C'est un homme d'une cinquantaine d'années, de haute taille, maigre, les joues creuses, les oreilles décollées, le regard perçant. Professeur de mathématiques au collège, il a été élu sur une liste de gauche associée aux Verts, détrônant l'ancien maire, Paul Marcilly, en place depuis dix ans et farouchement de droite. Ce propriétaire d'une petite entreprise de conserves qui employait une douzaine de personnes a vendu son affaire et s'est retiré dans sa propriété en bordure de la forêt de Monteret d'où il ne sort que rarement.

Joël Letertre a su séduire par ses idées nouvelles et son désir « de faire quelque chose » contre l'immobilisme de l'ancien conservateur. Beau parleur, son discours sur la nécessité de sauvegarder l'environnement de Villeroy face aux nombreux projets d'implantation d'industries polluantes, sa prise de position contre les OGM, son charme aussi l'ont poussé à une place que Paul Marcilly considérait comme la sienne à vie.

Letertre salue le lieutenant Lormeau, le commissaire

Boissy, et murmure en regardant les photos : « Pauvre petite… »

— Vous avez pu l'identifier ? demande-t-il au lieutenant.

— On a retrouvé son sac à main et ses papiers. Il s'agit de Léa Jourdan.

— Malheureux parents. Espérons qu'elle va s'en tirer.

— Nous aurons plus de renseignements dans la soirée, affirme le commissaire Jules Boissy. Les spécialistes vont examiner les blessures et faire des prélèvements. En attendant, il faut prévenir un nouvel accident. Nous allons faire une battue dès demain matin. Je vais avertir le préfet.

— Mais pour chasser quoi ? demande le maire. Nous ne savons pas quel animal a agressé cette jeune fille.

— Nous le saurons dans très peu de temps, réplique Boissy. Que ce soit un chien ou un loup, c'est un animal solitaire qu'il faut éliminer avant qu'il ne fasse d'autres victimes. Mobilisez vos hommes pour demain matin. Nous allons demander des renforts à Mende, peut-être une division de l'armée. Pas un seul mètre carré de cet immense territoire ne doit être oublié.

— Mais c'est impossible ! s'exclame le lieutenant Lormeau. Le parc couvre près de cinq mille hectares de terrain souvent très difficile. Comment voulez-vous le ratisser efficacement ?

— Certes, mais l'expérience montre que les animaux agressifs, souvent des bêtes malades, manquent du sens de l'orientation et ne se méfient pas suffisamment des hommes. Ils ne parcourent pas de longues distances. L'animal qui a attaqué ici se trouve sûrement à proximité. Nous le débusquerons.

— Je peux demander aux employés de la ville de venir donner un coup de main, propose le maire.

— Si vous voulez, mais seulement les volontaires. Il faut les prévenir que c'est peut-être dangereux.

Jules Boissy se tourne de nouveau vers le lieutenant Lormeau :

— Au fait, un cirque est-il passé par ici récemment ?

Lormeau et le maire échangent un regard étonné.

— Non, je ne crois pas.

Puis le lieutenant va chercher dans le fourgon bleu une carte qu'il déplie sur le capot d'une voiture.

— Voilà la forêt, enfin une partie. Vous comprenez que c'est impossible de la ratisser efficacement.

Jules Boissy observe la topographie des lieux.

Villeroy se trouve entre les deux bras de la forêt domaniale, la route de Mende, celle de Montpellier, et les hameaux un peu à l'est. Son regard s'arrête sur une forme géométrique au milieu du vert forestier, implanté au bout d'une route en cul-de-sac.

— Qu'est-ce que c'est ?

— Le Centre de recherches biologiques. On y fait des tas d'expériences dont on ne sait pas grand-chose. C'est ici, paraît-il, qu'on a réalisé les premiers clonages de mammifères. Il y a là tout une ménagerie pour les expériences mais, soyez rassurés, l'endroit est particulièrement bien gardé. Entouré de plusieurs clôtures de deux mètres de haut avec des caméras partout.

— Et ça ? demande encore Boissy en montrant un autre point clair au bout d'une étroite route tortueuse.

— C'est l'ancien hameau de Mary. La région a racheté la totalité des maisons, enfin des ruines et des terres en friche.

— Il n'y a plus personne ?

— Si. Un campement de manouches. Ils vivent sans histoires. Des gens de Roumanie. Une vingtaine de personnes, surtout des femmes, et des enfants qui fréquentent les écoles locales.

— Mais qu'est-ce qu'ils font ?

— Ils font de la vannerie. Ils ramonent les cheminées, ils collectent les vieilles ferrailles, achètent les meubles anciens pour des antiquaires, bref, ils bricolent.

— Bien, poursuit le commissaire qui se tourne vers le maire. Faites savoir à vos administrés de ne pas se promener dans la forêt jusqu'à ce que nous ayons débusqué le coupable de cette atrocité.

La consternation se lit sur tous les visages. Ce soir, à Villeroy, on n'entend plus chanter le coucou. Les gens se rassemblent pour commenter la terrible agression dont a été victime la jeune Léa Jourdan. Comment est-ce possible, ici, presque dans la ville ? Les parents de Léa, Marc et Martine Jourdan, possèdent le magasin de chaussures sur la place de l'église, en face de la pharmacie Lutel et juste à côté de la Halle aux vêtements. Des gens appréciés. Les voisins et les amis les entourent, tentent de les soutenir dans cette horrible épreuve. Les jours de Léa ne sont pas en danger mais, totalement défigurée, elle ne retrouvera jamais son beau visage. Certains pensent qu'il aurait mieux valu qu'elle meure.

Spontanément, les hommes se rassemblent devant la gendarmerie pour participer à la battue du lendemain. Le lieutenant Lormeau leur parle des risques, ils s'en moquent. Ils seront tous là, au lever du jour, avec leurs fusils.

— On va pas se laisser bouffer par une sale bestiole ! s'exclame Serge Martin, président de la société de chasse locale.

Des groupes se forment. Personne ne se gêne pour critiquer ouvertement la réserve naturelle décrétée par les fonctionnaires de Bruxelles et les écologistes qui ne connaissent rien à la région. Est-il normal d'abandonner un territoire aux ronces et aux bêtes alors que les hommes qui y vivaient autrefois l'avaient si bien domestiqué ?

— Si on laisse faire la sauvagine, ajoute Serge Martin, réputé pour son habileté au tir et surtout en affaires, elle viendra nous chercher jusque dans nos chambres à coucher !

Des renforts de police sont arrivés de Mende. Pendant toute la nuit, les gardes forestiers parcourent la forêt en 4 × 4 en suivant les allées, mais de vastes zones sont impraticables autrement qu'à pied et souvent d'accès difficile. Le lieutenant Lormeau est allé au campement des romaniches pour les mettre en garde : à l'intérieur de la forêt, les enfants qui jouent à longueur de journée autour des caravanes sont les premiers exposés.

Bertrand Juillet retrouve sa voiture abandonnée à l'endroit de l'agression. Les spécialistes ont examiné les plaies, les premiers tests ADN indiquent que l'animal est bien un loup. Cette révélation fournit un argument aux opposants au parc naturel.

— C'est pour sauver les sauterelles et les asperges sauvages, déclare le père Landry. On m'interdit de couper mes arbres et, pendant ce temps, ces écologistes, qui ne comprennent rien à rien, s'amusent à ramener de sales bêtes. Paraît qu'ils ont lâché des pleines caisses de vipères !

La nuit tombe. Les premières chauves-souris patrouillent au-dessus de la route dont la chaleur réfléchie attire les insectes. Le docteur arrête sa voiture sur le trottoir et s'apprête à rentrer chez lui quand un enfant arrive à vélo. Ses cheveux très noirs et frisés, sa peau brune et ses vêtements indiquent qu'il vient du camp des Roms. Juillet le connaît : c'est Django, qui sèche les cours et vole dans les magasins. Les gendarmes l'ont souvent menacé de le placer dans un foyer, mais rien n'y fait.

— Monsieur, il faut que vous veniez vite. Ma sœur va mourir !

— Ta sœur ? Elle a été attaquée par la bête ?

— Non. Elle est malade.

— On y va, dit Juillet en remontant dans sa voiture.

Il sort de la ville déserte suivi de loin par le gamin sur son vélo. Ce n'est pas la première fois qu'il se rend au campement des romanichels. Il s'est déjà heurté au chef, Ion Prahova, un homme violent et déterminé qui refuse l'ingérence du médecin dans sa communauté composée essentiellement de femmes.

La nuit recouvre la forêt. Un hibou appelle sa femelle quelque part dans les taillis. Les caravanes profitent des anciens branchements du hameau abandonné pour se fournir en électricité. Quand Juillet sort de sa voiture, une femme vêtue de noir, grande et maigre, se précipite vers lui.

— Vite !

— Que se passe-t-il ?

La femme au visage long et austère a beaucoup de mal à s'exprimer en français. Elle se tort les mains et grimace.

— La fièvre, dit-elle.

Plusieurs gamins lèvent sur le docteur des regards curieux et apeurés. À côté de la caravane que lui indique

19

la femme, le chef ne le quitte pas des yeux. Il porte un foulard rouge autour du cou. Ses cheveux souples tombent autour de sa figure étroite. Il siffle entre ses dents et les chiens se taisent. Juillet le salue d'un mouvement de tête, entre dans la caravane où règne un grand désordre, des vêtements posés sur les meubles en bois blanc, un lit en coin est défait, la vaisselle est encore sur la table avec les restes d'un repas. Une forte odeur de moisi et de sueur froide surprend le docteur. La lampe accrochée au plafond diffuse une faible lumière jaune.

Dans le fond, couchée sur un vieux canapé, une jeune fille tourne vers le docteur ses grands yeux noirs fiévreux. Juillet remarque tout de suite son beau visage pâle à la peau mate. Un étrange frisson le parcourt, quelque chose d'indéfinissable né de la contradiction entre la beauté de cette fille et la mauvaise odeur. Il se penche enfin sur la malade, pose sa main sur le front brûlant.

Le jeune Django entre en soufflant et reste en retrait. Il apporte dans cet air confiné une odeur de mousse et d'herbes sèches.

— C'est Maria, ma sœur, dit le gamin qui s'exprime en un français parfait. Elle est malade depuis plusieurs jours. Et les tisanes, les billets de la vieille Marcha n'y ont rien fait.

— Il faut que je vous ausculte.

Juillet hésite dans cette caravane malodorante à accomplir des gestes ordinaires qu'il répète des dizaines de fois par jour. Sous le regard sévère de la vieille femme en noir, et surtout en face de cette jeune fille d'une vingtaine d'années, si différente des autres, il positionne les écouteurs du stéthoscope dans ses oreilles et pose l'autre extrémité à la naissance du cou. Le cœur bat très vite.

— Il faut que je parle à la malade, ajoute le docteur. Je vous demande de sortir et de nous laisser seuls.

La vieille qui a compris s'emporte dans une protestation en roumain. Django traduit :

— Notre mère ne veut pas. Elle doit rester.

Juillet se redresse. Il ne supporte pas qu'on s'oppose à sa volonté quand il s'agit d'un acte médical. Pourquoi perdre du temps dans cette caravane avec des gens qui, une fois de plus, refusent de se laisser soigner ?

— Alors, il faut l'hospitaliser, dit-il en se dirigeant vers la sortie. Je ne peux pas la soigner ici. Il faut faire une prise de sang pour connaître exactement les causes de la fièvre.

Un gémissement le fait se tourner vers Maria qui l'implore des yeux. Ce regard planté en lui souffle un vent tiède sur la poussière du temps et ses propres blessures. Dehors, l'air frais lui fait du bien. Ion Prahova est là, qui ne le quitte pas des yeux. Django le regarde aussi de ses beaux yeux noirs si semblables à ceux de sa sœur.

Juillet sort son carnet d'ordonnances et griffonne quelque chose.

— Voilà ce que vous devrez présenter aux urgences à l'hôpital de Mende.

Il se dirige vers sa voiture sans demander ses honoraires. Prahova se place devant lui :

— Qu'est-ce que vous croyez ? fait-il avec un fort accent étranger. On n'a pas d'argent.

— Cette jeune fille doit être hospitalisée pour des examens approfondis, s'emporte Juillet en ouvrant sa portière. C'est tout ce que je peux faire pour elle.

Il part avec le sentiment désagréable de fuir, d'être lâche. Il n'a pas accompli correctement sa mission de médecin, mais l'odeur, les regards hostiles posés sur lui l'ont poussé à fuir. Depuis ce jour de novembre où sa femme et sa fille sont mortes sur la route de Mende, il n'apporte plus autant de soin à son travail. Six années ont passé et il n'a pas retrouvé l'énergie qu'il avait autrefois. Et puis, ici, tout manque, alors il ne prend pas de risques : à l'exception des affections ordinaires qu'il soigne avec des médicaments que tout le monde connaît, il fait hospitaliser ses patients : les distances sont trop grandes en cas de complications.

Il roule sur l'allée en bordure de la forêt et pense à la bête qui hante ce territoire interdit aux activités humaines. Ce soir, quelque chose le choque dans ce genre de réalisation qui satisfait tant Jean-Baptiste Magourin et les membres de l'association Les Amis de Monteret. Comment peut-on chasser les hommes d'un lieu où ils vivent depuis la nuit de temps ? Ne sont-ils pas eux aussi, une espèce endémique ?

Les grands yeux noirs de la jeune Maria s'imposent à son esprit. Il les voit avec tant de netteté qu'il lui semble en comprendre la prière muette : « Ne m'abandonnez pas ! » Que peut-il pour elle ? Entourée de son oncle, de sa mère et des autres romanichels, la jeune fille a un chemin tout tracé. Juillet se souvient maintenant de l'avoir croisée en ville. Elle livre des paniers et des objets en vannerie à un magasin proche de son cabinet. Il la revoit sur l'écran de la nuit marcher dans la rue de son pas souple qui n'est pas celui des gens d'ici. Il l'avait donc remarquée et mesure la différence entre la superbe jeune femme, les cheveux au vent, et

cette pauvre fille allongée sur une paillasse malodorante.

— S'ils ne l'hospitalisent pas tout de suite, elle
risque de mourir car elle souffre d'une septicémie que
des antibiotiques ordinaires ne suffiront pas à juguler.
Qu'est-ce que j'y peux ?

Il a parlé à la nuit pour se rassurer, pour se donner une
bonne raison de ne pas avoir insisté plus longtemps. Il
entre chez lui, une belle maison mal entretenue qu'il
occupe avec ses souvenirs. Des photos tapissent les
murs, Anne et lui le jour de leur mariage, Anne et la
petite Noémie, Anne, toujours Anne, sous tous les
angles, en toutes saisons, les bras nus ou emmitouflée
dans un épais manteau. Comment regarder ailleurs avec
un sentiment si fort qui, depuis l'accident, n'a fait que se
durcir, comme les murs infranchissables d'une prison.

Il passe dans la vaste salle de séjour et se met en
devoir d'ouvrir son courrier posé là ce midi, à côté d'un
énorme album de timbres-poste. Juillet est un collec-
tionneur : il doit à cette passion, qui s'est surtout révélée
depuis qu'il vit seul, les rares moments d'oubli, presque
heureux. Ce besoin d'amasser, de garder pour lui seul
une infinité de petites vignettes lui semble pourtant pué-
ril et coupable, une boulimie insatiable dont il ne veut
pas savoir ce qu'elle cache. Il se contente de penser aux
pays, aux civilisations qui ont produit ces icônes... Les
voyages l'ennuient et ce qui l'intéresse dans les timbres
ne se trouve nulle part ailleurs. Chacun est une petite
œuvre d'art, un tableau qu'il suffit de savoir regarder
pour en comprendre les couleurs sans nuance, les
formes souvent naïves. Quand Juillet feuillette ses
albums, il voyage sans limite dans le temps, l'espace et
l'esprit humain.

Il constate qu'il n'a rien pour dîner. Bertrand Juillet se contente souvent de grignoter sur un coin de la table. Il refuse les invitations car ce solitaire n'aime pas se séparer de ses souvenirs dans les rares moments de liberté que lui laissent ses patients.

Le sort de la jeune manouche le tracasse. Il appelle le lieutenant Lormeau.

— Je suis allé chez les Roms, explique-t-il. Ils ont une femme très gravement malade que je ne peux pas soigner. J'ai ordonné un transport à l'hôpital de Mende, mais je doute qu'ils le fassent. Et pourtant, cette fille risque de mourir si elle n'est pas hospitalisée au plus vite.

— On s'en occupe. J'envoie deux gars.

Cette fois, Juillet peut s'absorber dans son courrier. Il vient de recevoir des timbres d'un correspondant d'Afrique du Sud et se fait une joie de les contempler en toute tranquillité...

Le lendemain, Juillet est réveillé par les oiseaux de plus en plus tapageurs car le printemps avance. Dès cinq heures du matin, ils commencent leur raffut qui ne s'interrompt qu'au lever du jour. Jean-Baptiste Magourin et Les Amis de Monteret, qui ont beaucoup bataillé pour la mise en place du parc régional naturel, en sont ravis : plusieurs espèces en voie de disparition ont trouvé là des conditions particulièrement favorables à leur développement. De nombreux insectes disparus autrefois à cause des traitements agricoles foisonnent de nouveau. Personne ne peut contester l'intérêt de ce vaste espace de liberté pour la biodiversité.

Juillet se lève, passe dans la salle de bains. Il a mal dormi comme souvent, une nuit sur deux.

La petite ville est déjà en ébullition. Sur la place du Chêne-Brûlé, des hommes s'affairent autour de plusieurs camions de police et de gendarmerie. Un hélicoptère décrit de larges cercles au-dessus de la forêt. Les participants à la battue se sont divisés en plusieurs groupes qui vont ratisser systématiquement la partie sud de la forêt. Le soleil se lève ; une belle journée de mai se prépare.

Le docteur Juillet téléphone à l'hôpital de Mende pour avoir des nouvelles de Léa Jourdan. Le docteur Perrot explique que les blessures au visage sont très profondes ; plusieurs opérations seront nécessaires pour lui redonner une apparence humaine et Léa gardera pour toujours les marques de la bête de Monteret. Juillet demande ensuite des nouvelles de Maria, la jeune Rom qui a été hospitalisée en urgence vers minuit. Les premières analyses confirment ce qu'il redoutait : une septicémie très avancée.

Les Villeroyens se sont levés de très bonne heure. Le bruit des bataillons qui se disposent à l'orée de la forêt, juste à la limite des jardins, le ronflement de l'hélicoptère attirent de nombreux badauds. Et les conversations vont bon train. La jeune Léa a pu décrire la bête : sa gueule énorme, ses crocs acérés et, surtout, des longs poils sur le dos, comme une sorte de crinière plus claire que le reste du pelage. Le loup aurait une longue queue très touffue qu'il agite nerveusement.

Ces détails font le tour de la ville et terrorisent les habitants. Certains assurent avoir déjà rencontré cet animal.

— L'autre jour, je passais près du lac de Tibier. Je regardais les fleurs près du petit ruisseau quand j'ai eu l'impression d'une présence. J'ai levé la tête et j'ai nettement vu bouger les branches basses et la grosse queue de la bête qui s'enfuyait.

— Moi aussi, je l'ai vue ! fait le père Lebanc. Vue de mes yeux. Elle était devant moi, sur le chemin des Trans. Elle me regardait comme si elle s'apprêtait à me sauter dessus. Je vous dis pas la peur que j'ai eue !

— Et pourquoi tu n'en as pas parlé plus tôt ?

— Parce que vous vous seriez moqué de moi !

Toutes les conversations aboutissent à la même constatation :

— Est-ce qu'on avait besoin de ce parc naturel ? Franchement, ça n'a pas de sens ! D'accord qu'il faut protéger les plantes et les petites bêtes, mais il y a une limite en tout. C'est vrai qu'on n'y a pas fait beaucoup attention jusque-là et qu'on a tout empoisonné avec nos saletés, mais quand même…

— Les écolos pour sauver une espèce de grillon ou de graminée sont prêts à sacrifier la moitié de l'humanité. Voilà la vérité.

Le facteur, Pierre Brun, qui apporte le courrier au Centre de recherches biologiques, n'est pas de cet avis. C'est un petit homme à la moustache parfaitement taillée, au nez sec en forme de faucille. Il est très écouté parce qu'il sait tout ce qu'il se passe et connaît les secrets de chaque famille.

— Vous vous trompez. La bête ne vient pas de très loin, dit-il en tournant son visage plat vers les bâtiments blancs que l'on aperçoit de la place du Chêne-Brûlé, des bâtiments construits en 2001 et enfermés derrière de hauts murs.

— Qu'est-ce que vous voulez dire ?

— Il s'y passe de drôles de choses, répète Pierre Brun en prenant un air entendu. Je peux pas dire tout ce que je sais, je suis assermenté, moi.

Sous les ordres du commandant Malmaison, policiers et pompiers de Mende se placent à deux mètres les uns des autres tout le long de la lisière et se mettent à marcher droit devant eux. L'hélicoptère poursuit sa patrouille juste au-dessus des arbres. Les gens retrouvent confiance : avec autant de moyens, la bête sera capturée avant midi.

Pendant toute la matinée, les hommes ratissent les taillis, mais ils ne débusquent que des chevreuils, des cerfs, des sangliers et quelques renards surpris qui n'ont pas eu le temps de regagner leur terrier. Point de loup, point de bête extraordinaire.

Vers une heure de l'après-midi, la nouvelle éclate comme une bombe. Le commandant Malmaison et le lieutenant Lormeau en sont informés en premier, mais les portables ne tardent pas à avertir la population qui en est terriblement choquée. La bête vient d'agresser un jeune garçon d'une douzaine d'années qui revenait de l'école sur son vélo et longeait la forêt près de Gorgery, une bourgade située à une dizaine de kilomètres de Villeroy, à l'opposé de l'endroit où avait lieu la battue. Cette deuxième attaque s'est produite de la même manière que la première. L'animal a surgi devant l'enfant, l'a renversé et l'a défiguré. La preuve est faite qu'elle n'agit pas pour tuer, mais par la volonté de causer des blessures au visage avec un acharnement pervers.

Après la pause de la mi-journée, les gens se rendent à leur travail, la peur au ventre. Ils ne laissent pas partir les enfants seuls à l'école. Les sentiers pédestres si agréables en cette saison sont déserts.

Vers quinze heures, le commandant Malmaison rappelle ses troupes. Inutile de poursuivre les recherches dans ce secteur puisque la bête ne s'y trouve pas. Il doit prendre les ordres de sa hiérarchie et expliquer les causes de son échec : la forêt est trop grande pour les modestes effectifs mobilisés. Un escadron de mille hommes serait nécessaire avec des moyens plus appropriés. Il pense à une traque de nuit.

De son côté, le lieutenant Lormeau, homme de terrain, a son idée, qu'il dévoile au commandant Malmaison. Les hommes, entraînés à des opérations plutôt urbaines, savent neutraliser des malfaiteurs, des forcenés, mais ils sont incapables de capturer un renard au fond de son terrier. Pour Lormeau, la bête les voit venir de très loin et ils n'ont aucune chance de la surprendre en faisant autant de tapage.

— Je pense que les battues ne serviront à rien, conclut-il. La preuve : on la cherchait ici, elle était ailleurs. C'est bizarre, n'est-ce pas ?

— Pas forcément, répond Malmaison. Nous avons fait trop de bruit. Nous devons être plus discrets, patrouiller en forêt par petites équipes et regarder ce qui se passe.

— Même avec des petites équipes, elle vous entendra. Il y a peu de chances de la débusquer dans un espace aussi grand, fait de landes, de forêts, de montagnes et de vallées encaissées.

— Non, répond Malmaison. Nous allons trouver des chiens et la chasser.

— Pourquoi pas ? Il y a un équipage au château de Bonnières. C'est à moins de dix kilomètres d'ici, mais de l'autre côté. Le propriétaire, un gros actionnaire dans les pneumatiques, a fait des pieds et des mains pour que la forêt de Monteret ne soit pas classée en réserve naturelle. Depuis, il transporte ses chiens dans le Velay et la Limagne.

— Eh bien, dites-lui que pour une fois, il va pouvoir chasser dans la réserve et pas n'importe quel gibier.

Entre deux visites, Bertrand Juillet se rend à l'hôpital de Mende. Le docteur Perrot qui a opéré les blessés le reçoit aussitôt. Les deux hommes se connaissent bien et s'apprécient, même s'ils sont très différents, l'un renfermé, peu loquace, sombre, l'autre bavard et bon vivant.

— Drôle d'affaire ! dit Perrot. En opérant la petite Léa, j'ai eu le sentiment que ce n'était pas un animal qui l'avait défigurée, mais un homme qui connaîtrait suffisamment l'anatomie pour déchiqueter ce qui ne peut pas se reconstituer, pour commettre le plus de dommages possible sans risquer d'entraîner la mort.

— Vous connaissez l'histoire de la bête du Gévaudan ? demande Juillet. Cela semble impossible à notre époque et pourtant ! J'ai feuilleté un vieux bouquin retrouvé dans ma bibliothèque. Celle-là tuait sans discernement, avec une sauvagerie inouïe. Elle a fait près de trois cents victimes. Et pourtant, les hommes de l'époque occupaient toute la campagne et savaient traquer les animaux sauvages mieux que nous.

— On n'en est pas encore là ! rétorque Perrot.

Il se lève de son fauteuil, fait le tour de son bureau et se plante devant la fenêtre.

— À l'époque de la bête du Gévaudan, les gens étaient illettrés et dans la plus grande misère. La bête était une manière pour eux d'appeler au secours, ajoute-t-il.

Juillet proteste :

— De ce côté-là, les choses n'ont pas changé, elles ont même empiré. Autrefois, la population était essentiellement rurale. Même ici, province pauvre parmi les pauvres, il y avait beaucoup de monde. Désormais, ce pays meurt, voilà la vérité. Les régions reculées sont en train de devenir des zones déshumanisées, livrées à cette nature si chère aux écologistes.

Perrot acquiesce de la tête. Il ne peut se défaire de l'idée que l'animal qui a défiguré les deux jeunes gens est l'arme d'un malade mental, un maniaque.

— Il faut chercher le fou qui se cache derrière ces monstrueuses agressions. À notre époque si sophistiquée qui a perdu tout contact avec la nature, un loup devient une arme efficace.

On avertit le docteur Perrot que le commissaire Jules Boissy souhaite lui parler. Juillet veut s'en aller, son confrère insiste pour qu'il assiste à l'entretien :

— Vous avez été l'un des premiers témoins. Vous connaissez parfaitement la région. Votre avis est des plus importants.

Jules Boissy arrive. Le commissaire local s'est glissé dans l'archétype du policier avec une complaisance dont s'amusent les journalistes. L'hiver, il porte un manteau gris usé, l'été un blouson en cuir aux coudes râpés. Sa dégaine sans manière, ses propos souvent grossiers, sa bonhomie plaisent à la presse qui a souvent relaté ses exploits. Il n'en tire aucune gloire, mais se réserve les affaires importantes, ce qui lui laisse pas mal de temps libre pour s'occuper de ses deux fils. Il a été approché par plusieurs responsables politiques locaux qui voyaient en lui un candidat médiatique, mais il a toujours refusé, considérant que la politique était une affaire sérieuse trop souvent confiée à des rigolos.

Il salue le docteur Perrot, puis le docteur Juillet. Très vif, en perpétuel mouvement, Boissy a la manie de pianoter avec sa main droite sur tout ce qui se trouve à sa portée. Il porte son blouson de cuir beige, preuve que le coucou a bien chanté et que le printemps n'oublie personne. Perrot l'invite à s'asseoir, ce qu'il fait vivement, à la manière de l'homme pressé qu'il affecte d'être.

— J'ai lu le rapport que vous venez de faire parvenir à mes services, dit-il. Je suis étonné que cette bête connaisse les parties les plus fragiles d'un visage humain. Pensez-vous que cela puisse être le fait du hasard ?

— Le fait du hasard ? Peut-être, mais plus sûrement celui d'un conditionnement.

— Je ne vous comprends pas.

— La bête a sûrement été éduquée par un homme.

Boissy secoue sa longue tête. Son front se ride.

— Ce serait un chien, pourquoi pas. Mais les tests et les empreintes sont très nets. On a la certitude qu'il s'agit d'un loup. Et je ne connais pas de faits semblables. Rien ne nous dit qu'un loup peut être conditionné pour tuer.

— Les loups se conditionnent aussi bien que les autres animaux. Il suffit de les dresser dès leur premier âge.

— J'en doute.

Puis se tournant vers Juillet, il demande :

— Vous avez été le premier à examiner la victime. Avez-vous remarqué quelque chose de particulier ?

— Non. Mais je ne suis pas un spécialiste. J'ai pu seulement constater la profondeur des blessures.

— Bien, fait le commissaire de police en se levant et faisant les cent pas dans le bureau. Il y a ce Centre de recherches biologiques. Les gens disent qu'on y fait des expériences un peu particulières. Qu'en pensez-vous ?

— Je connais plusieurs chercheurs, précise Juillet. Ce ne sont pas des apprentis sorciers. Ils sont pleinement conscients de leurs responsabilités.

— Certes, mais un de leurs monstres peut s'être échappé.

— C'est fortement improbable. Et puis je doute qu'ils hébergent des monstres.

Boissy s'accoude à la fenêtre ouverte, écoute un instant les oiseaux qui chantent dans les tilleuls du parking, pianote sur le rebord en bois.

— Attendons les nouvelles battues. L'animal va être débusqué, c'est certain. Ma spécialité à moi, c'est les hommes. Si dresseur il y a, je le trouverai, sinon, cela ne me concerne pas.

Après le départ du commissaire, Bertrand Juillet bavarde encore un instant avec son collègue puis se rend au service des soins intensifs. Il trouve Maria dans une chambre aux murs clairs. La peau de la jeune fille n'en paraît que plus mate, mais pleine de lumière. Ses cheveux très noirs et bouclés s'étalent sur l'oreiller. Elle tourne vers le visiteur ses grands yeux fatigués pleins de méfiance et de peur contenues. Sa beauté impressionne le médecin ; mal à l'aise, il baisse les yeux. Quel âge a-t-elle ? Vingt ans ? Peut-être un peu plus. Noémie aurait dix-huit ans, mais sa fille disparue n'avait rien de commun avec cette romanichelle sur la défensive. Maria a le regard rebelle d'un animal retenu en captivité.

— Comment ça va ?

Ses paupières battent à plusieurs reprises. Son visage reste impassible.

— Vous ne voulez pas me parler ?

Une légère crispation durcit les lèvres de la jeune fille.

— Partez ! murmure-t-elle.

La porte s'ouvre. Le docteur Michaud, que Juillet

connaît aussi très bien, entre dans la chambre. Les deux hommes se serrent la main.

— Voilà que vous venez prendre des nouvelles de votre protégée.

Juillet se tourne lentement vers Maria qui garde les yeux baissés.

— Franchement, ça n'a pas été facile, poursuit Michaud. Nous l'avons soignée à son corps défendant. Une véritable petite furie !

Ils sortent dans le couloir.

— Au fait, avez-vous du nouveau concernant cette bête qui défigure les jeunes gens ? demande Michaud.

— Non, rien.

— On dit que c'est un loup. Voilà où conduisent les errements des hommes. On ne peut pas revenir en arrière, même quand on a conscience d'avoir commis une erreur. La nature ne pardonne rien et la réintroduction d'espèces disparues ne peut conduire qu'à de telles extrémités.

— Je ne sais pas, répond Juillet, pensif.

Il s'éloigne sans rien ajouter. Le docteur Michaud pense que son collègue de Villeroy ne s'est pas arrangé avec les années. Toujours aussi sauvage, aussi replié sur lui-même et indifférent aux autres.

Juillet rentre chez lui. Plusieurs patients l'attendent avant ce soir, mais il éprouve le besoin de retrouver sa maison, sa « tanière » comme il dit souvent. C'est le seul lieu où il se sent parfaitement à l'aise, au milieu de ses photos, avec ses timbres, seule ouverture sur le monde qui l'intéresse. Il n'a pas d'amis, aucune femme n'a remplacé Anne, son corps s'est mis en hibernation.

Il s'installe sur le canapé en face de la télévision qu'il ne regarde pratiquement jamais, prend une bière et boit lentement. Ses pensées restent accrochées au regard de Maria, au rejet qu'il a lu dans ses yeux sombres. Il l'a sauvée et elle n'a aucune reconnaissance, comme si la vie n'était pour cette jeune fille qu'un fardeau. « Elle ne veut rien devoir aux hommes de ma condition, pense-t-il. Ces gens-là détestent ceux qui ne sont pas de leur tribu. Je m'en fous, j'ai fait mon devoir, rien de plus. »

Rien de plus ? Certes, mais cette fille l'intéresse, ce qui le contrarie. Il termine rapidement sa bière et repart à ses visites, la tête ailleurs. Il va devoir faire un effort pour trouver les mots qui aident à supporter la maladie. Il va aussi devoir mentir, parler d'espoir et de guérison à des gens qu'il sait condamnés. Son sérieux, sa froideur, sa tête rasée donnent de la force à ses propos, une autorité qui rassure.

Il traverse la petite cour devant sa maison, passe le portail pour rejoindre sa voiture garée sur le trottoir. Caché derrière le véhicule, un jeune garçon se dresse au moment où il va ouvrir la portière. C'est Django qui jette sur lui un regard apeuré.

— Qu'est-ce que tu fais là ?

Le jeune garçon recule jusqu'à l'avant de la voiture en regardant autour de lui comme un animal aux abois. Un fourgon de gendarmerie s'engage dans la rue. Django qui ne peut fuir se blottit derrière la portière entrouverte. Le fourgon s'arrête à la hauteur du médecin. Un gendarme passe la tête par la vitre ouverte.

— On cherche le petit romano, vous savez, le frère de la fille que vous avez fait hospitaliser hier au soir. Vous ne l'avez pas vu ?

Le docteur hésite un instant. Le gamin lui lance un regard suppliant, le regard de Maria.

— Qu'est-ce qu'il a fait ?

— On l'a pris en train de piquer un appareil photo. Il nous a filé entre les doigts. Il est rusé comme un renard !

— Non, je ne l'ai pas vu, mais je viens juste de sortir. Excusez-moi, j'ai une visite urgente.

Les gendarmes s'éloignent. Juillet se penche sur le gamin qui lève toujours sur lui son regard de bête prise au piège.

— Tu l'as piqué où cet appareil photo ? Chez Jouant ?

Pas de réponse. Maintenant que le danger est passé, Django se prépare à fuir comme il sait si bien le faire. Il se relève, mais Juillet l'attrape d'une main vigoureuse par sa veste grise.

— Reste là. Tu ne m'as pas répondu.

— J'ai rien piqué !

— Qu'est-ce que tu racontes ? fait le docteur qui tâte la poche rebondie de sa veste. Et ça, qu'est-ce que c'est ?

— C'est à moi.

— Monte dans la voiture, on va le rapporter.

Django ne proteste pas. Ce n'est pas la première fois qu'il se fait prendre et a appris à tirer profit de la moindre faiblesse, du moindre moment d'inattention. Une voiture passe ; la conductrice salue le docteur. Django sent que la tenaille des doigts s'est légèrement desserrée. Il s'échappe en courant jusqu'au bout de la rue et s'enfonce dans la forêt. Juillet ne cherche pas à le poursuivre. Au fond, cela ne le concerne pas.

Le lendemain, vers cinq heures du matin, une grande agitation règne à Gorgery, là où, la veille, la bête a blessé un jeune garçon. Plusieurs personnes affirment l'avoir vue quelques instants après qui les narguait à moins de dix mètres des maisons.

M. Fromantin, qui habite le château de Bonnières, arrive avec ses amis. D'une dizaine de vans garés en bordure de forêt, les hommes font descendre leurs chevaux. Ils ont tous revêtu leur tenue de chasseur et apprécient l'aubaine de la bête. Si ce n'était pas un animal sanguinaire qui a déjà blessé deux jeunes gens, ce serait une fête. La plupart ont roulé une partie de la nuit pour être là au lever du jour. Courser un loup dangereux dans une forêt interdite à la chasse leur convient. M. Fromantin, un homme de grande taille, très distingué, prend son rôle très au sérieux et explique aux dizaines de gendarmes présents qu'il faut le laisser faire. Ses vingt chiens connaissent leur travail et ne lâcheront pas la proie une fois qu'ils l'auront flairée. Si tout va bien, ce soir, on ne parlera plus de la bête de Monteret.

Les gens se sont attroupés autour de la prairie où l'équipage se met en place. Les vêtements colorés des cavaliers, les chevaux qui piaffent, la meute de chiens que le maître a bien du mal à contenir constituent un spectacle en soi. Et ils sont tous là, même ceux qui détestent la chasse, certains que, dans peu de temps, ils seront débarrassés de cet animal monstrueux qui défigure ses victimes.

— Franchement ! Voir ça à notre époque ! On se dit que tous nos savants ne sont pas grand-chose à côté des caprices de la nature, et leur électronique ne remplace pas les bonnes vieilles méthodes.

Une voiture de télévision arrive à temps pour filmer le départ. Le journaliste interviewe M. Fromantin qui en profite pour faire l'apologie de la chasse à courre où la bête conserve toutes ses chances.

— Pour cette fois, et compte tenu de l'enjeu, nous allons faire une entorse à notre règle, la bête sera abattue avec un fusil.

Ensuite, il explique à l'équipe de télévision qu'elle ne pourra pas suivre la chasse et devra se contenter de rester dans les allées de la forêt afin de ne pas risquer de perturber la traque. Il monte sur son cheval. Le piqueux fait sentir aux chiens les vêtements déchirés de la victime à l'endroit même où elle a été retrouvée. Les animaux flairent le sol en décrivant des cercles autour de l'homme. Enfin, ils partent dans une direction en poussant de puissants jappements. Le temps pour Fromantin d'expliquer au journaliste que ses chiens ont accroché la bête et les cavaliers se lancent derrière la meute.

— On y va ! dit-il en montant en selle, certain de réussir là où une armée de rabatteurs et un hélicoptère ont échoué.

Les aboiements s'éloignent jusqu'à n'être plus qu'un lointain écho que les gens de Gorgery entendent nettement et qui les rassure. Fromantin et trois cavaliers suivent la meute pendant que d'autres sont postés en bordure de là où l'animal devrait passer. Mais la matinée avance, la meute tient toujours la bonne piste sans pour cela débusquer le loup qui s'ingénie à parcourir de longues circonvolutions dans la forêt, et revient sur ses pas.

— Curieux animal, fait Fromantin à Ferrié, son associé dans la grosse société qu'ils dirigent et tout aussi passionné que lui de chasse à courre.

— C'est un loup, ne l'oubliez pas. J'ai lu un grand nombre de livres sur le sujet. Le loup est difficile à débusquer, il raisonne à la manière d'un homme.

Est-ce parce qu'elle est mal dirigée ou parce qu'elle sent déjà les effets de la fatigue que la meute se lance

38

sur la trace d'un gros cerf ? Quand les chasseurs s'aperçoivent de la méprise, ils se sont éloignés de la bonne piste et perdent un temps précieux avant de la retrouver.

Il faut rassembler les chiens et les calmer. Le soleil est haut dans le ciel, la chaleur accablante.

— Ce sera plus long qu'on le pensait, dit Ferrié. Mais cela ne m'étonne pas. On dit aussi que les loups sont capables de parcourir plus de cent kilomètres lorsqu'ils se savent poursuivis. Celui-là, qui vient probablement de très loin, a été très habile pour échapper à tous les dangers.

— Espérons que ce n'est qu'un loup, fait Fromantin, exprimant ainsi un doute qui ne cesse de grandir en lui.

— Et que voulez-vous que ce soit ?

Fromantin ne répond pas. Il a lu lui aussi des livres anciens de cynégétique et beaucoup d'observations lui reviennent à l'esprit. Le loup est peut-être capable de tenir un équipage en échec, mais il finit toujours par se faire prendre. Seul contre une meute et des chasseurs à cheval, il n'a aucune chance, à moins qu'il ne soit commandé par un homme. Les récits de loups apprivoisés, aussi rusés que le braconnier qui les a élevés, ne manquent pas. Maintenant, il doute de sa réussite.

Ils repartent sur la bonne piste bien tracée, preuve qu'elle est récente. Ils courent encore pendant près d'une heure, mais la bête garde son avance. La meute qui a soif tire la langue et n'avance plus. Fromantin l'encourage.

Enfin, vers trois heures de l'après-midi, la chance tourne. Les hurlements s'intensifient. Le loup s'est arrêté dans un taillis où il est encerclé. Fromantin qui connaît parfaitement les réactions de ses chiens retrouve espoir. Il dispose les hommes à espaces réguliers avec la consigne de ne tirer que s'ils sont certains de faire mouche. Puis il donne l'ordre aux chiens d'entrer dans le fourré. Un énorme rugissement monte des épineux, suivi de hurlements. Fromantin pique son cheval qui hésite à avancer. Alors, il voit la bête, un loup énorme qui correspond parfaitement à la description que les victimes en ont dressée. Acculé au tronc creux d'un châtaignier, l'animal fouette le sol de sa queue touffue et ne quitte pas des yeux les chiens qui gardent leurs distances. Deux d'entre eux agonisent, la gorge ouverte. « Cette fois, je la tiens ! » pense Fromantin en levant le canon de son fusil. Mais les chiens ne cessent de passer dans son axe de tir. Enfin, dans un sursaut d'une vivacité qui surprend le chasseur, la bête se dresse, bondit par-dessus la meute et disparaît dans le maquis. Fromantin tire, mais rate la cible qui l'a surpris par sa rapidité. Deux autres coups de fusil retentissent un peu plus loin. Fromantin sort du fourré. Ferrié n'en revient pas.

— Elle était en face de moi, dit-il. J'ai tiré deux fois, elle a fait un bond, comme si elle était touchée, puis elle s'est enfuie tellement vite que nous n'avons rien pu faire.

— Vous l'avez blessée. Elle n'ira pas loin.

— Qu'est-ce qui m'a pris ? continue Ferrié. J'avais comme du plomb dans les membres, j'ai pas pu viser. Comme, comme…

— Comme quoi ? Exprimez-vous !

— Comme si c'était un sortilège.

— Qu'est-ce que vous racontez ?

Les deux chiens égorgés gisent au sol, dans leur sang. L'un d'eux n'est pas mort, mais sévèrement blessé. Sans un mot, Fromantin épaule son arme et le terrasse d'un coup dans la tête.

— C'était mon Beige ! dit-il. Un magnifique animal que j'aimais. Je ne peux pas supporter de le voir souffrir.

Ils reprennent la course, mais la meute, privée de ses deux meneurs, hésite à suivre la piste fraîche.

— La bête ne perd pas de sang, constate un chasseur qui est descendu de cheval pour examiner les brindilles. On aura du mal à la débusquer de nouveau.

Ils partent derrière des chiens qui manquent de nerf. La piste conduit au lac de Tibier situé au cœur de la forêt. Construite sur un torrent au Moyen Âge, la chaussée en pierres sur laquelle passe un chemin forestier est large de plusieurs mètres. L'eau calme couvre une centaine d'hectares. Autrefois, les pêcheurs locaux venaient y traquer le brochet et la carpe. Depuis que la réserve interdit toute activité humaine, seuls quelques braconniers viennent piéger les gros spécimens qu'ils revendent sous le manteau.

Les chiens s'arrêtent au bord de l'eau et se tournent vers les hommes. Quelques animaux hésitent avant de se lancer, mais ils ne vont pas très loin. Privés d'encouragements, ils reviennent sur la berge et s'ébrouent.

— Bon, elle est entrée dans l'eau, ça prouve qu'elle est fatiguée. On la tient, précise Fromantin.

— Faut trouver par où elle est sortie, répond Ferrié en s'éloignant sur la berge.

Fromantin incite ses fox à chercher la nouvelle piste. Les animaux s'éloignent en suivant le bord du lac, la truffe au sol. Le tour du plan d'eau prend deux bonnes heures. Les hommes et les chevaux sont éreintés. L'enthousiasme est retombé. Ferrié pense qu'après avoir raté la bête, les chances de la retrouver sont minimes. Il vaudrait mieux remettre la chasse au lendemain. Fromantin n'est pas de cet avis : l'animal est venu se baigner, preuve qu'il est réellement fatigué et probablement blessé. C'est le moment ou jamais de le débusquer.

Les chiens revenus à leur point de départ se tournent vers leur maître, la langue pendante. Fromantin qui a mis pied à terre explique, un grand sourire aux lèvres :

— Messieurs, nous venons de délivrer la forêt de Monteret de sa bête. Elle est entrée dans le lac à cet endroit, elle n'en est pas ressortie. Cela signifie qu'elle s'est noyée. Demain, les gardes la retrouveront flottant près de la bonde où le courant et le vent l'auront poussée.

— Vous êtes sûr qu'elle n'a pas réussi à s'échapper ? demande Ferrié.

— Certain. Les nez de douze chiens de chasse ne peuvent pas être mis en défaut aussi grossièrement. La bête est entrée dans le lac ici et on ne trouve aucune autre piste nulle part. J'en conclus donc qu'elle s'est noyée.

Les trompes sonnent la fin de la chasse et la victoire. Le bruit des cuivres emporte très loin la bonne nouvelle. À Gorgery puis à Villeroy, dans les villages voisins de la forêt de Monteret, c'est la délivrance. Les gens poussent des cris de joie, s'interpellent dans la rue, échangent des propos rassurés. Enfin, la vie va reprendre son cours ordinaire, enfin, on va pouvoir laisser les enfants partir à l'école à vélo et jouer en bordure de la forêt. Le cauchemar n'a duré que deux jours et c'est bien assez. Ils pensent aux deux victimes pour qui la lutte continue et qui garderont à vie les séquelles de l'agression par l'horrible animal.

Le soir même, pendant que les télévisions nationales relatent l'heureux dénouement, la bête attaque une fillette sous les yeux de son père qui réussit à mettre l'animal en fuite. La fillette est cruellement mordue aux bras et à la poitrine, mais son visage est indemne. À la joie succède l'abattement et la colère. On en veut aux autorités d'avoir répandu une fausse nouvelle pour cacher leur impuissance. À Villeroy, des groupes se rassemblent spontanément sur la place devant la gendarmerie et la mairie voisine.

Le lendemain, en fin de matinée, une réunion à la salle des fêtes de Villeroy rassemble les riverains de la forêt de Monteret. Il n'y a pas assez de place dans la vaste pièce où les gens se pressent. Des représentants de l'Office des forêts en Lozère sont là, ainsi que différents responsables d'associations. Le préfet, à côté du maire, affiche sa tête des mauvais jours. C'est un bel homme aux tempes grisonnantes, très policé dans son costume bleu, un visage clair et régulier, tellement différent des visages locaux plutôt rougeauds et anguleux. Un léger parfum de muguet qui chatouille agréablement les narines du lieutenant Lormeau flotte autour de lui.

La foule rassemblée attend d'être rassurée. Les gens ne comprennent pas qu'un animal ordinaire tienne tout le monde en échec et joue à narguer les chasseurs les plus chevronnés du pays. Ils sont prêts à demander des comptes à ceux qui ont pour mission de les protéger. Trois adolescents agressés en trois jours, c'est inadmissible !

Le maire veut prendre la parole, mais les conversations ne s'arrêtent pas quand il se lève et tend les mains pour réclamer le silence. Des sifflets montent de l'assistance. Les opposants au parc naturel, les tenants de Paul Marcilly, l'ancien maire, ont enfin l'occasion de se faire entendre et ils n'ont pas l'intention de s'en priver.

— Messieurs, un peu de calme ! demande Joël Letertre.

— Sans ce parc naturel et ces lois idiotes décidées ailleurs, on n'en serait pas là ! crie une voix.

— Comme vous, nous sommes sous le choc, ajoute le maire à court d'argument. M. le préfet est ici pour nous présenter les mesures de sécurité qui doivent être respectées en attendant que l'animal soit capturé.

— C'est bien le moment ! hurle Serge Martin, président de la société de chasse et ancien conseiller municipal. On nous a parqués dans un coin de notre forêt où on ne peut même plus ramasser un morceau de bois pour allumer du feu en nous expliquant que c'était pour le bien de tous. Maintenant que les loups nous menacent devant nos portes, on va nous expliquer qu'il ne faut pas perdre son calme. Qu'est-ce que vous attendez pour lâcher des ours comme dans les Pyrénées ?

— Je comprends votre exaspération, concède le préfet d'une voix mesurée. Nous ne sommes pas maîtres de tout. La réserve a été décidée par Bruxelles sur des directives européennes qui concernent tous les pays de l'Union. Les loups sont aussi des animaux protégés.

Des sifflets arrêtent le préfet. Une voix aigre s'élève :

— C'est ça, les loups sont protégés, les vipères sont protégées, toutes les sales bestioles sont protégées. Il n'y a que les hommes qui ne sont pas protégés !

— Rassurez-vous, reprend le préfet, cette protection cesse lorsqu'il y a des menaces pour les habitants.

— Oui, il a fallu attendre que trois pauvres gamins se fassent attaquer.

Joël Letertre sait très bien d'où viennent ces remarques destinées à le mettre en cause. Il s'emporte :

— Je maintiens que la réserve est une bonne chose. Ce n'est pas parce qu'un animal est dangereux qu'il faut exterminer tous les autres. Ce loup n'est pas ordinaire. Vous savez que les loups ne s'en prennent pas aux hommes et que, depuis longtemps, il en passe à Monteret sans jamais inquiéter personne. Celui-là est probablement un animal malade qu'il faut éliminer, certes, mais sa présence ne remet pas en cause la politique de protection de la nature, indispensable si on veut léguer à nos enfants une planète habitable.

— Les anciens, en éliminant les loups et en défrichant les terres cultivables, nous ont laissé un pays où il faisait bon vivre. Votre protection de la nature n'a d'autre but que de parquer les hommes dans des villes où ils s'emmerdent.

Des applaudissements suivent ce propos. Pour les gens d'ici, de tout temps la nature est au service des hommes, pas l'inverse. Le combat des ancêtres pour lui arracher de quoi survivre prend son sens dans cette région déshéritée. L'écologie est une préoccupation de nantis.

— Dis tout de suite que les hommes doivent s'en aller ou se laisser bouffer !

Le lieutenant Lormeau réclame le silence. Sa large figure rouge s'anime :

— Un peu de calme s'il vous plaît. M. le préfet est venu vous parler des mesures qu'il a prises pour éviter tout nouveau drame.

Le silence revient. Le préfet sait trouver les formules et les mots rassurants. Il explique qu'il comprend les protestations mais que le temps n'est pas aux questions et aux revendications. Seule la lutte contre cet animal doit unir tous leurs efforts. Le parc est tellement grand et la région si peu peuplée que la traque sera difficile, mais il ne faut surtout pas baisser les bras. Il demande ensuite à M. Fromantin de parler de sa journée de chasse.

— Nous sommes partis le matin vers six heures de Gorgery à l'endroit même où le jeune homme a été agressé. Les chiens ont très rapidement trouvé la trace de l'animal qu'ils ont coursé pendant près de cinq heures. Puis nous l'avons localisé dans un fourré. Les chiens ont donné, deux se sont fait égorger. Je suis entré dans le fourré, prêt à tirer. La bête était acculée à un gros châtaignier, en face de moi.

Le silence est total dans la salle. M. Fromantin n'est pas un homme de la région, mais tous reconnaissent son savoir-faire de chasseur.

— C'est un loup de grande taille, maigre, efflanqué, comme s'il était malade. Il possède une mâchoire très allongée avec des crocs impressionnants. Son pelage est sombre, d'un noir sale sur le dos pour virer au beige foncé sur les flancs. Ses longs poils forment comme une sorte de crinière grise à l'arrière du cou. J'ai pointé mon fusil, mais les chiens me gênaient. Alors, le loup a bondi avec une vivacité étonnante et s'est enfui. J'ai tiré. Mon collègue qui se trouvait en dehors du fourré a tiré aussi à deux reprises. Nous pensions qu'il était touché puisqu'il s'est dirigé vers le lac comme le font les animaux épuisés.

Que ce loup ait échappé à des chasseurs aussi habiles étonne les gens qui voient là quelque chose d'anormal. La bête n'est pas un animal comme les autres, la preuve en est faite. Fromantin poursuit :

— Donc, les chiens ont suivi sa piste jusqu'à l'eau. Nous avons fait le tour du lac et nous n'avons trouvé aucune trace indiquant que la bête était sortie. Nous avons pensé qu'elle était morte et puis il y a eu l'agression de cet enfant devant ses parents, presque en pleine ville…

— Tout cela est bien mystérieux, dit Pierre Binchon, chasseur de bécasses. Tenez, l'autre jour, je passais près des murs du Centre de recherches biologiques. J'ai entendu des hurlements à glacer le sang.

D'autres personnes approuvent. Un homme resté discret jusque-là se lève dans l'assistance et précise :

— Je suis Franck Bethot, biologiste et généticien au Centre de recherches. Je dois dire que les hurlements entendus par monsieur ne peuvent pas provenir de chez nous. Nous ne pratiquons des expérimentations que sur des vaches et des moutons.

Un brouhaha incrédule lui répond. Le Centre de recherches biologiques existe depuis près de dix ans, mais les chercheurs ne restent pas longtemps à Villeroy et très peu se sont intégrés à la population. Beaucoup viennent de grands centres urbains et n'ont qu'une hâte quand ils mesurent l'isolement de la région : s'en aller au plus vite. Le secret dont ils entourent leurs travaux contribue aussi à répandre des tas de rumeurs que l'ignorance transforme en menaces.

— Voici ce que nous allons faire, reprend le préfet. La chasse à courre a montré qu'elle peut donner des résultats. Demain, le temps de rassembler plusieurs équipages, une nouvelle chasse sera organisée dans tout le massif forestier. Des chasseurs et leurs meutes disposés tout autour du parc partiront au lever du jour pour converger vers le centre, c'est-à-dire le lac. En attendant, je demande à toutes les autorités locales de mettre la population en garde. Interdiction formelle de se promener en forêt, d'emprunter les chemins et les routes qui la bordent. Plusieurs brigades de gendarmes seront mobilisées pour faire appliquer ces règles de sécurité. Les hameaux qui se trouvent enclavés dans le massif seront particulièrement surveillés.

Quelques applaudissements. Les gens se lèvent en commentant ce qui vient de se dire. Tout à coup, près de la porte, une femme hurle :

— Au voleur ! Mon sac à main !

Il s'ensuit une course poursuite. Mais l'auteur du larcin, qui a une bonne longueur d'avance et connaît l'endroit, disparaît entre les maisons et les jardins.

— C'est encore ce petit vaurien de romanichel ! hurle la femme. Je ne me méfiais pas. Il m'a arraché le sac.

— Bon, fait le lieutenant Lormeau, il ne peut pas être loin, on va le rattraper.

Une fillette revient en portant le sac.

— Je l'ai trouvé sur le chemin.

La dame reprend son sac, vérifie que rien ne manque. Elle ouvre son portefeuille.

— Il l'a vidé. J'avais un billet de cinquante euros et deux billets de vingt. Le vaurien sait ce qu'il cherche.

Le docteur Juillet n'est pas rentré assez tôt d'une visite dans un hameau éloigné pour assister à la réunion. Quand il passe sur la place, les gens sortent de la salle des fêtes et discutent par groupes. Il voit le lieutenant Lormeau et un de ses gendarmes revenir essoufflés d'une impasse. Il leur demande ce qu'il se passe.

— C'est encore ce vaurien de petit manouche qui a volé un sac à main.

— Il a filé comme un lapin, ajoute le gendarme. On l'a perdu derrière les jardins.

Juillet arrive chez lui, gare sa voiture à sa place habituelle sur le trottoir en face de son portail fermé alors qu'il se souvient de l'avoir laissé ouvert. Est-ce la femme de ménage qui l'a poussé en partant ? Depuis que la bête sévit dans les parages, les gens se méfient et se barricadent chez eux.

Il entre. Derrière le portail, une silhouette, qu'il reconnaît tout de suite, avec ses cheveux bouclés très noirs, sa veste kaki, son beau visage, son regard très sombre de petit animal sauvage, renard ou fouine, le regarde, inquiet.

— Qu'est-ce que tu fais là ? demande le docteur avec colère. Tu te caches, c'est ça ?

— Je viens vous demander des nouvelles de ma sœur.

— Et le sac à main que tu viens d'arracher à une vieille femme ? réplique le docteur en prenant le gamin par la veste et l'agrippant solidement. Maintenant, tu vas me suivre chez les gendarmes.

Le gamin se débat. Il est costaud pour sa petite taille, mais Juillet ne lâche pas prise.

— Monsieur, je vous en supplie. Je n'ai pas volé le sac, j'ai seulement pris l'argent.

— Et tu crois que c'est mieux ? Si tu continues comme ça, c'est la prison qui t'attend.

Django cesse de se débattre. Il baisse la tête, vaincu. Un sanglot soulève ses épaules.

— C'était pour acheter à manger.

— Qu'est-ce que tu me racontes ?

Juillet n'est pas dupe. Les manouches se déplacent en 4 × 4 et ne manquent de rien. S'ils vivent isolés dans leurs caravanes, c'est qu'ils le veulent. Ces Roumains parlent leur langue entre eux, mais les enfants fréquentent les écoles publiques de Villeroy et ne semblent pas plus misérables que les autres.

— Allez, on file à la gendarmerie, dit Juillet de mauvaise humeur.

— Il faut pas, monsieur ! Je voulais vous demander des nouvelles de ma sœur.

— Ta sœur va bien. Comprends-tu que c'est contre toi que tu joues ? Pourquoi tu voles ?

Le gamin réfléchit un instant.

— Je sais pas.

— Fais un effort, essaie de comprendre ton comportement. Tu n'es pas idiot, alors réfléchis sur les conséquences de ton acte.

— Je suis un bohémien et tout le monde sait que les bohémiens sont des chapardeurs. Quand les gens me regardent d'une certaine manière, j'ai envie de crier.

— Alors, crie ! Il vaut mieux pour toi crier que voler. Maintenant, file.

Son portable sonne. Un patient que le médecin soigne depuis des années pour un asthme chronique vient de faire une crise plus grave que d'habitude. Bertrand Juillet repart sans entrer chez lui, en se posant une question qui ne lui semble plus anodine : pourquoi, en effet, Django est-il venu se réfugier chez lui ? Ce n'était pas seulement pour avoir des nouvelles de sa sœur.

Le commissaire Jules Boissy et son adjoint, Ludovic Marlin, ont passé une partie de la journée dans la forêt de Monteret. Ils ont parcouru le chemin de la bête coursée par les chiens de M. Fromantin, ils se sont promenés au bord du lac. Jules Boissy, homme de la ville, n'a rien remarqué de particulier.

— C'est bien la première fois que j'enquête sur un animal sauvage, s'exclame-t-il. On ne m'enlèvera pas de l'idée qu'il y a une conscience humaine derrière les agissements de ce loup. Les animaux ne sont pas naturellement pervers. Ils font ce à quoi la nature les a destinés, point final.

Ludovic Marlin domine son patron de deux têtes. Ancien joueur de rugby à Béziers, puis en équipe nationale à Brive, c'est un colosse placide qui déteste la chasse et consacre son temps à jouer au bridge. Boissy l'apprécie beaucoup car il est plein de bon sens et, près de lui, le petit homme noueux se sent en sécurité.

— Peut-être que le loup est télécommandé pour agresser les jeunes gens, réplique Marlin, mais pendant la traque, personne ne lui a dit ce qu'il devait faire !

— Qu'est-ce que tu en sais ? La bête et l'homme communiquent peut-être d'une manière particulière.

Ils regagnent leur voiture et prennent la direction du Centre de recherches biologiques où ils ont rendez-vous avec Pierre Seylier le directeur et son adjoint Fortuné Legrade. Marlin sait que ce genre de visite est indispensable au début d'une enquête, mais reste persuadé qu'elle n'apportera rien :

— Ils travaillent sur des vaches et des moutons. Des ruminants, pas des carnassiers.

— Justement, c'est ce qui me tracasse. Ils ont dit qu'ils travaillaient sur ces animaux, mais j'ai pu me procurer plusieurs rapports envoyés secrètement au très officiel Centre de recherches biologiques. Ils travaillent aussi sur les parasites de ces animaux. Et il semblerait que pour leurs expériences, ils utilisent d'autres espèces dont ils prélèvent les gènes.

— Ces bricolages me déplaisent souverainement, réplique Marlin. Je trouve ça très malsain.

Ils arrêtent leur voiture devant le grand portail de fer. Boissy appelle le concierge sur son portable et les battants s'ouvrent lentement avec la régularité des systèmes automatiques. La voiture des policiers pénètre dans un vaste parc aux massifs bien taillés. Deux hommes les attendent au parking.

— Pierre Seylier, directeur du Centre de recherches, dit le plus grand.

— Fortuné Legrade, adjoint de direction, dit l'autre, un blondinet d'une trentaine d'années, assez beau garçon malgré son visage de fouine.

Le regard de Boissy s'arrête sur le jeune homme qui sourit en dardant sur lui ses yeux bleus. « Voilà un gars qui doit plaire aux femmes », pense-t-il, conscient que

53

ce genre de détail a toujours de l'importance dans une enquête.

— Si vous voulez bien nous suivre, nous allons vous faire visiter l'établissement. Il va de soi que certaines recherches sont ultraconfidentielles et nous avons votre parole d'officiers de police de ne rien révéler.

Une curieuse odeur flotte dans l'air, odeur d'éther, d'hôpital et un vague relent putride. Le soleil est sorti entre les gros nuages blancs de printemps et les oiseaux chantent sur les tilleuls aux petites feuilles d'un vert tendre.

Pierre Seylier explique aux visiteurs les différents travaux du Centre :

— Nous sommes spécialisés dans la recherche agronomique. Nos recherches portent sur le clonage et les cellules souches animales. Ce qui devrait avoir des retombées sur la santé humaine avec la mise en service de nouveaux médicaments d'une efficacité inespérée. Nous cherchons aussi à obtenir des animaux qui produisent des viandes parfaitement saines et capables de résister naturellement aux maladies.

Ludovic Marlin, qui domine tout le monde du haut de ses deux mètres, fait une petite grimace. Il ne comprend pas que l'on cherche à modifier ce que le Créateur a jugé utile. Si les animaux sont ainsi faits, c'est qu'il y a une raison validée par des millions d'années d'évolution. Le jeune adjoint, Fortuné Legrade, précise :

— Nous cherchons seulement à améliorer les espèces domestiques. Il n'y a aucun risque de contamination du milieu naturel par hybridation.

— Vous êtes ici depuis 2005, dit Boissy en se grattant le menton. Votre prédécesseur, Alain Lemarchand, était une sommité mondiale, un grand spécialiste des implantations de gènes. C'était aussi un homme de la région. Sa famille est originaire de Marvejols. C'est grâce à lui que le site a été sélectionné parmi d'autres. Pourquoi a-t-il quitté la direction du Centre il y a environ deux ans ? On a dit que vous ne vous entendiez pas.

Pierre Seylier a une rapide contraction du visage qui n'échappe pas au policier. Il se doutait qu'on allait lui poser cette question et il a préparé sa réponse. Mais à l'instant de la formuler, elle ne le satisfait plus. Il sait que le commissaire ne dit pas tout ce qu'il sait.

— Le privé lui a fait un pont d'or. C'est très bien ainsi, car sa déontologie ne convenait pas à l'esprit de ce Centre.

— Qu'entendez-vous par là ?

— Il pensait que les travaux de recherche visant à améliorer certains animaux pouvaient aussi servir à améliorer l'espèce humaine.

— Ah bon ?

— Il avait des idées bien arrêtées sur ce sujet.

Boissy et son adjoint vont d'un laboratoire à l'autre, écoutant d'une oreille distraite les explications des deux directeurs. Au moment de se séparer, Boissy demande :

— Savez-vous ce qu'est devenu Alain Lemarchand ?

— Il serait parti au Canada dans un laboratoire qui fait des recherches sur certaines maladies héréditaires. On ne sait pas ce que ça cache.

— Au fait, pensez-vous qu'il soit possible de modifier les gènes d'un animal pour en faire une machine à défigurer, comme la bête de Monteret ?

Seylier se tourne vers Legrade et, à cet instant, Boissy, à qui rien n'échappe, a l'impression que les deux hommes se détestent.

— Tout est possible, mais la bête est un loup. Il n'est

pas nécessaire de le transformer génétiquement pour en faire une arme redoutable. Un bon dressage suffit.

Boissy et Marlin n'ont pas appris grand-chose, mais ils ont mesuré une tension palpable entre ces murs. Ils saluent les deux hommes, montent en voiture et s'en vont, certains que ces bâtiments modernes, éclatants sous le soleil, cachent de terribles secrets.

— Quel est ton sentiment ? demande Boissy.

— Le patron et son adjoint sont très mal assortis. Il n'est pas possible qu'un bellâtre et ce pragmatique s'entendent. Et puis j'ai ressenti quelque chose de bizarre.

— C'est exactement ce que je pense. Pour l'instant, on ne peut rien, mais je suis presque certain qu'on reviendra. On nous a caché l'essentiel.

Le portable de Boissy sonne. Il porte l'appareil à son oreille.

— C'est Fortuné Legrade. Il faut que je vous parle.

— Pourquoi ne l'avez-vous pas fait tout à l'heure ?

— Je veux vous voir seul. J'ai quelque chose de très important à vous révéler.

— D'accord. Où ?

— Au bord du lac, à l'endroit où les chasseurs ont perdu la trace de la bête.

— Quand ?

— Dans deux heures.

Boissy range son téléphone, se tourne vers son adjoint et lui résume la conversation téléphonique :

— Qu'est-ce que tu en penses ?

— Je ne suis pas certain que cela nous conduise à quelque chose.

Ils se rendent ensuite à Mary. Entre les ruines des anciennes maisons, les caravanes des Roms sont disposées dans un grand désordre. Les deux policiers sont accueillis par des hurlements de chiens et une troupe de gamins mal vêtus, garçons aux pantalons déchirés, fillettes aux cheveux sales. Ils piétinent dans une boue odorante. Boissy fait la grimace :

— Je ne comprends pas que des gens puissent vivre dans cette crasse. Ils pourraient aller ailleurs, il y a un terrain pour les gens du voyage à moins de deux kilomètres, mais il est toujours désert.

— Ces gens-là sont fixés au pays depuis des années, répond Marlin. Ils ne bougent plus depuis dix ans.

— Mais pourquoi s'obstinent-ils à vivre dans cette bouillasse et dans ces caravanes inconfortables ?

— Pour qu'on leur foute la paix, ce que je comprends.

Avertis par les enfants, deux hommes s'approchent, un jeune et un vieux au dos voûté, le regard fixe en dessous de ses longs sourcils noirs. Ion Prahova n'aime pas les visiteurs, surtout lorsqu'ils sont policiers. D'un cri, il fait taire ses chiens et les enfants qui s'enfuient entre les caravanes. Son autorité se sent, lourde et collante comme la boue. Autour de lui, les gens filent comme des ombres. Seul le vieillard bossu semble ne pas le redouter.

— Que voulez-vous ? demande Prahova d'une voix sombre.

La carte de police de Boissy lui sert de bouclier, de paravent contre les attaques de ceux qu'il gêne.

— Quelques renseignements, répond le commissaire. Hier, la battue a conduit la bête dans les parages au moment où elle était probablement blessée puisqu'elle est allée se baigner dans le lac qui se trouve à moins de deux cents mètres d'ici.

— C'est possible, fait Prahova en croisant les bras pour bien montrer qu'il ne s'en laissera pas conter.

— Nous n'avons rien vu, précise le vieux bossu d'une voix claire. Si vous pensez qu'on passe notre temps à nous occuper des autres…

— Mais les enfants qui jouent à longueur de journée dans la forêt, demande Marlin, vous n'avez pas peur que la bête en défigure un ?

— En effet, ne trouvez-vous pas bizarre que les enfants, les femmes, tout le monde ici va et vient et que le loup n'ait jamais attaqué personne ? reprend Boissy. Je ne comprends pas que vous ne l'ayez pas vu.

— On l'a peut-être vu, dit Prahova, mais on n'a pas fait attention. Si on devait vous avertir chaque fois qu'on voit un animal .

— Sauf que vous ne devez pas voir des loups tous les jours.

— De loin, la différence avec un gros chien est bien difficile à faire.

— Si vous avez la moindre information, avertissez-nous, fait Boissy en retournant vers sa voiture.

Il ouvre la portière quand un jeune garçon fait irruption devant lui. Il est très brun, avec de magnifiques yeux noirs aux longs cils relevés. Ses cheveux tombent sur ses oreilles en anglaises lourdes. Son visage fin exprime une filouterie espiègle.

— Moi, je l'ai vue !

— Django ! crie le vieil homme. Qu'est-ce que tu racontes ? Ta mère t'appelle.

— Je vous dis que j'ai vu la bête, insiste Django. Elle passait dans le bois à quelques mètres de moi. Elle est très maigre et marche le dos creux comme si elle rampait. J'ai crié et elle s'est enfuie.

— Ne l'écoutez pas ! fait Prahova. Il raconte n'importe quoi pour se faire remarquer.

— Ce que je dis est vrai, fait le gamin en se dressant devant Prahova.

Une gifle claque.

— Tu files voir ta mère !

Boissy et Marlin reprennent le chemin creux et herbu entre les arbres. Leur petite Renault cahote. Ils se dirigent vers le lac.

— Ce gamin semble en savoir plus qu'il n'en dit, fait Marlin.

— Il est superbe, ajoute Boissy qui pense à ses deux fils. Très brun, la peau mate, les cheveux abondants et surtout ce regard filou plein de méfiance.

— Pickpocket, vol à l'arraché. Pour l'instant, il est protégé par son jeune âge et aussi par son état de manouche. L'enlever à sa communauté serait une erreur. Alors, on ferme les yeux sur ses frasques jusqu'à ce qu'il soit pénalement responsable.

— Sa petite gueule d'ange milite en sa faveur. On punirait plus facilement un laideron.

Marlin regarde sa montre.

— On est en retard. Il faut espérer que Fortuné Legrade va nous attendre.

— Il a un nom et un prénom qui ne vont pas avec sa silhouette, fait Boissy. J'avoue qu'il ne me plaît pas du tout.

— As-tu remarqué qu'il a un visage de loup ? ajoute Marlin. Un museau fin qui s'allonge sous un nez minuscule, des yeux d'un gris curieux et des oreilles presque pointues comme celles d'un animal. Je le trouve trop bien sapé pour n'avoir rien à cacher.

— On va bien voir.

Ils arrêtent leur voiture près de la chaussée. Boissy fait quelques pas, sensible au calme de l'endroit. Pas un souffle de vent ne vient rider la surface du lac. Les arbres aux jeunes feuilles d'un vert clair se reflètent dans l'eau immobile. Les nuages défilent aux pieds des policiers, le ciel est tombé dans le lac.

Un homme vêtu d'un imperméable beige sort des taillis.

— Monsieur Legrade, fait Boissy en s'approchant. Vous nous avez appelés, nous sommes là. Que voulez-vous nous dire ?

Legrade regarde autour de lui, comme s'il se sentait mal à l'aise dans cet endroit plein de sérénité.

— Je voulais vous dire que M. Seylier ne vous a pas tout dit à propos de Lemarchand.

— Expliquez-vous.

— Seylier règle ses comptes. Lemarchand est parti au Canada avec Géraldine Seylier qui était sa maîtresse depuis plusieurs années.

— Vous voulez dire que…

— Oui, Seylier a juré de leur faire la peau. Il en veut au monde entier d'être cocu. Il faut préciser que Géraldine avait de bonnes raisons de quitter son mari. C'est un horrible bonhomme.

— Vous le détestez, n'est-ce pas ?

— Il me rabaisse devant le personnel. Il a demandé mon renvoi à l'administration. Ce qui serait arrivé si je n'avais pas un bon appui.

Legrade s'éloigne en évitant de marcher dans les ornières du chemin. Le calme du lac plein des couleurs

60

de la forêt incite les deux policiers à écouter chanter les oiseaux.

— On a du mal à imaginer qu'un tel endroit puisse héberger un monstre, remarque Boissy. Je passerais volontiers des journées formidables au bord de l'eau à taquiner le goujon. J'ai tout fait pour intéresser mes deux fils à la pêche mais, en dehors de leurs jeux électroniques, ils ne s'intéressent à rien, c'est désolant.

Au lever du jour, à Villeroy, de nombreux véhicules tout-terrain se garent une nouvelle fois à la lisière de la forêt. Les aboiements des meutes montent dans l'air frais et brumeux de ce mois de mai. La chasse qui se prépare rassemble plusieurs équipages répartis tout autour du massif. Le commandant Malmaison coordonne les opérations d'un QG installé sous une tente militaire, car le ciel est menaçant. Il a positionné des soldats de l'armée de terre pour porter assistance aux chasseurs à cheval. Autant dire que la bête n'a aucune chance de s'échapper.

Les gens de Villeroy assistent aux préparatifs. Un tel déploiement de forces les laisse sceptiques. Pour eux, cette nouvelle tentative n'a pas plus de chances de réussir que la précédente : la bête est sans aucun doute commandée par un homme qui se trouve au milieu des chasseurs et qui l'a fait fuir depuis longtemps.

— Je ne peux dire que ce que je sais, fait Léon Bretenelle, ancien propriétaire des ruines de Mary qui se bat depuis des années pour en chasser les manouches. Cette bête tombe à point pour faire les affaires de certains.

— Que voulez-vous dire ?

— Qu'on ne fait pas d'omelette sans casser des œufs.

Il s'entend et ne veut rien ajouter. Son regard dirigé vers le campement manouche est significatif.

C'est un autre qui exprime sa pensée :

— Ces gens-là s'assoient sur les lois et personne ne leur dit rien. C'est pas une honte que la police ne les chasse pas d'un endroit interdit aux autres ?

— Qu'est-ce que vous voulez, réplique une femme. C'est comme ça, les étrangers ont tous les droits et nous, qui payons nos impôts, n'avons qu'à nous taire !

Un hélicoptère de l'armée décrit des cercles au-dessus de la forêt. Le bruit est infernal. Des voitures de télévision s'enfoncent dans les chemins où elles sont autorisées dans un périmètre délimité par le commandant Malmaison. Des équipes à pied peuvent se perdent dans les taillis, mais elles sont averties du danger et ne doivent en aucun cas se rapprocher des chasseurs.

Enfin, les chiens sont lâchés et les cavaliers piquent leurs montures. Malmaison annonce aux journalistes que, compte tenu de l'importance des effectifs, le loup devrait être pris avant midi.

— Qu'allez-vous faire ? Le tuer au fusil ?

— Si nous le pouvons, nous allons le capturer vivant. Il peut nous être utile. Les scientifiques le réclament.

Les heures passent. Comme chaque matin, le docteur Juillet consulte au cabinet médical du centre-ville qu'il partage avec le docteur Lefranc. Le bruit de la battue ne traverse pas ces murs où s'exprime trop souvent la détresse humaine. Au vu de l'assistance qui se presse dans la salle d'attente, Juillet se dit qu'une fois de plus, il déjeunera à la va-vite sur un coin de table à l'Auberge de la Place, où il a ses habitudes.

Vers une heure de l'après-midi, il sort du cabinet et va chercher sa voiture garée dans la petite cour intérieure. Il a juste le temps de passer chez lui récupérer son courrier avant de partir faire ses visites à domicile.

Il appelle le docteur Perrot de l'hôpital de Mende pour prendre des nouvelles de Maria.

— Elle ne va pas bien. Elle refuse de se soigner. Il faut la surveiller constamment. Son état ne s'améliore pas.

— Qu'est-ce qu'elle veut ?

— Elle dit qu'elle veut mourir. C'est quand même bizarre.

Enfin, le docteur repart et passe près de la prairie, au bord de la forêt d'où le commandant Malmaison coordonne les équipes parties en battue. Des gens massés à proximité de la tente attendent des nouvelles, mais rien ne filtre. Juillet descend de voiture, salue les badauds et entre dans la tente : son état de médecin lui confère ce privilège. À l'intérieur, le commandant assis devant un ordinateur portable bavarde avec le commissaire Boissy.

— C'est la première fois que je vois ça, dit Malmaison qui, par sa corpulence et sa bonhomie, rappelle le lieutenant Lormeau.

— Que se passe-t-il ? demande Juillet.

— Nous avons disposé des troupes et des équipages de chasse aux différents points stratégiques de la forêt. Tous ces hommes aidés par plusieurs meutes de chiens ont convergé vers le lac de Tibier. Les différentes factions viennent de se rencontrer. Rien.

— Comment, rien ?

— La bête a disparu. Elle ne devait pas être dans la forêt puisque nous ne l'avons pas vue. Les chiens ont trouvé des pistes qu'ils ont suivies. L'une d'elles a conduit au campement des Roms, une autre à la maison d'un curieux bonhomme, un Italien qui vit avec son fils. Ce sont les seuls habitants de la forêt.

— Vous voulez parler de Tonio Lamberto ? demande le docteur.

— Oui, c'est peut-être ça. Il vit avec son fils, un garçon totalement défiguré mais pas par la bête. On nous a dit que c'était un accident. Il serait tombé d'un arbre qui surplombait un ravin.

— C'est vrai, fait le médecin. Il a fait une chute de plus de vingt mètres sur les rochers. On l'a cru mort.

Juillet se souvient très bien de Gianni. Son père, Tonio Lamberto, était chef de chantier, sa mère, Juilla enseignait l'italien au collège. Des gens sans histoire qui avaient le goût de la nature. Ils avaient acheté une maison délabrée en bordure de forêt qu'ils comptaient restaurer. Puis Juilla est partie avec un professeur de mathématiques de Mende. Tonio ne l'a pas supporté et s'est mis à boire. Gianni, à dix-sept ans, avait eu le bac et parlait d'entrer en faculté de droit. L'été suivant, il a fait cette fameuse chute qui aurait dû être mortelle. Il s'est écrasé contre un rocher tranchant. Le jeune homme a été hospitalisé dans un coma profond. Les médecins l'ont soigné, mais sans croire qu'il pourrait s'en sortir. L'os de la mâchoire était perdu ainsi qu'une bonne partie du visage. Les chirurgiens ont fait ce qu'ils ont pu en remettant l'esthétique à plus tard, car Gianni n'avait aucune chance de s'en tirer. Pourtant, il a guéri. Entièrement défiguré, d'une laideur repoussante, il est désormais employé par les Eaux et Forêts pour surveiller le parc. C'est un spécialiste des animaux ; son instinct de chasseur lui permet de les approcher et de les observer.

— Il n'a pas voulu reprendre ses études et refuse de se faire opérer pour retrouver un visage humain. C'est un sauvage, un solitaire, mais un garçon intelligent et sensible, dit le docteur Juillet.

— Drôle d'histoire, fait Boissy en grattant ses cheveux raides. Drôle de coïncidence avec le comportement de la bête, tout de même. Il est défiguré et il connaît tous les animaux de la forêt.

— Les gens d'ici sont très pudiques et ne s'attardent pas sur les misères des uns et des autres, réplique Juillet. Pourtant, ils se sont apitoyés sur le triste sort de ce garçon qui a eu son bac avec la mention bien. Depuis son accident, il ne voit plus ses anciens copains et vit avec son ivrogne de père.

Boissy se dit qu'il tient peut-être la clef de son affaire : un garçon au visage difforme, rendu marginal par sa laideur, s'en prend aux jeunes par l'intermédiaire d'un loup qu'il aurait dressé à défigurer ses victimes. Non, ce serait trop simple.

— Parfois on va chercher très loin des choses compliquées là où il n'y a qu'à suivre une route bien droite, dit-il pour se convaincre.

— Cela fait longtemps que je n'ai pas vu Gianni, précise Juillet. À une époque, j'allais lui rendre visite pour l'inciter à se faire opérer. Mais il a une peur panique des chirurgiens. Et puis, il semble s'être adapté à son handicap.

L'hélicoptère a regagné sa base. Le silence retombe enfin sur Villeroy où les gens prennent le temps de

commenter le nouvel échec des chasseurs. Ils s'y attendaient, mais tout de même, tant d'hommes, tant de
moyens déployés pour rien !

L'après-midi est ensoleillé et doux. Les équipages se
préparent à partir. Le commandant Malmaison est
furieux. Il était tellement sûr de lui qu'il s'est répandu
en commentaires pour les médias. Maintenant, il doit
expliquer son échec en insistant sur le point positif de
son action.

— La bête n'était pas dans la forêt, nous la cherche-
rons ailleurs. Nous la harcèlerons jour et nuit, et elle
finira bien par se rendre. Nous avons quand même
abattu cinquante-deux renards. Ainsi, nous limitons le
risque d'une épidémie de rage.

La question que tout le monde se pose hante le
commandant Malmaison : où est l'animal meurtrier ?
Les bruits les plus fous circulent. La bête a été vue dans
le hameau des Herbiers, devant la porte d'une maison,
qui attendait, prête à sauter au visage du jeune garçon
qui devait prendre son car. Un autre affirme l'avoir vue
cachée dans une haie en bordure de la route nationale.
Les chasseurs sont passés près d'elle à bord de leurs
gros 4 × 4 sans la voir.

— Je vous dis que cette bête est conduite par un
homme et que cet homme savait où allait passer la
chasse.

La réunion des Amis de Monteret dans la salle des associations a réuni beaucoup de monde. D'ordinaire, le président Jean-Baptiste Magourin doit se contenter des principaux animateurs de son mouvement. Ce soir, il n'y a pas assez de place. Et Magourin, employé au Crédit agricole, candidat malheureux au premier tour des récentes élections municipales en tête d'une liste écologiste, comprend bien qu'il n'a pas que des sympathisants, mais aussi des amis de Paul Marcilly, décidés à profiter de l'occasion pour en découdre une fois de plus avec les Verts. C'était pour protester contre l'abattage d'une cinquantaine de renards que Jean-Baptiste Magourin a improvisé cette réunion, et il le regrette. En regardant les visages fermés des gens qui s'entassent debout au fond de la pièce parce qu'il n'y a pas suffisamment de chaises, cet homme d'une trentaine d'années, très maigre, les oreilles décollées, avec d'assez longs cheveux frisés, se dit qu'il est temps de faire entendre sa différence d'écologiste convaincu, de combattant pour la cause de la nature.

Il réclame le silence quand plusieurs portables sonnent presque en même temps. Magourin sort le sien de sa poche et le porte à l'oreille. Son visage se contracte, blêmit. Ce qu'il apprend arrive au pire moment. Plusieurs voix grondent dans l'assistance :

— La bête a attaqué une jeune fille à Maffey !

Un lourd silence suit cette affirmation. Les gens se regardent, ébahis, meurtris par ce nouveau malheur qui montre combien ce qu'il se passe sort de l'ordinaire. Les histoires de fauves échappés d'un cirque ou d'un zoo ne manquent pas. Elles se terminent toutes de la même manière : l'animal est capturé presque aussitôt et on n'en parle plus. Ici, la bête prend un malin plaisir à défier une armée de chasseurs lancés à ses trousses. Ils la cherchent dans une forêt où elle a été localisée et voilà qu'elle attaque ailleurs, à plus de dix kilomètres, comme si elle avait été avertie du danger. Si cet animal n'est pas conduit par un homme, il l'est alors par une force maléfique, une de ces puissances infernales auxquelles on pense, en cas de catastrophe.

Sur l'estrade, Jean-Baptiste Magourin s'apprêtait à prendre la parole. Lui qui sait trouver les formules qui frappent cherche un argument magistral après ce qu'il vient d'apprendre.

— Un peu de silence. Nous devons garder la raison ! s'écrie-t-il. Le cas particulier de la bête ne doit pas nous conduire à des décisions générales. Je pense aux pauvres renards qui ont payé de leur vie le comportement anormal d'un autre animal. Et dans ce comportement, il faut d'ailleurs voir la marque de l'homme qui bouscule la nature sans prendre la moindre précaution.

Paul Marcilly se lève. L'occasion est trop belle pour ne pas planter une première banderille.

— Une nouvelle victime ! s'écrie cet homme d'une soixantaine d'années au visage rond et sévère. Combien en faudra-t-il pour que des irresponsables comprennent la portée de leur erreur. Le parc naturel est un non-sens. La protection de la nature s'impose, certes, mais pas au détriment des hommes !

Une ovation lui répond. Mais Jean-Baptiste Magourin, qui a l'habitude de se battre seul contre tous, réplique :

— Ce qui se passe est terrible, monstrueux, c'est vrai. Mais cela ne doit pas nous induire en erreur. Je sais bien qu'il est difficile d'éviter les amalgames, pourtant, ce n'est pas parce qu'une bête, probablement malade, attaque les gens qu'il faut détruire toutes les bêtes du parc naturel.

Marcilly pense aux empoignades que la mise en place du parc avait suscitées quelques années plus tôt. Il y a laissé sa place de maire. Les jeunes électeurs, attirés à Villeroy par une politique d'urbanisation très intéressante, généralement des citadins désireux de vivre à la campagne, étaient favorables aux thèses des écologistes. Pourtant, plusieurs consultations avaient montré que la majorité des gens s'opposaient à la réserve naturelle qu'ils considéraient comme une expropriation abusive. L'association des propriétaires spoliés et la société de chasse avaient mené une campagne active. Des manifestations avaient été organisées à Mende devant la préfecture, puis à Paris devant le ministère de l'Environnement. L'Office national de la chasse avait pesé de tout son poids, mais les partisans du parc avaient bénéficié de l'appui des fonctionnaires de Bruxelles. Cette pseudo-ingérence de l'Europe dans les affaires intérieures de la France avait été montée en épingle par les souverainistes suivis par la plupart des gens de Villeroy qui supportaient mal que des bureaucrates d'une lointaine ville et de nouveaux venus au pays décident à leur place de ce qui devait être leur environnement quotidien.

— Aucun des cinquante-deux renards tués ne présente des signes de rage, poursuit Magourin qui retrouve sa verve habituelle. Le massacre a été un acte gratuit et délibéré. On ne met pas en prison tous les hommes d'une ville parce qu'il existe un criminel parmi eux.

— Ce parc, c'est une connerie ! crie un homme excédé par de tels propos.

Une vague de protestations déferle. Les gens hurlent dans la salle, montrent le poing à Jean-Baptiste Magourin et ses amis, lancent des projectiles.

— Chacun sait que mon combat désintéressé pour la nature est aussi au service de l'homme, réplique l'écologiste.

Marcilly, drapé dans sa dignité d'ancien responsable, prend la défense de son adversaire :

— Messieurs, un peu de calme. M. Magourin a le droit de s'exprimer, comme les autres.

— C'est ça, on va se laisser bouffer sans rien dire !

Magourin explose :

— La nature est en train de crever et tout le monde s'en fout ! Il est bien temps qu'elle se fasse entendre et nous facture nos erreurs.

— Voilà qu'il donne raison à la bête !

Les gens crient, gesticulent, expriment leur colère qui a besoin d'une cible, et cette cible, c'est Magourin et ses sympathisants.

Les gendarmes qui se tenaient à la porte de la salle doivent intervenir. La vue des uniformes calme les belligérants qui ont eu le temps d'échanger quelques coups et de casser des chaises. Le lieutenant Lormeau hurle :

71

— Rentrez chez vous !

Mais les groupes les plus radicaux n'ont pas envie d'en rester là. Sur la place, ils continuent de s'invectiver, de se défier. À la première occasion, ils se promettent de régler leurs comptes.

Le docteur Juillet s'est levé en milieu de nuit, appelé pour une urgence. Comme le SAMU n'était pas disponible, que les pompiers risquaient d'arriver trop tard, il a dû lui-même transporter le malade à l'hôpital de Mende. Il rentre chez lui fatigué, mais heureux d'avoir arraché à la mort un homme qu'il connaît bien, Jean Lucchiat, excellent photographe à qui il a souvent demandé de photographier ses planches de timbres pour un correspondant étranger. Lucchiat a à peu près son âge et Juillet se dit que la même chose peut lui arriver à n'importe quel moment. Son état de médecin ne le met pas à l'abri des accidents de santé.

Il se douche, puis va prendre son petit déjeuner chez Marie-Josée à l'Auberge de la Place.

Il traverse le parc en face du collège, la tête baissée, en pensant à Jean Lucchiat qui devrait s'en tirer sans dommage. Son métier lui a façonné une carapace face à la souffrance qu'il côtoie chaque jour, mais la soudaineté de l'accident vasculaire ne le laisse pas indifférent.

Le sentiment d'une présence lui fait lever brusquement la tête. Devant lui, Django, au milieu de l'allée, le regarde. Le soleil éclaire son visage mat, ses boucles qui tombent sur son front, son nez légèrement retroussé.

— Qu'est-ce que tu cherches ? demande Juillet.

— Rien, répond le gamin en s'éloignant, les mains dans les poches.

— À cette heure, tu devrais être à l'école.

L'enfant éclate d'un rire moqueur.

— Pour qu'on me traite de romano ? réplique Django en haussant le ton. J'ai mieux à faire.

— Mais qu'est-ce que tu veux, à la fin ? Tu ne comprends pas que tu es en train de briser ton avenir ?

Django baisse la tête. Dans cette attitude, ce n'est plus le petit voyou qui arrache le sac à main d'une vieille femme. Il joue à merveille le garçon affligé.

— C'est pour Maria…

— Eh bien quoi ? Ta sœur va guérir.

— Mon oncle fait une drôle de tête depuis qu'il est allé la voir.

— Ton oncle ?

— Ion ! C'est lui qui commande. Personne ne le contrarie, pas même Ivon et Piotr. Il n'y aurait que ma mère qui pourrait lui tenir tête, mais elle est toujours de son avis.

Juillet observe le gamin et remarque son regard intelligent, profond, plein d'une sensibilité qui n'apparaît pas d'ordinaire.

— Je n'ai pas eu de nouvelles, ce matin. J'en prendrai tout à l'heure.

Django fronce les sourcils et s'éloigne en courant.

Bertrand Juillet passe boire un café chez Marie-Josée, puis se rend à son cabinet où il arrive en retard pour son premier patient de la matinée, une femme avec des problèmes de poids. Après qu'elle est partie, il prend le temps de téléphoner à l'hôpital. Le docteur Perrot lui apprend que Maria refuse de se soigner, qu'elle arrache les perfusions et ne mange plus.

— Elle a eu la visite de son oncle, un certain Ion Prahova et, depuis, elle s'obstine dans un silence qui fait mal. On dirait qu'elle veut se suicider.

Juillet reprend ses consultations. Un grand nombre de gens qui viennent le voir ne souffrent que de pathologies anodines et souvent imaginaires. Le besoin de parler, de se confier, d'exprimer l'angoisse qui les mine les conduit à son cabinet. Le généraliste doit se faire psychologue et surtout montrer du bon sens. L'énergie qu'il consacre à réconforter les autres l'épuise à son tour, car il n'a personne à qui parler, pas même sa mère qui, à quatre-vingt-deux ans, ne sait plus l'écouter.

Vers une heure de l'après-midi, il se rend au campement des Roms. Il est accueilli par cinq jeunes enfants qui courent dans la boue entre les ruines des anciennes maisons. Les chiens enfermés font leur habituel raffut. Un sifflement les arrête net. Ion Prahova s'approche de lui, les mains dans les poches. Son foulard rouge autour du cou tranche avec ses vêtements gris et met en relief la peau sombre de son visage.

— Qu'est-ce que vous voulez ? Faire comme les autres, ceux qui sont passés ce matin, nous menacer parce que la bête pourrait être un de nos chiens ?

— Non. La bête est un loup.

— Alors partez ! Personne n'est malade ici.

— J'ai eu des nouvelles de Maria, reprend Bertrand Juillet sans baisser les yeux. On m'a dit que depuis votre visite, elle refuse de se soigner.

— De quoi vous vous mêlez ?

— Je fais mon métier qui consiste à soigner les gens, parfois contre eux-mêmes.

— Maria n'a pas besoin de vous. Nous non plus. Partez, mes chiens ne vont pas tarder à sauter par-dessus la grille et ils n'aiment pas les étrangers.

— S'il arrive quelque chose à Maria, vous en répondrez devant la justice ! menace Juillet en montant dans sa voiture.

Il fait demi-tour ; dans le rétroviseur, il voit Django s'approcher de son oncle et lui parler. Ils se dirigent ensemble vers une caravane devant laquelle se trouvent deux hommes âgés et une femme très grande et maigre, vêtue de noir.

Juillet se rend ensuite à l'Auberge de la Place, où il prend ses repas à des heures irrégulières. Marie-Josée Blanc lui garde toujours quelque chose au chaud sur un coin de sa cuisinière. Cette lourde brune sans manières considère le docteur comme quelqu'un de sa famille et ne se gêne pas avec lui. Sa cuisine lui ressemble, savoureuse, faite des bonnes choses du terroir.

Juillet traverse la salle commune presque vide. Une table est encore occupée par deux hommes, l'un énorme, aux épaules puissantes, un cou de taureau, et malgré tout un air bon enfant ; l'autre petit, la tête grosse, les cheveux coupés en une brosse raide. Le docteur salue le commissaire Boissy et son adjoint.

— Docteur, asseyez-vous à notre table, fait Boissy. J'ai quelques petites choses à vérifier avec vous.

Juillet s'assoit en face du commissaire. Marie-Josée Blanc ajoute un couvert. Boissy en est au fromage et prend le temps de déguster son verre de vin avant de parler.

— Voilà, commence-t-il. Nous ne savons pas où va nous mener notre enquête, mais nous pensons que la bête est dirigée par un homme, raison pour laquelle elle ne se trouve jamais là où les chasseurs la recherchent.

— C'est possible, fait Juillet qui pense encore à Ion Prahova et à ses menaces.

Le romanichel a-t-il quelque chose à voir avec cette série de crimes ? Bertrand Juillet est persuadé qu'il cache beaucoup de choses, tout comme le jeune Django. Qu'a-t-il dit à Maria pour qu'elle refuse les soins ?

— Ainsi, nous enquêtons en ce moment sur une histoire vieille de quelques années, poursuit Boissy. C'était au tout début du Centre de recherches biologiques. Le directeur était Alain Lemarchand, actuellement au Canada où il vit avec Géraldine Seylier, la femme de l'actuel directeur. Vous les avez certainement connus.

Juillet sourit en pensant à Alain Lemarchand, un personnage haut en couleur avec qui il est resté en relation épistolaire parce qu'ils partagent la même passion des timbres-poste.

— C'était un excellent camarade, dit-il. Un bon vivant. Il avait toujours une histoire savoureuse à raconter. Il ne pouvait pas s'entendre avec M. Seylier.

— On nous a dit qu'il militait dans un parti néo-fasciste.

Juillet sourit.

— Je n'en ai jamais eu connaissance.

— Nous avons appris qu'avant le départ au Canada, la fille de M. Seylier, alors âgée de trois ans, avait été retrouvée morte dans son lit. Personne n'a pu m'en donner la raison. Vous devez vous en souvenir.

— Certes. L'autopsie a permis de découvrir les causes de ce décès : une rupture d'anévrisme, ce qui est extrêmement rare chez les jeunes enfants. Les ragots à la suite de ce drame qui a soulevé une immense émotion ne sont pas à prendre au sérieux.

Dans l'énorme main de Marlin, la fourchette semble minuscule.

— Peut-être, conclut Boissy. Notre objectif consiste à trouver d'où vient la bête et qui la dirige. Dans ce Centre de recherches, sous prétexte d'améliorer vaches et moutons, on garde des tas d'autres animaux. Notre bête peut provenir de là. Mais il y a aussi les romanos…

Juillet avale sa blanquette de veau en écoutant d'une oreille distraite les propos des policiers.

— Vous êtes allés leur rendre visite ? demande-t-il.

— Oui, répond Boissy. Je n'ai rien vu de particulier. Nous avons fait des prélèvements sur les chiens pour rassurer la population, mais la bête n'a rien à voir avec ces animaux.

— Pourtant, poursuit Juillet, on peut se demander pourquoi le monstre ne s'en prend pas à leurs enfants.

— C'est bien là la question.

Juillet s'essuie les lèvres du bout de sa serviette et se lève. Il doit partir au plus vite à ses visites.

— Au fait, dit-il en boutonnant sa veste, vous avez questionné Tonio Lamberto et son fils ?

— C'est un autre élément à prendre en considération. Gianni travaille dans le parc pour le compte des Eaux et Forêts. Il sait tout ce qu'il s'y passe. Les gens affirment l'avoir vu en compagnie de Prahova. Mais ça ne suffit pas. J'ai bien l'intention d'avoir une petite conversation avec lui, répond le commissaire.

La bête de Villeroy intrigue les journalistes. Qu'un animal, somme toute ordinaire, réussisse à échapper aux importants moyens déployés pour le capturer excite leur imagination. Plusieurs équipes de télévision arrivent en Lozère.

Une vidéo d'amateur montrant la bête filmée avec un téléphone portable se répand sur Internet ; des millions de gens visionnent ces images tremblantes d'un animal qui s'enfuit. Quelques photos ont pu être prises, mais jamais la bête n'y apparaît nettement et, finalement, aussi bien sur la vidéo que sur les photos publiées par les journaux, l'animal dont les tests prouvent qu'il est un loup pourrait passer pour un gros chien ordinaire.

Les curieux affluent de Montpellier, Marseille et même Paris. Plusieurs équipes de télévision ont installé leur matériel à demeure à la lisière de la forêt. Pour assurer la sécurité, le ministère de l'Intérieur a mis à la disposition du commandant Malmaison une section entière de l'armée qui monte la garde autour du massif où toute promenade est interdite.

Cette invasion de curieux gêne les gens de Villeroy. Beaucoup ferment leurs volets et n'osent plus sortir pour éviter les questions des étrangers. Mais depuis la dernière battue, la bête reste invisible. Les journalistes en sont pour leurs frais. Ils occupent leur temps en visitant la région qui bénéficie d'une promotion inespérée. Comme la bête doit rester au centre de leurs reportages, ils montrent la désertification et l'aridité de ces montagnes couvertes de maquis. Les spécialistes indiquent les innombrables caches où la bête peut se terrer, le paysage lunaire du Larzac avec ses rochers dressés, menaçants comme des fantômes, ses hameaux où s'accrochent des hommes d'un autre temps.

Au bout d'une semaine d'attente, les fausses nouvelles prennent le relais et alimentent les propos des journalistes. La bête est aperçue à plusieurs endroits en même temps. Deux automobilistes affirment l'avoir vue à des kilomètres de distance, à moins de dix minutes d'intervalle. Personne ne les croit. *La bête a sûrement été blessée lors de la première chasse par M. Fromantin, sa fuite vers le lac en est la preuve*, rapporte Le Figaro. *Elle a réussi à échapper aux chasseurs et a trouvé assez de forces pour attaquer deux nouvelles victimes, mais elle n'est pas reparue depuis. On espère qu'elle est morte.*

C'est la thèse admise par tous. L'attention se relâche. Plusieurs équipes de télévision plient bagages. Le docteur Juillet est satisfait. Il n'a cessé d'être harcelé par des journalistes qui souhaitaient l'interviewer. Les Villeroyens retrouvent le calme de leurs rues et de leurs potagers. Ils reprennent une vie simple, mais pour eux rien n'est fini. Même si les policiers et les factions postées tout autour de la forêt sont moins exigeants sur la sécurité, ils ne laissent pas leurs enfants se rendre seuls à l'école, surtout quand ils doivent passer par la campagne.

Ce soir, l'orage menace. Le printemps bascule lentement vers l'été. La nature a besoin de cette eau chaude qui tombe en grosses gouttes. Juillet arrive chez lui quand le premier coup de tonnerre éclate.

Il passe dans la cuisine pour boire et pose sa veste dans le vestibule. Dans la salle de séjour, son regard va de la chaise qu'il a laissée assez loin de la table au courrier disposé sur le bois sombre de chêne. Et cette évidence le frappe : ses lettres d'Amérique du Sud ont disparu. Il se souvient parfaitement de les avoir laissées sur la table, à part du reste. Il se dit que, dans sa précipitation, il les a peut-être portées à un autre endroit. Il retourne dans la cuisine, cherche sur le meuble de l'entrée où il pose souvent ses clefs et sa veste. Rien. Il va fouiller sa voiture, certain de ne pas les avoir prises avec lui en se rendant au Centre de recherches. Enfin, il s'assoit, se remémore exactement l'emplacement des lettres sur la table et conclut :

— On me les a volées...

Mais qui ? La réponse est simple. Une vague de colère monte dans la poitrine du médecin. Le voleur ne peut être que Django, mais pourquoi ?

Pour les revendre ou pour se rappeler à l'attention de Juillet ?

— Ce gamin se sent tellement seul qu'il cherche toujours un moyen pour attirer l'attention sur lui. Il faut que je lui parle, dit Juillet en regardant Anne qui lui sourit sur la photo en face de lui.

Il prend sa veste et sort. Sa voisine, Marceline Bourrier, qui passe beaucoup de temps à sa fenêtre parce qu'elle s'ennuie, comprend qu'il ne se rend pas à une urgence : la manière dont il claque sa portière ne lui est pas habituelle.

La pluie vient de cesser ; la route brille sous les phares. Les essuie-glaces balaient le pare-brise. Sur la sente qui conduit au campement, des gerbes d'eau éclaboussent autour du véhicule. Le ciel s'est dégagé après l'orage et maintient une clarté humide. Juillet s'arrête devant la première caravane. Les chiens font leur habituel raffut. Prahova s'approche. Le docteur se tient debout à côté de son véhicule, sur ses gardes.

— Qu'est-ce que vous voulez, encore ?

— Voir Django.

— Il n'est pas là. Et puis vous n'avez rien à faire avec lui.

À cet instant, Bertrand Juillet pense à Maria. Dans le regard d'aigle de l'homme qui lui fait face, il perçoit la menace qui pèse sur la jeune femme.

— Il faut que je le voie, je vous dis.

— Je vous dis que je ne sais pas où il est.

Juillet remonte dans sa voiture ; sa colère est tombée. À travers la voix de cet homme insensible, il a entendu un appel au secours de Maria.

Il fait demi-tour et s'éloigne au milieu des flaques d'eau. À l'orée de la forêt, une silhouette surgit devant lui.

— Voilà mon voleur ! s'écrie-t-il en pilant.

Il sort vivement de son véhicule. Django a un mouvement vers la forêt pour s'enfuir, mais Juillet a eu le temps de le crocheter par le bras.

— Qu'est-ce que tu as fait de mon courrier ?

— Quel courrier ? s'exclame Django d'une voix flûtée.

— Celui que tu as volé sur la table de ma salle à manger.

— Ce n'est pas moi ! J'ai rien volé.

— Tu mens comme tu respires.

— Je ne mens pas !

— Monte dans cette voiture, on va s'expliquer ! dit le docteur.

— Vous croyez que, si j'avais volé vos enveloppes, je me serais mis sur votre chemin ?

— Monte, je te dis. La pluie recommence à tomber.

Le gamin s'assoit à côté du docteur au crâne rasé qui l'impressionne et l'attire. Il reste la tête basse, comme s'il allait pleurer : Django sait tout faire pour se tirer d'une mauvaise passe. Pourtant, son attitude ne laisse pas Juillet indifférent.

— Je voulais vous parler de ma sœur, murmure-t-il.

Ses épaules sont soulevées d'un sanglot, un véritable sanglot d'enfant qui touche l'adulte.

— Je vous ai vu passer, alors, je me suis caché ici pour vous parler.

— Ta sœur refuse de se soigner depuis la visite de ton oncle. Qu'est-ce que ça veut dire ?

— Je ne sais pas.

— Si, tu le sais, alors va au bout de ta pensée, si tu veux l'aider.

— Maria a douze ans de plus que moi, c'est aussi un peu ma mère. Je voudrais qu'elle guérisse.

— Tu ne m'as pas répondu ?

— Je vous ai dit que j'en savais rien. Maintenant, il faut que je parte.

— Non, tu ne pars pas. On va voir ta sœur.

Juillet s'étonne lui-même de cette proposition qu'il n'avait pas préméditée. Django, dans un mouvement spontané, pose sa main sur la sienne.

— Vous feriez ça ?

— Pourquoi pas ?

— Je ne sais pas, moi. Vous avez d'autres malades et nous, on n'est que des étrangers.

Le véhicule s'en va sur la route mouillée. L'homme et l'enfant se taisent. Juillet ne pense plus à ses enveloppes de timbres. À côté de lui, Django se tasse dans son coin, absent. Tout à coup, il se redresse.

— Pourquoi vous m'emmenez voir ma sœur ?

— Parce que je sais que tu en as envie.

Un rire clair. Django colle son nez à la vitre, comme s'il voulait cacher ses sentiments.

— Vous vous trompez. Je n'ai pas envie de voir ma sœur, mais puisqu'on est parti…

— Qu'est-ce que tu vas lui dire ?

— Bof, rien !

Ils arrivent à l'hôpital. L'heure des visites est passée depuis longtemps, mais ici, tout le monde connaît le docteur Juillet. Django l'accompagne, visiblement mal à l'aise. Lui, si vif, si prompt à disparaître dans la forêt, a une démarche hésitante et maladroite.

Avant d'entrer dans la chambre de Maria, Django hésite. Le docteur ouvre la porte et l'invite à passer en premier. Maria le voit. Son visage s'éclaire puis se ferme quand ses yeux se lèvent sur Juillet. La réunion de ces deux personnes lui semble improbable et pourtant ne la choque pas. Django parle en roumain, Maria lui répond sur un ton agressif.

— Pourquoi l'avez-vous amené ? demande-t-elle à Juillet.

— Pour vous décider à vous soigner.

Maria soupire. Son regard reste accroché à celui du docteur avec une insistance qui n'échappe pas à Django.

— C'est vrai que vous n'avez pas une tête de méde-cin, dit-elle comme pour cacher son trouble.

— Ah bon ? s'étonne Juillet en souriant.

— C'est Django qui vient de le dire.

Le gamin s'est reculé. Ses yeux vont de sa sœur à Juillet avec une curieuse expression, comme s'il décou-vrait une évidence qui le gêne. Il dit quelque chose en roumain, Maria sursaute puis se cache le visage dans l'oreiller.

— Partez ! crie-t-elle.

Django sort dans le couloir. Juillet s'approche de la jeune femme qui se tourne vers lui.

— Maria, je ne veux pas vous faire de mal. Je veux surtout vous aider.

— Je n'ai pas besoin de vous, murmure-t-elle comme si elle n'était pas convaincue de ce qu'elle dit.

Juillet sort. Une fois dans la voiture, il demande au gamin :

— Qu'est-ce que tu lui as dit pour la mettre en colère ?

Il a un petit rire espiègle.

— Je lui ai dit que vous et elle… Enfin je sais pas le mot en français.

— Qu'est-ce que tu racontes là ? Tu es un véritable petit voyou !

Le ton n'est pas celui des reproches. Et, pour se don-ner une contenance, Bertrand Juillet poursuit :

— Maintenant, tu vas me rendre mes timbres.

— Je vous dis que je ne les ai pas volés.

Ils arrivent à la sente qui conduit au camp des Roms. Django ouvre la portière et saute à terre.

— Ah, je vous ai bien roulé ! crie-t-il. Vos timbres, je les ai jetés dans le caniveau.

Un rire aigu fait suite à cette affirmation. Bertrand

Juillet devrait se mettre en colère, lui qui d'ordinaire est si vif. Ce soir, il hausse les épaules, comme si ses timbres volés avaient moins d'importance que les deux heures passées en compagnie de cet infect gamin.

Il rentre chez lui en pensant à Maria. Django a-t-il voulu l'avertir d'une menace qui pèse sur la jeune femme et n'a pas osé aller jusqu'au bout car il redoute les représailles de son oncle ?

Le docteur gare sa voiture sur le trottoir en face de chez lui. La radio donne un flash d'informations qui l'arrête : *« On croyait la bête de Monteret morte et voilà qu'elle reparaît. Les abords de la forêt étant gardés par des policiers et des pompiers, l'animal a tenté d'agresser une jeune fille près de La Canourgue, mais a eu peur d'un troupeau de vaches. Les chasseurs locaux se sont lancés aussitôt sur les traces du loup meurtrier, mais leurs chiens, gênés par l'orage et la nuit, ont perdu sa piste. »*

Le lendemain, le docteur est en congé. Il s'arrête rarement, et même pendant ses journées de repos, il va visiter ses patients à domicile. Une fois par mois, il rend visite à sa mère à Montpellier qui ne cesse de lui répéter la même litanie :

— Bertrand, tu n'es pas encore trop vieux. Il faut que tu refasses ta vie. Ce n'est pas bon de rester seul. Tu dois surmonter ce grand malheur, c'est la meilleure manière de vaincre le destin.

Marie-Jeanne Juillet, veuve de Georges Juillet, architecte, vit dans un très bel appartement du vieux Montpellier et s'occupe activement du Secours catholique. C'est une femme qui ne cache pas ses pensées, mais souffre de la solitude de son fils unique replié sur son travail, ne fréquentant personne, muré dans ses souvenirs. Il se donne à ses patients en oubliant qu'il n'a que quarante-cinq ans, âge où tout peut encore recommencer.

— Trouve-toi quelqu'un. Tu ne vas pas passer ta vie avec des albums de timbres !

Les propos sans-gêne de sa mère agacent Bertrand Juillet qui évite de répondre. Marie-Jeanne a probablement raison, mais il n'a pas la force de tourner la page. L'accident d'Anne et de Noémie l'a détruit. La partie essentielle de son être est morte avec elles.

— Je ne sais pas, moi, poursuit Marie-Jeanne avec virulence, à ton âge, un homme ne peut pas se passer d'une femme. C'est la nature qui le veut !

En six années, Bertrand Juillet n'a connu aucune femme. Son corps s'est recroquevillé dans une coquille très dure. Il n'a jamais répondu aux avances à peine voilées de plusieurs de ses patientes. La boue s'est déposée au fond de lui, la remuer révélerait trop de douleur. Sa force apparente cache une grande fragilité. Toucher au moindre détail de sa prison le précipiterait dans le vide. Comment revivre en gardant près de soi l'ombre de deux mortes qui ne cesseraient de lui faire des reproches ?

Ce matin, il ne va pas aller à Montpellier. Les remontrances de sa mère l'exaspèrent et il lui arrive de rester plusieurs semaines sans l'appeler car il sait d'avance ce qu'elle va lui dire. Il a mal dormi. La pensée de Maria flotte en lui, dans ce demi-sommeil où l'esprit vagabonde sans frein, brise les barrières de l'interdit et montre parfois des chemins insensés. Et il s'est vu, marchant dans la forêt en compagnie de la jeune femme sous le regard bienveillant de la bête. Il s'est réveillé en se demandant quelle vérité pouvait cacher une telle absurdité.

Il se lève. Le fait de disposer de quelques heures est si inhabituel qu'il se sent démuni. Il s'habille rapidement en écoutant la radio, une habitude d'étudiant dont il ne s'est jamais défait. Naturellement, la bête aperçue du côté de La Canourgue fait la une des journaux. On la croyait noyée, détruite, et voilà qu'elle défie les hommes une nouvelle fois. Les experts tentent d'expliquer ce comportement anormal, se répandent en analyses peu convaincantes. Le loup obéit-il à un maître ? Les avis divergent. Pour les uns, cela ne fait aucun doute ; pour les autres, le loup est atteint d'une maladie du comportement. Des pulsions soudaines le poussent à se jeter sur ce qui se trouve à proximité.

« Mais pourquoi défigure-t-il ses victimes et pourquoi s'en prend-il aux hommes plutôt qu'aux animaux ? » demande un journaliste peu satisfait.

« Il s'en prend aux visages humains parce que cela représente pour lui une menace, un mauvais souvenir.

— Et qu'est-ce qu'il faudrait faire pour le capturer ? »

Là, le spécialiste précise qu'il n'est pas chasseur de fauves. Il a pourtant son idée :

« Il faut l'attirer dans un piège.

— Certes, reprend le journaliste, *mais après deux battues infructueuses, on ne va quand même pas attacher une jeune fille à un arbre pour l'attirer.*

— Bien sûr que non, mais on peut disposer, à côté du lac, où l'animal semble se plaire, une figurine grandeur nature imprégnée d'une odeur humaine. Il faut savoir que la perception du monde chez les animaux n'est pas la même que chez les humains. L'odeur est un signe déterminant chez les canidés. Cela peut suffire… »

Juillet se dit que l'idée mérite d'être creusée. Il va prendre son petit déjeuner chez Marie-Josée où plus de monde que d'habitude se presse au comptoir. L'attaque de la veille pousse ainsi les gens à se rassembler, à commenter ce qu'ils ne comprennent pas et surtout à se rassurer. Ils saluent le docteur qui se dirige vers la cuisine sans un mot quand quelqu'un l'interpelle.

— Qu'est-ce que vous en pensez, vous, docteur ?

Juillet hausse les épaules.

— J'en pense qu'il faut reprendre les battues et surtout surveiller les enfants.

Juillet entre dans la cuisine où Marie-Josée a déjà placé son bol sur la table. Une bonne odeur de café et de légumes en train de cuire remplit cette petite pièce où le docteur se sent bien. C'est ici sa famille, avec Marie-Josée qui ne lui pose jamais de questions indiscrètes et son mari, Marc, homme peu bavard mais dont la présence rassure.

— Le préfet est complètement déboussolé, dit Marie-Josée. Il faisait garder les bords de la forêt de Monteret et voilà que la bête attaque à vingt kilomètres d'ici.

La télévision allumée revient à l'événement. Aussitôt, dans la salle commune, les commentaires s'arrêtent. Marie-Josée cesse de tourner sa sauce, et regarde l'écran, le couvercle fumant à la main.

« *On apprend que des appâts empoisonnés ont été disséminés un peu partout. Mais si l'on a réussi à tuer quelques renards, des blaireaux, des chiens errants, la bête s'est méfiée et n'y a pas touché ! Les Amis de Monteret, par la voix de leur président, protestent contre cette méthode qui a surtout montré ses inconvénients.* »

— Qu'est-ce que ça peut foutre qu'on empoisonne tous les renards et les blaireaux ? s'emporte Marie-Josée. Dans six mois, ils seront toujours aussi nombreux.

Le journaliste poursuit :

« *La nouvelle agression à près de trente kilomètres de Villeroy montre que la bête est extrêmement mobile, qu'elle peut parcourir des dizaines de kilomètres pour accomplir ses forfaits. Face à une telle situation, le ministère de l'Intérieur a décidé de mettre en place un plan d'action inédit pour capturer un animal. Un satellite d'observation divulguera en temps réel aux militaires présents sur le terrain la position de tous les animaux correspondant à la taille du loup. Un ordinateur fera le tri. On ne voit pas comment la bête de Monteret pourrait échapper à un tel déploiement de technologie. »*

— Ils peuvent faire tout ce qu'ils veulent, ils ne la trouveront pas ! fait tout à coup Olivier Brunet, le clerc de notaire, petit homme au visage sanguin. Cette bête n'est pas comme les autres.

— Qu'est-ce que vous voulez dire, Olivier ?

— Vous ne comprenez pas qu'elle est guidée par une force venue d'ailleurs ?

Personne n'insiste. Le côté bigot et mystique de Brunet a toujours fait rire les gens, mais ce matin, personne ne se moque de lui. Le surnaturel se manifeste là où on ne l'attend pas. Le curé Junet, qui n'est pas un imbécile, affirme que la volonté de Dieu est présente dans tout ce qui se passe sur terre et dans l'univers. C'est vrai qu'il rassemble moins de cent fidèles chaque dimanche, mais la religion qu'on croyait d'un autre temps revient en force avec les milliers de musulmans qui prient sur le trottoir à Montpellier. À Villeroy, rares sont ceux qui se disent totalement incroyants. Et le simple fait d'admettre une force supérieure qui décide de tout place la bête hors d'atteinte des chasseurs ordinaires.

— Tout est écrit dans la Bible ! déclare Olivier Brunet.

— Même l'histoire de la bête de Monteret ?

— Parfaitement. Dans la Bible, il y a un commandement essentiel : « Tu ne tueras pas » ! Or, que fait la bête ? Elle se contente de blesser ses victimes. C'est ce qui me frappe depuis le début et montre qu'elle obéit à la main de Dieu. Dieu qui, pour avertir les hommes, n'outrepasse pas son commandement !

Quand Brunet se tait, un silence recueilli lui répond. Tout le monde a été frappé par cet aspect particulier de la bête qui, effectivement, ne tue pas. Et l'explication du clerc de notaire en vaut bien d'autres !

Juillet tourne en rond une partie de la matinée. Il passe à son cabinet, revient chez lui, en peine de sa personne. Lui d'ordinaire si occupé, ne sait que faire de son temps car il sait trop bien ce qu'il veut, mais se retient, bridé par la peur de lui-même, l'impression de s'éloigner d'une vie si bien réglée, avec ses garde-fous et son aveuglement.

Enfin, n'y tenant plus, il se rend au centre hospitalier de Mende. Le soleil est sorti, chaud, annonçant encore des orages pour l'après-midi. Le docteur Perrot le reçoit dans le couloir. Les deux hommes bavardent un instant de la bête qui occupe toutes les conversations, puis Juillet aborde le but de sa visite. Il se rend au chevet de Léa Jourdan, la première victime de la bête. Le visage de la jeune fille est couvert d'un épais pansement qui ne laisse voir que la fente des yeux. Mme Jourdan est là qui tient la main de sa fille. Elle s'empresse de remercier Juillet de sa visite qui la touche beaucoup. Il la rassure :

— La chirurgie va rendre à votre fille son visage d'avant. Elle va bientôt partir à Neuilly dans une clinique spécialisée. Je ne manquerai pas de la recommander tout particulièrement à l'équipe médicale. Il se trouve que je connais un peu le chirurgien qui va l'opérer.

Mme Jourdan s'essuie les yeux et remercie encore le docteur qui se sent assez mal à l'aise. Cette visite n'était qu'un prétexte, et il en a conscience. Dans le couloir, il retrouve le docteur Perrot.

— Maria excède tout le monde. Nous sommes obligés de la soigner par intraveineuse. Elle arrache ses perfusions et il faut se battre pour la faire manger. Une fois sur deux, elle rend son assiette sans y toucher. Je ne peux pas mobiliser la moitié de mon service pour cette tête de mule ! Je crois qu'elle est allée un peu à l'école. De plus, elle n'est pas idiote…

— Je suis persuadé qu'elle cache un lourd secret, affirme Juillet.

— Si vous arrivez à en tirer quelque chose, j'en serai satisfait. Elle veut partir, et je crois que je ne vais pas m'y opposer plus longtemps.

Juillet laisse son collègue et entre dans la chambre de la jeune Rom. Il ferme la porte derrière lui, s'approche du lit. La masse bouclée des cheveux s'anime, se tourne, laissant apparaître une figure sombre aux grands yeux noirs.

Juillet lui sourit, Maria détourne son regard, comme pour l'ignorer.

— Bonjour, Maria. Je suis venu voir la petite Jourdan. Tout va bien depuis hier ?

Il se sent tout à coup très maladroit, démuni.

— Je n'ai pas pu vous parler pour ne pas inquiéter Django. Il faut vous soigner, c'est très important.

Il s'est arrêté au milieu de la pièce, n'osant pas faire un pas de plus.

— Qu'est-ce que ça peut vous faire ?

Elle ne le quitte pas des yeux. Il essaie de masquer son trouble croissant.

— Ça me fait que la santé est un bien précieux. Vous devez en avoir conscience.

— Pour ce qui me reste !

— Vous n'avez pas le droit de parler comme ça ! fait Juillet. Tant qu'on est vivant, on peut tout espérer.

— C'est mon oncle qui vous envoie ?

— Non. Je suis revenu parce que j'avais envie de vous voir.

La jeune fille tourne vers le docteur un regard plein d'une interrogation qui la rend plus proche, plus abordable.

— Django vous aime beaucoup, ajoute le visiteur.

Un long silence suit cette affirmation. Juillet remarque une larme qui a perlé au coin des paupières de la malade. Il s'approche. La jeune femme a un mouvement rapide des bras, comme une défense instinctive.

— Qu'est-ce qu'il vous a dit, hier, en roumain ?

Juillet comprend qu'une brèche vient de s'ouvrir dans la carapace de Maria. Il ment pour enfoncer le coin :

— À moi, il m'a dit que vous étiez malheureuse.

— Je ne veux pas en parler. Django raconte n'importe quoi pour faire l'intéressant. Il ne s'attache à personne. Il ne pense qu'à lui.

— Il m'a dit aussi que vous étiez un peu sa mère.

Maria soulève la tête et se redresse sur les coudes. Ses cheveux roulent sur ses épaules. Son visage est plus pâle que d'habitude, mais cela lui va bien. Juillet soutient son regard qui se plante dans le sien.

— Il adore se mêler de ce qui ne le concerne pas, ajoute-t-elle.

Le silence retombe. Maria repose sa tête sur l'oreiller et reprend sa contemplation du carré de parc découpé

93

par la fenêtre. Quelques nuages traversent le ciel, elle les suit des yeux.

— Bon, je m'en vais, fait Juillet.

Elle tend un bras vers lui.

— Non, restez encore un peu !

— D'accord, mais vous allez me parler de vous.

— Je n'ai rien à dire, fait-elle en soupirant.

Le silence s'installe de nouveau entre eux, mais il reste léger, agréable. Sans les mots, leurs pensées peuvent aller librement en dehors des conventions et de ce qui les sépare. Au bout d'un certain temps, le docteur se lève de sa chaise, se dirige vers la porte et sort sans un mot. Alors, Maria prend conscience de ce qui lui arrive, quelque chose de fou, d'impossible, qui ne peut que la faire souffrir. « Voilà que je deviens folle ? » murmure-t-elle devant l'impossibilité de son rêve.

Une fois dehors, Bertrand Juillet mesure à son tour la stupidité de sa visite. C'est bien la première fois en six ans qu'il se comporte avec autant de faiblesse. En face d'une fille d'à peine plus de vingt ans, une Rom ! Tout les sépare. Est-ce pour cela qu'il s'est senti inférieur, comme un petit garçon qui ne sait pas mentir pour cacher le fond de sa pensée ? En venant ici, il avait un bon argument, celui du médecin qui se préoccupe de ses patients ; mais très vite, il a compris que le ressort profond de sa motivation était autre, d'une nature dont il ne veut pas parler : Maria ne peut rien avoir de commun avec lui.

En rentrant à Villeroy, la radio l'informe que la traque de la bête a recommencé avec les moyens les plus modernes. Les satellites de surveillance signalent tous les animaux dont la taille et la silhouette rappellent le fauve. Mais comme ils ne peuvent faire la différence entre un chevreuil et un loup, une équipe de spécialistes s'active à éplucher une foule d'informations.

— Cette bête a été fort bien éduquée pour échapper aux chiens. Elle sait mélanger sa piste à la leur et profiter du terrain accidenté, explique le commandant Malmaison. D'ordinaire, un animal ne va vers l'eau que lorsqu'il est fatigué, celui-là recherche l'eau pour brouiller sa piste. Il entre d'un côté du lac et sort de l'autre, il suit le cours des torrents, saute d'un rocher à l'autre, bref, il connaît sa leçon par cœur. Ainsi, les moyens traditionnels de la chasse ne donnent rien et je doute que les satellites permettent de faire mieux.

De son côté le commissaire Boissy continue son enquête avec la patience qu'exige son métier. Il reste persuadé que la bête vient du Centre de recherches biologiques et qu'elle a un rapport avec le campement des Roms dont les enfants ne sont pas inquiétés par l'animal. Il retourne voir Seylier et Legrade et les interroge séparément. C'est le directeur qui lui apprend enfin ce qu'il attendait.

— Vous dites que, pour vos expériences, vous utilisez d'autres animaux que les ruminants ? demande le policier qui sait où il veut en venir.

— Nous utilisons des rats ! dit Seylier avec un sourire moqueur. Mais cela n'a pas toujours été le cas au temps de Lemarchand.

— Ah bon ?

— Oui, il préférait prélever certains gènes sur des canidés.

Nous y voilà, pense le commissaire qui insiste :

— Des canidés ? Donc des animaux de la famille des chiens.

— En effet. Mais les chiens ne nous donnaient pas entière satisfaction, alors, comme nous en avions la possibilité, nous avons utilisé des loups.

— Des loups ? Mais pourquoi ne l'avez-vous pas dit plus tôt ?

— Ils ont tous été euthanasiés. Aucun d'entre eux n'a pu devenir la bête.

— Qu'avez-vous fait des corps ? demande Boissy, qui espère que la science moderne lui sera d'un grand secours pour établir un éventuel lien de parenté entre ces loups et la bête dont la police scientifique possède l'ADN.

— Ils ont été enterrés parce que l'équarrisseur n'a pas voulu se déplacer. Ils se trouvent en dehors du Centre, à côté de la petite porte de secours qui donne sur la forêt.

Dès le lendemain, Boissy demande une pelleteuse pour retourner la terre près de la petite porte indiquée par Seylier. En trois coups de godet, la machine met au jour des ossements que les policiers ramassent et empilent dans un sac. Avec ces restes, le commissaire espère démontrer que la bête est un des loups utilisés en laboratoire et qui étaient tous de la même famille. Seylier n'en croit rien :

— Vous allez être déçu. Aucun loup n'a pu s'échapper du Centre. Et, depuis deux ans, l'animal se serait fait repérer. D'ailleurs, des bêtes nées et élevées en captivité n'ont aucune chance de survivre en milieu naturel.

Les ossements sont envoyés au laboratoire de Mende qui se met aussitôt au travail pour en déterminer l'ADN, mais les spécialistes n'ont pas besoin d'examens approfondis pour découvrir que les ossements n'appartiennent pas tous à des loups. Le commissaire n'en croit pas ses oreilles :

— Ce que vous dites là est impossible ! On s'en serait aperçu.

— Eh bien, si, insiste le médecin légiste. Nous avons trouvé les ossements d'un très jeune enfant, probablement un nourrisson. La tête est absente, mais ce n'est pas étonnant, les os mous du crâne sont les premiers à disparaître !

Cette découverte jette l'émoi et la confusion. Chacun tente de faire une relation avec la bête. Les journalistes affluent de nouveau à Villeroy et harcèlent les gens de questions toujours plus osées :

Les secrets de la petite ville sont bien protégés par des murs d'un autre temps, commente l'envoyé spécial de RTL, *mais les anciennes demeures ne pourront pas les conserver longtemps. Les langues restent silencieuses ; on sent pourtant dans les rues une pression palpable, quelque vérité terrible trop difficile à garder plus longtemps. La piste de la bête conduirait-elle vers une sordide réalité, criminelle celle-là ?*

Vers une heure de l'après-midi, Juillet va déjeuner chez Marie-Josée. Le restaurant est bondé de curieux. On y parle plusieurs langues, ce qui donne à cet établissement, qui a bâti sa réputation sur la tradition et la gastronomie locale, un air nouveau, comme si l'on était dans une grande ville, en plein centre de Montpellier. Le docteur trouve rapidement ceux qu'il cherchait : les commissaires Boissy et Marlin. Boissy est grave. Son front ridé trahit un profond souci. À côté de lui, Marlin semble ne pas être touché par les événements. Sa carrure le place en dehors des tracas ordinaires. Juillet salue les policiers. Boissy l'invite à s'asseoir à leur table.

— Tous ces journalistes m'empêchent de travailler ! bougonne-t-il. Ils inventent n'importe quelles sottises et cela rend les gens méfiants.

— Pensez-vous que ce petit cadavre soit lié à la bête ? demande Juillet.

Boissy lève un regard dur sur le médecin.

— Voilà que vous vous comportez comme un journaliste, maintenant ? Je vais vous répondre très franchement : je n'en sais rien. À mon tour de vous questionner. Vous avez sûrement conservé des archives, quelque chose qui pourrait nous mettre sur la voie. Les ossements du bébé trouvés à la porte de secours du Centre de recherches remonteraient à deux ans environ, ce qui correspond exactement au départ pour le Canada de Lemarchand et de Mme Seylier. J'ai envoyé une demande à mes collègues de Montréal pour qu'on leur fasse des prélèvements ADN que nous comparerons avec les pauvres restes de ce bébé, mais je doute que cela nous conduise quelque part.

— Vous avez pu déterminer les causes de la mort ?

— Les ossements sont en très mauvais état. Il y a peu de chance qu'on en tire le moindre renseignement.

Boissy se dirige vers la porte sous les regards curieux. Il fait un geste de la main comme pour écarter un journaliste prêt à l'interpeller. À son tour, Marlin se met debout, mais personne n'ose l'accoster. Juillet termine rapidement son repas. Le temps est chaud, le ciel couvert d'une plaque grise qui fait peser une menace d'orage. Le médecin se rend à son cabinet. Depuis trois ans, avec la carte Vitale, tous les actes du centre médical sont informatisés, mais il doute de trouver quelque chose. Le bébé, probablement mort-né ou tué juste après sa naissance, ne peut être issu que d'un accouchement caché.

Il s'assoit devant l'écran de son ordinateur. Le silence des murs pèse dans cette petite pièce où le médecin a l'habitude de recevoir ses patients. Tout à coup, des cris montent de la place voisine où les curieux se sont rassemblés pour suivre les événements. Dans la salle d'attente, des voix éclatent brusquement. Juillet sort précipitamment quand un homme qui passe lui crie :

— Ça y est, docteur, ils ont repéré la bête !

À son tour, Juillet se mêle aux badauds qui affluent sur la place de la mairie où le préfet a installé son quartier général et où arrivent toutes les informations. Les commentaires vont bon train. Les journalistes se pressent sur les marches. Enfin, le commandant Malmaison prend la parole.

— Le loup responsable des cinq agressions a été enfin repéré grâce au satellite et au logiciel très spécial mis à notre disposition par l'armée. Nous le cherchions dans la région de La Canourgue où, hier soir, il a agressé une jeune fille ; il se trouve en plein cœur de l'Aubrac, dans le massif forestier entre Saint-Amans et Aumont-Aubrac, massif qui communique avec la forêt de Monteret et le parc naturel. Les troupes sur place sont en train de l'encercler.

— Comment savez-vous que c'est la bête plutôt qu'un autre animal ? demande quelqu'un.

— La bête a été repérée dès les premières heures de l'aube. Elle est suivie par des spécialistes qui ont assuré que le comportement de cet animal est bien celui d'un loup.

— Il y a peut-être plusieurs loups dans la région. Rien ne prouve que ce soit la bête que l'on cherche.

— Si, répond Malmaison sans se démonter. Nous l'avons vue rôder autour des maisons, se poster à un carrefour, comme si elle attendait une nouvelle victime. Ce qui est certain, c'est que nous allons capturer cet animal et que nous procéderons aux analyses indispensables pour l'identifier avec certitude.

Dans tous les foyers, malgré l'heure, les radios sont branchées sur des stations d'informations.

— C'est comme pour le Tour de France, dit Jules Boissy au docteur Juillet. On est mieux informé par la radio ou la télé que ceux qui se rendent sur place.

Les gens sont pleins d'espoir mais aussi sceptiques.

— Vous allez voir qu'ils vont se débrouiller pour la laisser s'échapper. C'est pas une bête comme les autres et leurs satellites n'y changeront rien !

Juillet rentre chez lui avec l'intention d'écouter la radio pour suivre les événements et s'occuper à classer plusieurs boîtes de timbres qu'il a achetées dans une brocante et où se trouvent peut-être quelques pièces rares, ou des doublons qui peuvent intéresser ses correspondants.

Il ouvre les volets. La lumière du jour entre dans ces pièces qui restent la plupart du temps fermées, sauf une fois par semaine quand la femme de ménage vient nettoyer de fond en comble. L'orage ne va pas tarder à éclater.

Près du buffet de la salle de séjour, Juillet s'arrête comme il le fait chaque fois qu'il passe devant le portrait qui lui sourit. Anne est dans le jardin à côté du lilas fleuri et le regarde, un petit sarcloir à la main ; il s'attarde sur les détails de son visage un peu long, son front large, ses cheveux bouclés châtain clair et ses yeux rieurs. Anne aimait plaisanter. Enseignante au collège de Villeroy, les bourdes de ses élèves étaient longuement commentées pour en rire. Elle aimait la société et emmenait son ours de mari dans les réunions avec ses collègues. Noémie ressemblait à sa mère. Le caractère enjoué de la fillette remplissait cette maison d'une bonne humeur constante. Juillet se sent coupable d'être vivant. L'appel urgent d'un patient l'a sauvé au dernier moment. Pourquoi ?

Il se dirige vers son bureau, la pièce où il classe ses collections et rédige ses rapports. Anne corrigeait ses copies dans la pièce voisine qui n'a pas changé. Une grande bibliothèque occupe tout un pan de mur avec un plein rayon de manuels scolaires. Le cahier de notes se trouve encore à l'endroit où Anne l'a laissé, comme si elle était sortie faire une course et allait revenir d'un instant à l'autre. La porte d'à côté, c'est la chambre de Noémie. Le pyjama est encore posé sur le rebord du lit. La femme de ménage qui vient deux fois par semaine n'a pas le droit de ranger ces souvenirs. Elle peut seulement les aérer, passer l'aspirateur de temps en temps, sans jamais déplacer les objets.

— Ça vous fait mal ! ne cesse-t-elle de répéter au docteur. Il faudrait tourner la page.

Le silence de Juillet montre que la plaie toujours ouverte n'est pas prête à se refermer.

Trois enveloppes en papier kraft posées sur la table attirent son attention. Ce sont celles que Django avait volées. Il s'en empare, aucune trace de souillure du caniveau. Juillet les serre entre ses doigts avec l'impression d'avoir remporté une victoire tellement plus précieuse que les timbres qu'elles contiennent. Il sourit vaguement en pensant qu'il trouvera le moyen d'inciter Django à poursuivre dans cette voie. Il ouvre la porte de son bureau. Dans la pénombre des volets fermés, il découvre un désordre qui ne lui ressemble pas. Des tas de papiers jonchent le sol, les tiroirs sont ouverts, les livres et les bibelots des étagères sont renversés. Un cambrioleur est passé par là et ce cambrioleur a signé son forfait : c'est celui qui a rapporté les enveloppes.

Ses deux gros albums de timbres, ceux qui contiennent ses pièces les plus précieuses, timbres du début de la poste en France, timbres de l'Afrique coloniale, si recherchés, ne sont plus à leur place. La colère oppresse le docteur. Le beau Django a ramené le superflu pour voler l'essentiel.

La radio allumée dans la cuisine continue de diffuser en boucle les informations du moment. Juillet y prête une oreille attentive quand on parle de la bête de Monteret. La traque arrive à son terme : l'animal se trouve dans un petit massif d'à peine un peu plus d'un hectare. Les soldats du génie civil entourent le massif, on ne voit pas comment il pourrait s'échapper. Les hommes avancent lentement. Ordre a été donné de ne pas tirer. Les biologistes souhaitent en effet capturer l'animal vivant. Des tireurs spécialisés se trouvent parmi les soldats pour l'anesthésier…

Juillet sort. Ses albums de timbres sont assurés pour une grosse somme, mais comme il soupçonne le voleur, il décide de ne pas porter plainte. En passant devant la gendarmerie, le lieutenant Lormeau lui fait signe de le rejoindre.

— On a dit que vous êtes allé voir la petite Jourdan. Comment va-t-elle ?

— Elle va plutôt bien. Ses blessures sont moins graves que ce qu'on avait cru. Elle va bientôt partir à Neuilly, à côté de Paris, dans une clinique spécialisée.

— Pauvre fille et pauvres parents ! fait Lormeau sur un ton vraiment affecté. Les spécialistes de la police nous ont évincés. Au fond, ce n'est pas plus mal. S'ils échouent, ils seront les seuls à porter la responsabilité des méfaits de la bête. Ils n'ont pas voulu nous écouter, nous qui sommes de la gendarmerie nationale et connaissons le terrain.

— Pourquoi échoueraient-ils ? Ce n'est pas possible puisque la bête, en supposant qu'elle passe à travers les hommes qui l'encerclent, sera aussitôt suivie par le satellite qui donnera sa position.

Lormeau hausse les épaules avec un air incrédule. Il sait, lui, que la réalité du terrain n'est que rarement celle des spécialistes.

— Les Américains sont allés au Viêt-nam. Ce n'était qu'une promenade de santé, et vous connaissez la suite. Et puis ils sont allés en Irak au nom de la démocratie et de la justice. Ce n'était qu'une affaire de quelques semaines, au plus quelques mois, et vous voyez ce qui s'est passé.

— Oui, mais la bête n'est qu'un loup. Il ne faut pas lui prêter plus d'intelligence qu'elle n'en a !

— Certes, répond le gendarme en s'asseyant à son bureau. C'est un loup, comme vous le dites, comme les analyses ADN l'ont prouvé, mais ces analyses ne disent pas tout. Moi, je sais que c'est plus qu'un loup.

— Qu'est-ce que vous voulez dire ?

— Elle a reçu deux coups de fusil tirés par des hommes qui savent se servir d'une arme. Et elle n'a pas saigné. Cela ne vous semble pas bizarre ? Elle s'est jetée dans l'étang, les chiens n'ont trouvé aucune trace prouvant qu'elle est ressortie et elle attaque un gamin à dix kilomètres de là !

— Au fait, demande Juillet sur un ton dégagé, le petit manouche ne fait plus parler de lui ?

— Il n'arrête pas, mais qu'est-ce que vous voulez qu'on fasse ? Nous l'avons pris dix fois la main dans le sac, il ment avec une assurance incroyable. Nous l'avons présenté au juge pour enfants qui se contente de lui faire la leçon et le laisse repartir. L'assistante sociale a voulu s'en mêler. Elle a saisi les services de la DASS, mais personne ne veut rien faire : il appartient à la communauté des Roms, raison suffisante pour qu'on n'y touche pas. D'ailleurs qu'est-ce qu'on peut faire ? demander à sa mère de le tenir ? On l'a fait cent fois. On ne va pas mettre la mère en prison, ni l'oncle qui mène le camp à la baguette. Cela ne servirait à rien qu'à semer la discorde !

Juillet s'apprête à sortir quand le lieutenant Lormeau, d'un geste, lui demande le silence et monte le son de la radio. Tout est prêt : les tireurs d'élite tiennent leur arme pointée. Les traqueurs de la bête se rejoignent au centre du bosquet, d'autres sont restés en arrière pour le cas où l'animal réussirait à échapper au premier cercle.

Enfin, le commandant Malmaison donne l'ordre du premier assaut. Les hommes se lancent tous en même temps dans le taillis, se rejoignent au centre, étonnés : la bête n'est pas là, c'est impossible ! À croire qu'elle s'est volatilisée !

Lormeau sourit, comme satisfait de cet échec.

— Ils n'ont pas voulu nous écouter, c'est bien fait. Je leur ai dit qu'à cet endroit, l'animal avait toutes les chances de s'en tirer.

— Pourquoi ?

— La forêt et les landes sont semées d'énormes blocs de pierres dont certains masquent l'ouverture de grottes. Je suis certain qu'ils sont passés à côté de la bête terrée dans un de ces endroits et qu'ils ne l'ont pas vue. Ces gens-là croient tout savoir.

— Mais n'avaient-ils pas des chiens ?

— Ils ont dit que c'était inutile. Ils étaient trop sûrs d'eux.

Juillet sort de la gendarmerie et passe devant la mairie. Sur la place, les gens rassemblés poussent des hurlements de colère. Tant de moyens pour en arriver là ! C'est se moquer du monde ! À croire que les autorités ne veulent pas capturer cet animal malfaisant.

Un groupe d'excités se dirige vers l'habitation de Jean-Baptiste Magourin. Le président des Amis de Monteret n'est pas chez lui ; les volets sont clos, des projectiles se fracassent contre la porte et les murs. Les gendarmes réussissent à disperser le rassemblement. D'autres groupes sont allés chez le maire qui lui aussi est absent. Enfin, des manifestants se retrouvent dans le superbe parc de Paul Marcilly qui est là et savoure le flop de l'armée qui lui donne raison.

— Ce n'est pas en cassant tout que vous vous ferez entendre, dit-il de sa voix calme et pleine d'autorité.

— Peut-être, mais si on ne fait rien, on a encore moins de chances.

De son côté, Serge Martin, président de la société de chasse Le Sanglier de l'Aubrac, et ses amis ne veulent pas rester à la traîne :

— Ils guettaient Ben Laden, s'exclame-t-il en riant. Tous les satellites des forces américaines étaient braqués sur le terroriste. Ils l'avaient localisé et Ben Laden s'est échappé en Mobylette ! Alors, je ne comprends pas qu'on continue à leur faire confiance.

On annonce que l'opération de nettoyage du parc de Monteret se poursuit. Le satellite géostationnaire continue de scruter la région et des équipes de spécialistes sont de nouveau sur la piste de l'animal qui finira forcément par se faire prendre.

Serge Martin en rit et demande à tous les chasseurs de la région de le rejoindre. Ancien ouvrier maçon qui a créé sa propre entreprise, les gens l'écoutent. Deux heures plus tard, à la tombée de la nuit, plus de deux cents personnes sont rassemblées sur la place devant la mairie. Martin harangue cette foule avec des mots crus :

— Les écolos veulent nous chasser de nos terres. Ils intriguent auprès des fonctionnaires de Bruxelles pour que la chasse soit interdite sur tout le département. Ils ont fait changer les dates d'ouverture aux migrateurs à tel point que les oiseaux passent et qu'on ne peut plus en tirer un seul ! Ce sont des ayatollahs, des dictateurs qui veulent imposer leurs pensées stupides. Car il ne faut pas s'y tromper, ces gens détestent les hommes. Ils considèrent que la vie d'un renard est aussi importante que celle d'un enfant ! Où allons-nous ? Ce sont les chasseurs qui gardent la nature. Les écolos ont raison de dire que les chevreuils sont trop nombreux, que les sangliers pullulent, mais ils ont tort de vouloir réintroduire le loup et le lynx, c'est à nous de réguler les espèces.

Une ovation acclame ces propos. Martin conclut :

— Je sais qu'ils n'attraperont pas la bête. Aussi, je vous demande à tous de battre le rappel. Nous allons manifester à Mende, devant la préfecture, pour demander que la chasse soit autorisée comme avant, avec des dates d'ouverture qui correspondent aux passages du gibier. Soyez très nombreux, et si on ne nous écoute pas, nous irons à Paris.

L'occasion de se faire entendre est trop tentante pour des gens attachés à leurs traditions. Des télévisions étrangères sont là, c'est le moment de dénoncer les abus des fonctionnaires de Bruxelles qui ne sortent pas de leurs bureaux, de dénoncer aussi le rouleau compresseur de la mondialisation. Les particularismes locaux ne doivent pas disparaître dans l'uniformisation mondiale. Cette richesse héritée des générations passées, aussi bien en Lozère que dans l'Himalaya ou la cordillère des Andes, reste le seul moyen à l'humanité d'évoluer encore, de puiser dans son potentiel naturel pour échapper aux immenses lobbies des multinationales qui cherchent à asservir la planète.

« Finalement, se dit le docteur Juillet, Martin est beaucoup plus malin que je le croyais. »

Il a hésité tout l'après-midi à se rendre au campement des Roms pour demander à Django de lui rendre ses albums de timbres. Finalement, il s'est dit que le gamin ne souhaitait que ça et qu'il valait mieux attendre une occasion favorable.

Il rentre chez lui quand son portable sonne. Il porte machinalement l'appareil à son oreille. La voix de Boissy le surprend :

— Venez vite, j'ai une nouvelle extraordinaire et j'ai besoin de vous pour me décider.

Juillet s'en va rejoindre Boissy à l'Auberge de la Place. Le commissaire s'est installé dans le bureau de Marie-Josée où il est plus libre que dans une pièce de la mairie ou de la gendarmerie. Il rentre tous les soirs à Mende et peut plus facilement aller et venir sans attirer l'attention des gens.

Le docteur trouve Jules Boissy seul : son adjoint est parti en milieu d'après-midi, appelé sur une autre affaire.

— Ce n'est pas la peine d'être deux ici. Les effectifs de police sont trop réduits pour se permettre ce luxe, dit le commissaire de la PJ de Mende.

Juillet ferme la porte derrière lui.

— Alors, cette nouvelle ?

Boissy prend un air affligé.

— Deux choses : les ossements des loups euthanasiés sont proches de la bête. Voilà la première chose que j'espérais prouver. Et maintenant, la seconde, dont je me demande où elle va nous conduire. On a parlé des restes d'un nourrisson. Eh bien, ils sont deux, puisque les spécialistes du laboratoire ont trouvé deux fémurs droits. Les bébés sont morts à peu près en même temps.

Les ADN prélevés sont en très mauvais état de conservation. Nous avons cependant deux certitudes.

— Je vous écoute.

— Vous savez que j'ai demandé au préfet l'autorisation de faire des prélèvements sur toute la population locale pour trouver les parents ou la famille des nourrissons. En fait, c'est très compliqué. Il faut une infinité de paperasses et on ne peut pas soumettre les gens contre leur volonté. De plus, cela coûte très cher, bref, on m'a demandé d'utiliser des moyens plus traditionnels.

— Très bien, fait Juillet qui s'impatiente. Je suppose que ce n'est pas pour cela que vous m'avez fait venir.

— Bien sûr que non. Il se trouve que la seule personne dont nous avons pu analyser l'ADN sans lui demander la permission, parce qu'elle est hospitalisée, est une fille des Roms, Maria, que vous connaissez.

Juillet commence à pressentir une vérité terrible qui le touche plus qu'il ne le pensait.

— Vous voulez dire que les enfants sont…

— On ne sait pas encore, mais les premiers résultats montrent un lien de parenté certain. En tout cas, les bébés enterrés à la sortie discrète du Centre de recherches n'ont rien à voir avec l'ancien directeur, Alain Lemarchand, ni avec sa maîtresse Géraldine Seylier. Ces jumeaux sont issus de la communauté rom. Nous en saurons plus dans peu de temps. Et cela m'embête beaucoup.

— Pourquoi ?

— Parce que ces gens-là ne sont pas comme tout le monde.

— Quel rapport avec la bête ? demande Juillet.

— Je ne sais pas encore, mais il y en a un et je le trouverai.

110

— Quand serez-vous fixé sur le lien de parenté de Maria avec les nourrissons ?

— Je ne sais pas. Il se trouve que les scientifiques arrivent à analyser avec une très grande précision des restes d'ADN de mammouth mort il y a vingt mille ans et qu'ils sont incapables de faire la même chose avec des ossements vieux de deux ans. Les restes des bébés sont très dégradés. La terre où ils ont été trouvés est très acide et détruit rapidement les tissus.

Une forte animation règne sur la place de la mairie. Des groupes bavardent en faisant de grands gestes. Le docteur passe en pensant à ce que le commissaire vient de lui dire.

Il pense aussi à ses albums de timbres. Django est certainement le voleur ; le gamin sait qu'il peut en tirer quelque argent, mais ce n'est pas sa principale motivation. Les deux bébés très proches de Maria occupent ses pensées.

Il n'a pas envie de rentrer chez lui, de se retrouver seul sous le regard figé des photos. Ce que lui a appris le commissaire Boissy révèle en lui un malaise qu'il ne veut pas introduire dans sa maison. Depuis sa première visite à Maria, l'image triste de la jeune femme ne cesse de s'imposer à son esprit. Cela lui donne mauvaise conscience, comme s'il se détachait des deux seules personnes qui ont compté dans sa vie, comme s'il les trahissait.

Il prend sa voiture et se rend au Chêne-Brûlé, d'où part la large allée qui conduit jusqu'aux ruines de Mary. Des soldats qui montent la garde l'arrêtent.

— Je suis le docteur Juillet. Je dois me rendre au camp des Roms.

111

Les soldats l'avertissent que des opérations sont en cours dans le massif et qu'il doit être très prudent, surtout ne pas quitter l'allée.

— On a repéré la bête ? demande-t-il.

— Oui, on a pu délimiter la zone où elle se tient. Autour du lac. Une division entière est à ses trousses.

— Souhaitons qu'ils la capturent !

Juillet s'enfonce dans la forêt. La nuit tombe lentement. Les grands chênes sur la bordure de l'allée se dressent, majestueux. La voiture cahote dans les ornières du chemin empierré. Juillet a le sentiment de violer un territoire plein de mystères dès que vient le soir, un lieu où la vie n'a pas besoin de son modeste savoir de médecin. À proximité du lac, un groupe de soldats lui explique que la bête est coincée.

— Nous convergeons vers le lac et, cette fois, on sait qu'elle est là. Mais la nuit qui vient ne va pas faciliter les choses.

— Pourquoi n'attendez-vous pas jusqu'à demain puisqu'elle est prisonnière ?

— Pour qu'elle trouve le moyen de filer à l'anglaise ?

Juillet poursuit sa route vers le camp des Roms. Il fait sombre sous les branches basses, le médecin allume ses phares. Il a contourné le lac par la droite et s'enfonce dans le chemin creux qui n'a pas été entretenu depuis que le hameau est abandonné.

Il arrive au campement, accueilli par les habituels aboiements des chiens. Prahova se tient au bord du chemin et ne s'écarte pas quand la voiture s'arrête. Juillet sent la colère monter en lui. Il descend de voiture.

— Qu'est-ce que vous me voulez encore ? demande Prahova sans baisser les yeux.

— Je viens voir Django.

Prahova se tourne et hurle :

— Django !

Le gamin arrive presque aussitôt, la tête basse, soumis comme un gentil petit garçon qui ne sait pas ce qu'on lui veut.

— Le docteur veut te voir, fait Prahova, puis, se tournant vers Juillet, il demande : Qu'est-ce qu'il a fait ?

— Mes deux albums de timbres ont disparu.

— Et alors ? s'emporte, indigné, le gamin d'une voix pleine de sincérité. Je jure que je n'ai pas touché à ses timbres !

— Ah bon ? Ce n'est pas toi qui a rapporté les enveloppes que tu avais jetées dans le caniveau ?

— Je ne sais pas de quoi vous parlez !

— Django, fait Prahova sur un ton menaçant, il faut dire la vérité.

— Mais c'est la vérité ! J'ai rien volé. J'avais peur, alors j'ai dit que je les avais jetées au caniveau pour l'embêter !

Juillet n'insiste pas. Il remonte en voiture en claquant la portière. Déjà, Django est parti en courant vers la forêt.

Juillet fait demi-tour et roule dans le chemin creux. Il pense à Maria et aux restes de nourrissons trouvés avec ceux des loups.

Il arrive au croisement avec l'allée empierrée qui file vers le lac. Des torches allumées sur les berges indiquent que la traque de la bête se poursuit. Juillet s'apprête à manœuvrer pour rentrer chez lui quand une silhouette fait irruption dans le faisceau des phares. Le conducteur pile et sort vivement de son véhicule.

— Django ? s'étonne le docteur. Comment as-tu fait pour arriver ici avant moi ?

113

— Il y a un raccourci par le bord du lac. Je vous jure que j'ai pas volé vos timbres !

— Admettons, mais je ne te crois pas.

— Si je mentais, je ne serais pas là, dit l'enfant effronté.

La lumière des phares éclaire les longs cils baissés de Django, sa bouche qui fait la moue.

— Alors qu'est-ce que tu veux ?

— C'est pour le père de Gianni. Il est malade et il ne veut pas aller se faire soigner. Gianni m'a demandé de vous avertir.

— Tu veux parler de Lamberto ?

— Oui, Tonio. Ce matin, Gianni est venu me trouver pour me demander de venir vous en parler, mais j'ai pas osé à cause des timbres.

— Qu'est-ce qu'il a le père Lamberto ?

— Je ne sais pas. Gianni ne veut pas aller en ville à cause de sa figure. Les gens le regardent et ça lui fait trop mal.

— Mais il a bien un téléphone ?

— Non, Gianni n'a pas de portable. Et puis Tonio ne veut pas de médecin. Il dit que ça passera tout seul.

— On y va. Tu vas me montrer le chemin. Monte dans la voiture.

Ils partent jusqu'à un croisement de plusieurs allées. La nuit est tombée, mais la lune et les étoiles dans un ciel sans nuages maintiennent une clarté qui permet de se diriger. Au bout de l'allée, ils continuent à pied.

— Il n'y a pas eu d'orage, constate Django. La météo en annonçait, mais moi je savais qu'il n'y en aurait pas.

— Ah bon ? Et comment tu le savais ?

— Aux grenouilles du lac. Quand il va faire de l'orage, elles chantent toutes en même temps pendant

114

quelques secondes, puis elles se taisent pour recommencer un peu plus tard. Cet après-midi, elles ne chantaient pas.

— Tu connais bien la forêt et les animaux ! Tu es comme Gianni !

— Personne ne les connaît aussi bien que lui, je l'accompagne souvent. Il m'a appris à marcher et à voir les bêtes.

— Comment ça ?

Django s'arrête au milieu du sentier. Ce n'est plus le même garçon. Le petit voyou a perdu son air de défi. Il regarde le docteur en souriant.

— Venez, je vais vous montrer.

Ils partent dans le taillis. Le gamin est aux aguets, comme un renard qui cherche le vent. Ses yeux brillent dans la nuit, des yeux d'animal, ses cheveux gardent toujours une poussière d'étoiles qui bouge à peine. Au bout d'un moment d'observation, il se tourne vers Juillet.

— Le vent vient de là. Je vais vous montrer Aristide !

— Aristide ? De qui veux-tu parler ?

— C'est le nom que Gianni a donné au grand cerf. Un dix-cors. Le roi du parc qui ne craint personne. Mais Aristide est très méfiant, rares sont ceux qui peuvent l'approcher. Même les gardes de l'ONF qui ont fait des études n'y arrivent pas.

— Et toi tu le peux ?

— Oui, Gianni m'a appris à marcher sans bruit, à éviter d'être dans le vent. Suivez-moi.

Django enfonce sa tête dans les épaules, se voûte comme une bête qui s'approche de sa proie. Il avance dans la broussaille. Pas la moindre brindille ne craque quand son pied se pose sur le sol. Par des mouvements souples, il contourne les rameaux où les feuilles mortes, encore accrochées aux branches entre les feuilles nouvelles, bruissent comme des clochettes. Derrière, Juillet se sent lourd et maladroit.

— Faites attention où vous posez les pieds. Il va nous entendre.

Le docteur ne pense plus à ses albums de timbres. Il se laisse prendre par le charme de ce gamin, démon et ange à la fois. Plus tard, il regrettera sa faiblesse, mais l'instant est magique, hors des conventions, proche d'une réalité que la plupart des hommes ont oubliée.

Tout à coup, Django s'arrête, fait un geste de la main, toujours aussi silencieux. Il s'approche du docteur qui n'ose plus bouger.

— Vous le voyez ? lui souffle-t-il à l'oreille.

Juillet ouvre de grands yeux mais ne voit que le taillis en face de lui, le sous-bois que la lune éclaire d'une lumière bleue.

— À côté de l'aubépine. On voit ses yeux tournés dans notre direction parce qu'il vous a entendu.

Bertrand Juillet découvre la forme sombre de l'animal, son cou dressé, sa tête dont les yeux reflètent une lueur jaune et les bois qui se confondent avec les branches. C'est la première fois de sa vie qu'il assiste à un tel prodige. Le spectacle de ces animaux invisibles au promeneur ordinaire est le privilège de quelques-uns, une image qui transforme l'âme.

Enfin, le cerf se dresse sur ses pattes, la tête toujours tournée vers les hommes, s'ébroue et s'éloigne lentement.

— C'est vous qui lui avez fait peur, dit Django. Vous faites autant de bruit qu'un troupeau de sangliers. Maintenant, on va voir le père Tonio. Il paraît qu'il tousse.

116

Ils regagnent le sentier qui conduit à une clairière. Là se trouve une ancienne maison forestière. La municipalité a fait brancher l'électricité mais pas l'eau courante. La longueur de canalisation nécessaire coûte trop cher pour le vieil original et son fils à qui on a proposé plusieurs fois un logement social en ville. Les assistantes sociales ne s'occupent plus d'eux. Elles ne sont pas mal reçues, mais ni le vieux ni le jeune n'acceptent d'entendre leurs raisons. Gianni dit qu'il doit rester dans la forêt parce qu'on le paie pour ça et Tonio ne veut pas laisser son fils seul.

Juillet monte les marches de l'escalier de pierre sur le pignon de la maison, frappe à la porte. Une faible lampe éclaire une cuisine sombre et crasseuse. La table est envahie d'ustensiles, de plats où moisissent les restes d'anciens repas. On leur a proposé une aide ménagère qui viendrait une fois par semaine, les deux hommes ont refusé d'une même voix : ils n'ont besoin de personne et ceux que leur crasse gêne n'ont qu'à rester chez eux.

Django se déplace dans cette maison avec la familiarité de quelqu'un qui l'habite. Tonio, assis près de la table, somnole, un journal ouvert devant lui. Dans le coin sombre de la cheminée éteinte, Gianni regarde la télévision, la tête cachée par un chapeau à larges bords.

— Alors, père Tonio, il paraît que vous toussez ? demande Juillet.

Le vieil homme tourne sa tête aux cheveux blancs en épis. Ses lourdes lunettes aux épaisses montures glissent sur son nez rouge. Il n'est pas rasé et sa barbe de plusieurs jours pique de poils blancs ses joues et son menton. Ses yeux légèrement bridés fixent le docteur sous des paupières trop grandes.

— Qui vous a dit ça ? Je me porte très bien !

— Je vais quand même vous examiner tant que je suis là.

— Je n'ai pas de sous pour payer un médecin.

— Qui vous a parlé de payer ?

Gianni, toujours tassé dans son coin, vient au secours du docteur :

— Papa, tu sais bien que tu tousses. Il faut que tu te laisses examiner.

Le jeune homme éteint la télévision. Tonio finit par accepter. C'est vrai que depuis quelque temps, il tousse le matin en se levant et il n'a pas la force de mettre un pied devant l'autre. Le mois de mai est arrivé et il n'a toujours pas terminé de bêcher son potager.

— On va passer dans votre chambre, dit Juillet. Vous vous allongerez sur votre lit, ce sera plus facile.

Le vieil homme hésite. Sa chambre n'est pas en état de recevoir une visite. Il dit qu'il préfère s'allonger sur le canapé qui se trouve devant la cheminée. Il pose sa veste, ses chaussures, allume une seconde lampe et se laisse tâter par le médecin. Gianni est sorti en compagnie de Django. Juillet a eu le temps d'apercevoir son visage déformé : le menton est absent, une partie de la mâchoire supérieure manque, les plaies ont été mal cousues puisque les médecins pensaient qu'il allait mourir. Les yeux globuleux pointent hors des orbites comme des yeux de grenouille. Il est monstrueusement laid.

À la fin de l'examen, Juillet se fait rassurant :

— Vous avez une bronchite qu'il suffit de soigner pour que vous retrouviez vos forces. Je vais vous faire une ordonnance. Vous irez chercher les médicaments et, dans quelques jours, on n'en parlera plus.

Finalement Tonio est d'accord pour se soigner. Mais le médecin aborde un sujet qui ne lui convient pas :

— Et puis, il faut arrêter de boire. Votre foie est deux fois trop gros.

— Je fais ce que je veux. C'est pas vous qui payez mon vin.

— Je vous dis ça pour vous. Après, vous faites ce que vous voulez.

Django fait irruption dans la maison :

— La bête est coincée à proximité de l'étang ! dit-il d'une voix tout excitée. Elle est probablement capturée maintenant.

— Ça, ça m'étonnerait ! grogne Tonio Lamberto. La bête est plus intelligente que ces gens qui croient tout savoir.

— Vous l'avez vue, vous ?

Le vieux hésite un instant, le regard braqué sur le docteur Juillet qui, mine de rien, cherche à lui faire dire des choses qu'il veut garder pour lui.

— Moi, non. Mais Gianni qui connaît toutes les bêtes de la forêt l'a vue. Il l'a approchée comme de vous à moi.

Juillet, à son tour, garde un instant de silence. Il ne comprend pas que l'Office national de la chasse et les forces publiques, au lieu de déployer ce dispositif coûteux et de mettre un satellite dans le coup, n'aient pas pensé à Gianni. C'était probablement trop simple.

— Vous voulez que je vous dise, fait Tonio, ils vont s'y casser les dents. La bête n'est plus là où ils la cherchent et depuis longtemps. Ils vont être ridicules, et comme l'administration n'a jamais tort, ils vont inventer quelque chose pour nous faire croire qu'ils maîtrisent la situation, mais ils ne maîtrisent rien du tout.

Juillet salue le vieil homme et sort. Django et Gianni l'attendent devant la porte. Gianni porte toujours son grand chapeau abaissé que la lune éclaire, cachant son visage.

— Gianni a quelque chose à vous dire, fait Django.

La silhouette du jeune homme se découpe dans la nuit. Quel âge a-t-il ? Juillet se souvient du temps où on vantait les mérites de l'excellent élève qui vivait avec son alcoolique de père dans un taudis isolé en forêt. Gianni fait un pas en direction du médecin.

— Mon père boit trop, dit-il d'une voix posée. J'ai beau lui dire que ça lui fait du mal, je n'arrive pas à le convaincre. Vous n'avez pas un médicament, quelque chose qui pourrait le freiner sans qu'il s'en rende compte ?

— Non, répond le docteur. La boisson, comme la cigarette, c'est dans sa tête qu'on en guérit. Aucun médicament ne peut remplacer le travail de réflexion personnelle.

Le silence retombe. Juillet a envie de lui demander pourquoi il refuse de se faire opérer, puis il se retient.

— Il veut aussi savoir comment va Maria, ajoute Django.

— Maria irait mieux si elle acceptait de se soigner.

Juillet et Django repartent sans échanger un mot jusqu'à la voiture. Le docteur doit manœuvrer dans l'espace restreint de la petite allée pour faire demi-tour.

— Monte, je te ramène.

Le gamin s'assoit à côté du chauffeur. Ils roulent ainsi, brinquebalés par les cahots. Tout à coup, Django demande :

— Pourquoi vous vous rasez les cheveux ? Ça vous donne un air de méchant.

— Je me rase les cheveux parce que ça m'évite de les coiffer.

— C'est bizarre, mais vous ne ressemblez pas à ce que vous êtes.

— Qu'est-ce que tu racontes ? s'emporte Juillet étonné par la justesse d'une telle réflexion.

Ils arrivent au camp des Roms. Les chiens aboient.

— Il faut que tu me rendes mes albums de timbres, dit Juillet. C'est très important pour moi.

Django ouvre brutalement la portière puis saute à terre et crie :

— Mais je ne les ai pas, vos albums de timbres !

Il disparaît dans la nuit. Juillet repart. Chez lui, il gare son véhicule sur le trottoir quand la radio retient son attention.

La bête de Monteret est enfin captive. Les policiers, aidés par plusieurs brigades de pompiers qui ont réussi à l'encercler, la tiennent prisonnière dans un espace restreint. L'animal est terré près d'un rocher dont une partie plonge dans le lac. Cerné de toutes parts, il n'a aucune possibilité de s'échapper. Cependant, les hommes du commandant Malmaison préfèrent attendre le jour qui se lève très tôt en cette saison pour le capturer. Il doit être pris vivant car les scientifiques veulent l'examiner. Le dispositif est en place pour une opération qui devrait débuter dans quelques heures.

Juillet traverse la cour fleurie de sa maison en se disant que, enfin, la région va pouvoir vivre de nouveau.

Le jour se lève sur le parc naturel de Monteret, mais l'agitation n'a pas cessé de la nuit. Des voitures circulent à grande vitesse dans les allées empierrées ; des hommes courent se positionner dans les taillis, caméra sur l'épaule ou portable à l'oreille. Une nuée de journalistes converge vers le centre du parc où l'assaut final va être bientôt lancé. Comme il n'y a pas assez de place et que les militaires repoussent les gêneurs, chacun cherche l'endroit qui lui permettrait de voir mieux que ses concurrents. Des journalistes grimpent au sommet des arbres, d'autres rampent dans le fossé, d'autres enfin s'approchent sur le lac, à bord de canots pneumatiques.

Il pleut, ce qui ne simplifie pas la tâche du commandant Malmaison. Une brume épaisse recouvre les berges du lac. Les deux hommes chargés de surveiller la bête avec des jumelles à infrarouges ont de plus en plus de mal à accomplir leur mission. Mais l'animal ne peut pas s'échapper : les soldats forment un cercle serré autour du rocher sous lequel il se terre. De la rive du lac, au milieu des reporters, des tireurs d'élite le surveillent dans le cas où il choisirait de s'échapper à la nage. Ordre est donné de l'abattre à la première tentative.

Pourtant, le commandant Malmaison hésite. Il vient de téléphoner à la météo nationale qui lui indique que la brume sur le massif de Monteret devrait se dissiper dans les prochaines heures. Doit-il forcer le loup avec une visibilité réduite ou attendre une heure ou deux que la brume disparaisse ?

Il reste ainsi indécis, pressé de triompher, mais tellement anxieux. Une multitude de journalistes épient ses moindres faits et gestes et lui rappellent qu'une partie du monde a les yeux braqués sur lui. Il en éprouve une grande gêne, une sorte de trac qui bloque ses pensées sur une obsession : le ridicule qui le menace en cas d'échec.

Les tireurs d'élite sont prêts, leurs armes sont chargées d'une dose d'anesthésiant, mais la brume qui semble s'épaissir les gêne considérablement.

— La visibilité est vraiment limite, dit l'un d'eux. Il serait préférable d'attendre que le vent se lève.

C'est l'avis du commandant. Il téléphone de nouveau à la météo, moins optimiste qu'au lever du jour. La brume ne se dissipera pas avant onze heures ou midi. Il ne peut pas attendre aussi longtemps.

— Il faut absolument contenir cette horde de curieux qui se trouvent toujours là où il ne faut pas, dit-il, la voix enrouée par une nuit de veille.

— Ce n'est pas simple, répond un de ses collaborateurs. On a beau les refouler, ils trouvent toujours le moyen de s'infiltrer et je ne jurerais pas que certains n'ont pas profité de la brume pour s'approcher plus près que nous de la bête.

— Vous voulez dire qu'ils se trouvent dans le périmètre délimité par nos hommes ?

— Ce n'est pas impossible. Cette nuit, on en a arrêté
quatre, mais d'autres ont pu passer. Le terrain n'est pas
facile à surveiller et comme nous n'avons pas allumé
de lampes…

Vers huit heures, contrairement à ce qu'avait annoncé
la météo, une légère brise se lève. La brume se dissipe.
Des fumerolles dansent sur l'eau sombre avant de s'éva-
nouir dans les taillis. La lumière est intense, presque
aveuglante. Les tireurs d'élite constatent qu'ils sont mal
placés : ils ont le soleil dans les yeux. Pour s'en protéger, l'un d'eux plante deux piquets et tend une toile que
le vent secoue.

— Vous voyez la bête ? demande le commandant.

— Nous la voyons. Elle est terrée sous le rocher en
surplomb et nous regarde.

— Parfait. Vous êtes prêts ?

— Nous sommes prêts !

— Alors, on y va !

Malmaison se sent soulagé d'avoir donné cet ordre.
Ce qui lui pesait, c'était surtout de se décider. Maintenant la réussite ne dépend plus de sa volonté.

Une centaine d'hommes se dressent, les membres
engourdis par une longue nuit d'inaction. Les tireurs
d'élite pointent leurs armes, prêts à faire feu quand le
commandant en donnera l'ordre.

— Vous avez la bête en ligne de mire ?

— Nous l'avons !

À cet instant une horde de sangliers chassée de son
abri nocturne sort des taillis et s'approche du rocher
sous lequel la bête est toujours réfugiée. Les animaux

tournent en rond en cherchant un chemin pour s'échapper.

— Nom de dieu, qu'est-ce qu'ils foutent là ?

Un tir en l'air apeure les sangliers qui s'éloignent en grognant comme des cochons dérangés.

— Putain ! crie un des tireurs.

— Qu'est-ce qui se passe ?

— La bête ! Elle n'est plus là !

— C'est pas possible. On l'aurait vue ! Elle est deux fois plus haute qu'un sanglier !

— Peut-être, mais elle a quand même réussi à s'échapper.

La réalité est bien là : l'animal diabolique a profité de l'écran formé par les animaux apeurés pour s'enfuir, mais il n'a pas pu aller bien loin. Toutes les issues sont gardées. Le commandant donne l'ordre de tirer si le loup tente de forcer le passage.

— Et surtout ne le ratez pas. C'est l'honneur du génie français qui est en jeu.

Un coup de fusil tonne, se répercute sur les collines voisines. Le commandant demande ce qui se passe. Personne ne lui répond, un deuxième coup de fusil lui indique que le premier n'a pas fait mouche et il se sent tout à coup très pessimiste.

— On l'a ratée une première fois ! crie une voix dans un téléphone. C'est de la faute d'une équipe de journalistes qui se trouvait en face. On n'a pas voulu prendre de risque et la bête en a profité.

— Vous l'avez laissée passer ?

— Non. Elle a fait demi-tour.

Le commandant sent la sueur ruisseler sur son front, pourtant il ne fait pas chaud.

— Et le deuxième coup de feu, qu'est-ce que c'est ?

Pas de réponse, le commandant sait bien que si la bête avait été abattue, il le saurait déjà.

— Les cons, ils vont s'arranger pour la laisser filer, grogne-t-il.

Encore un coup de fusil, qui semble trop loin pour provenir des hommes de Malmaison. Puis le silence qui s'installe, pesant, sur les eaux à peine ridées du lac. Près d'une anse bordée de joncs, un gros poisson saute, faisant un bruit de pierre. Le commandant regarde les ondes concentriques qui n'en finissent pas de troubler la frondaison reflétée des arbres.

— Ça y est ! On la tient !

Tout le monde accourt, se dirige vers le point indiqué, quelque part d'un côté de l'étang où le terrain marécageux est très difficile. La bête a bien compris que les hommes ont du mal à s'aventurer dans cet espace mouvant où la couverture d'herbe cache un abîme de vase. Elle est passée par là, mais les tireurs d'élite montés sur leurs canots pneumatiques l'attendaient.

Dans la débandade, les cameramen tentent de protéger leur matériel, mais ils veulent être les premiers à filmer le cadavre. Ils se bousculent sur les sentiers étroits qui serpentent entre les hautes herbes.

Ils arrivent en bordure de la zone humide où des aulnes poussent par touffes éparses. Au pied de bouleaux aux troncs blancs, l'attroupement empêche les derniers arrivés de voir l'objet de toutes les curiosités : le cadavre d'un grand canidé étendu sur l'herbe. Le commandant Malmaison et ses collaborateurs qui ont pu observer tout à loisir les photos demandent qu'on les laisse passer.

Ils découvrent l'animal la gueule ouverte, la langue pendante. Ses énormes crocs impressionnent. Son pelage noir ne cache pas sa grande maigreur. C'est bien la bête avec ses poils plus longs sur le dos, comme une sorte de crinière. La queue est touffue, semblable à la description des témoins.

— Cette fois, on la tient en effet, dit le commandant.

Les appareils photo crépitent, les caméras se braquent sur le commandant et les questions fusent. Le soulagement se lit sur tous les visages. Grâce à cette capture, tout revient à sa place : d'un côté, le parc naturel et ses animaux inoffensifs, de l'autre des hommes qui retrouvent la liberté de s'affronter sur des idées.

Un des tireurs d'élite s'approche du cadavre, se met à genoux devant la tête qu'il soulève. Un détail le frappe. Il repose la tête et demande au commandant de le suivre à l'écart.

— Il y a quelque chose de pas normal, murmure-t-il.

— Qu'est-ce que vous voulez dire ? fait le commandant, bougon, car il est pressé de rentrer chez lui pour fuir les caméras et les questions des journalistes.

— Je ne sais pas si vous avez remarqué l'oreille gauche de la bête.

— Eh bien, non, mais pourquoi ?

— Parce qu'elle est cassée. J'ai soulevé la tête devant moi, l'oreille droite reste bien en place, mais la pointe de l'oreille gauche retombe. Cet animal n'est pas un loup, mais un chien.

Le commandant fait quelques pas pour échapper à un curieux qui s'est approché, micro en main.

— Qu'est-ce que vous voulez dire ? Pourquoi ce serait un chien ?

— Parce que seuls les chiens peuvent avoir les oreilles qui ne se dressent pas totalement, seul un chien peut avoir la pointe de l'oreille gauche qui retombe sous l'effet de son poids quand on soulève la tête. Je doute que ce que nous venons d'abattre soit la bête.

— Bordel ! fait le commandant. Qu'est-ce que vous me chantez là ?

— Je voudrais tant me tromper, reprend l'homme, mais je suis certain d'avoir raison.

Malmaison pousse un puissant juron et fait donner l'ordre à toutes les sections de surveillance autour du parc naturel de ne pas relever leur garde. Il y a un doute sur l'identité de l'animal abattu. La curiosité monte d'un cran.

En moins de deux heures, c'est une certitude : l'animal abattu est le chien de Tonio Lamberto qui le reconnaît aussitôt.

— Mais nom de Dieu, hurle le commandant Malmaison qui sait que le ridicule tant redouté ira au-delà de ses prévisions les plus pessimistes. Pourquoi vous l'avez laissé en liberté ? Vous ne pouviez pas l'attacher, votre chien ?

— Je l'ai enfermé, monsieur, fait l'Italien qui a le sang vif et n'aime pas qu'on lui fasse la leçon, mais les chiennes sont en chaleur et, pendant ces moments-là, il n'y a pas moyen de le retenir !

Quelques journalistes sourient. Le commandant comprend que ses hommes ont passé la nuit à surveiller un corniaud. La presse ne va pas tarder à tirer à boulets rouges sur les incapables. Sa honte retombe sur le pays tout entier.

— Bon, fait Malmaison en bâillant. On resserre la surveillance et on reprend la traque. La bête est toujours dans le massif forestier, c'est certain, puisque nous l'y avons acculée et qu'elle n'a pas pu s'échapper.

— Je n'en suis pas si sûr, fait le tireur d'élite qui a

reconnu l'erreur. Avec toute la pagaille qui a suivi les trois coups de fusil, elle a eu beau jeu de filer.

— Bon, nous n'avons pas eu de chance, commente le commandant. Il y a eu la brume, puis le troupeau de sangliers et enfin ce chien errant. La traque continue. La bête ne s'en tirera pas toujours aussi facilement.

— On verra, fait Tonio Lamberto.

— Qu'est-ce que vous racontez, vous ?

— Les bêtes, c'est pas comme les hommes, ça sait tirer des leçons de leurs expériences.

Pendant toute la journée, Juillet résiste à la tentation d'aller voir Maria et de la questionner sur les nourrissons. Le lendemain, en se levant après une nuit agitée, il apprend par la radio qu'on a perdu la trace de la bête :

« *Elle a disparu. La surveillance par satellite, les systèmes de caméras à infrarouges que nous avons mis en place ne nous renseignent plus. Tout se passe comme si elle s'était volatilisée.* »

Le journaliste s'étonne d'une telle affirmation, le commandant Malmaison précise :

« *Un animal seul ne nous aurait pas échappé aussi facilement lorsque nous le tenions au bord du lac. La preuve est faite qu'il s'agit là d'une affaire criminelle.*

— *Mais pourquoi n'utilisez-vous pas vos chiens ?*

— *Nous l'avons fait. Ils perdent presque aussitôt la piste qui est brouillée par d'autres, probablement des chiens que le meneur du loup a dressés.* »

Juillet redoute que la peur, l'impression d'être une fois de plus les victimes d'une volonté sournoise, pousse les gens à des extrémités dangereuses. Les sentiments d'être délaissés au profit des écologistes qui s'associent aux industriels pour délocaliser les entreprises, de ne trouver aucun appui auprès des autorités pourraient provoquer plus de dégâts que la bête. Il s'attarde un instant dans la rue pour écouter les conversations qui suffisent à le rendre pessimiste.

Olivier Brunet, le clerc de notaire, a aussi son auditoire. Il brandit une bible et menace :

— Tout est écrit dans ce livre mais les hommes ne savent plus vivre. «Tu ne tueras point » ! Dieu lui-même ne s'autorise pas à outrepasser ce commandement universel alors que les hommes ne cessent de massacrer leurs semblables. Voilà le sens de la bête !

Juillet se rend au bistrot de Marie-Josée pour prendre son petit déjeuner. Boissy est déjà arrivé de Mende et boit un café au comptoir en écoutant les bavardages aux tables voisines. Les gens se sont habitués à ce petit homme à la grosse tête, aux gestes vifs et à la voix sèche. Contrairement à son géant d'adjoint qui les intimide, ils sont à l'aise avec lui ; ils le sentent proche d'eux quand il parle de ses deux fils dont l'aîné prépare le bac.

Juillet apprécie la franchise du commissaire, son honnêteté, sa bonhomie, ses paroles en l'air qui semblent si maladroites, mais sont toujours destinées à mettre en confiance et à délier les langues.

Marie-Josée invite les deux hommes à prendre place à une table où ils seront plus tranquilles pour bavarder. Juillet consulte sa montre. Il dispose encore d'un quart d'heure avant de recevoir son premier patient au centre médical. Il boit son café sans un mot. Boissy est grave, soucieux. Ses épais sourcils tombent sur ses petits yeux gris. Le commissaire pose sa tasse, se lève de sa chaise et dit :

131

— Suivez-moi dans le bureau. J'ai quelque chose d'important à vous dire.

Ils se dirigent vers le fond du couloir. Boissy prend un air soucieux.

— Voilà, ma hiérarchie m'impose d'agir. Je vais mettre Ion Prahova, sa femme et ses deux sœurs en garde à vue pour faire toute la lumière sur les cadavres des bébés trouvés au milieu des restes d'animaux.

— Ne redoutez-vous pas d'allumer un incendie ?

— Seul Ion Prahova peut être le père des bébés ou une de ses deux jeunes demi-sœurs, la mère. Les autres femmes présentes au campement, que ce soit Marcha ou même Monika, la mère de Django et de Maria, sont trop vieilles.

— Vous oubliez le vieux Piotr tout bossu, tout tordu. Et puis son frère Ivon qui lui ressemble tellement qu'on les confond. Les hommes peuvent faire des enfants jusqu'à un âge avancé.

— On va commencer par ces trois-là. Nous les bassinerons jusqu'à ce que la vérité éclate.

— N'est-ce pas prématuré ? Les tests ADN sont fiables. Où en est-on de la reconstitution de l'identité génétique des restes des nourrissons ?

— Nous avons fait appel à un laboratoire très spécialisé à Paris qui pense pouvoir faire quelque chose, mais il faut du temps pour reconstituer le puzzle. Nous savons que les bébés sont jumeaux et qu'ils sont morts à quelques jours d'intervalle. L'arrestation des Roms a aussi une autre raison.

— Vous voulez parler des bruits qui courent en ville à cause de la bête.

— Les gens se montent le bourrichon et ont besoin de coupables. La garde à vue des Roms les calmera. Le

132

préfet vient de m'informer que plusieurs cars de CRS vont être acheminés à Mende et se tiendront prêts à intervenir en cas de troubles. L'annonce de la délocalisation de l'usine Ramié tombe vraiment mal. Si le patron l'a faite à ce moment en pensant que la bête occuperait les esprits au point de faire oublier l'événement, c'est raté. Le brûlot ne va pas tarder à nous péter à la gueule.

— Vous pensez que Prahova peut être celui qui commande le loup ? demande Juillet en se dirigeant vers la porte.

— J'en suis certain, répond Boissy. Cependant, ce n'est que mon intuition fondée sur le fait que la bête n'attaque pas les Roms. Reste à le démontrer, et c'est une autre histoire.

Juillet se rend à son cabinet, passe saluer Aline, sa secrétaire, dans son bureau et reçoit son premier patient. Pendant ce temps, le commissaire Ludovic Marlin arrive de Mende, dans sa petite voiture de fonction. On se demande, lorsqu'il ouvre la portière, comment le géant peut se caser dans un habitacle aussi restreint. Boissy a estimé sa présence indispensable pour le coup de force auprès des Roms. Ses épaules, sa manière virile de répliquer aux attaques et de montrer le poing en font l'homme de la situation.

Vers dix heures, alors que le soleil monte dans un ciel sans nuages, la voiture des deux policiers part, suivie du fourgon de gendarmerie. Les gens applaudissent, satisfaits qu'enfin on se décide à faire quelque chose.

Après la place du Chêne-Brûlé, les véhicules s'enfoncent dans la forêt en cahotant dans l'allée parsemée de trous remplis d'eau sale. Ils s'arrêtent devant le camp, accueillis par les chiens. Les enfants, qui d'ordinaire tournent autour des arrivants, restent en retrait. Quatre gendarmes descendent du fourgon bleu et prennent position près des commissaires Boissy et Marlin qui marchent dans l'allée en évitant les flaques de boue.

C'est le vieux Piotr qui sort d'une caravane et avance vers les visiteurs. Il marche en s'appuyant sur une canne, le corps cassé en deux et penché sur la droite. Sa tête très maigre, son long nez rouge, ses pommettes saillantes, ses yeux bridés lui donnent un aspect de Mongol. Il soulève sa casquette.

— Nous souhaitons parler à Ion Prahova, à Janika et Thérésa.

— Je sais pas s'ils sont là, dit le vieil homme avec un accent étranger. Qu'est-ce que vous leur voulez ?

Une femme s'approche, maigre et grande, la tête haute, le regard très noir. Ses cheveux blancs sont attachés par un ruban rouge. Elle porte une longue robe noire ornée d'un peu de dentelle froissée près du cou. C'est Monika, la mère de Django et de Maria. Elle a le visage austère de son frère Ion, une démarche assurée.

— Qu'est-ce qui se passe ? demande-t-elle d'une voix très calme. Ion n'a rien à vous dire.

— Nous avons quand même des questions à lui poser, réplique Boissy.

L'homme qui sort d'une roulotte située près des ruines d'une grange et d'un énorme tilleul porte son habituel foulard rouge autour du cou. Ses cheveux noirs tombent autour de son front haut en boucles grasses.

— Qu'est-ce que vous me voulez ? demande Ion en s'approchant.

— Vous demander de nous suivre à la PJ à Mende. Vous êtes en garde à vue ainsi que vos demi-sœurs.

— Pour quelle raison ? fait l'homme sans sourciller.

— Pour nous expliquer comment les restes de deux nourrissons de votre famille ont été trouvés enterrés près de la petite sortie du Centre de recherches biologiques.

— On n'en sait rien. On n'a rien à voir avec ça.

— Si. Les tests ADN ont montré que ces nourrissons viennent du campement. Leur père ou leur mère appartient à votre famille.

Ion se tourne tout d'abord vers Piotr qui s'appuie sur sa canne, puis vers Monika qui ne quitte pas le petit commissaire de son regard perçant d'oiseau de proie. C'est le vieux qui parle, dans un français presque sans accent.

— Vous en profitez parce qu'on ne peut pas se défendre. Vous videz votre boue sur nous parce qu'elle sent trop mauvais, voilà la vérité !

— La vérité, reprend Boissy sans se démonter, c'est que nous voulons savoir pourquoi et par qui ont été enterrés deux bébés de votre famille qui n'ont pas été déclarés à l'état civil.

Ion, le premier, comprend qu'il ne peut opposer aucune résistance. Ses chiens font leur habituel raffut. Il siffle, les animaux se taisent.

— Nous sommes à votre disposition, dit-il avec hauteur tout en regardant sa sœur.

Il marche vers le fourgon de police. Cette apparente docilité étonne Boissy. Avant de monter en voiture, Ion se tourne vers Monika :

— Vous en faites pas. On sera de retour très vite.

— Je vous prédis beaucoup de malheurs ! s'exclame alors Piotr. Au lieu de vous occuper des véritables coupables, vous préférez arrêter de pauvres malheureux qui ne savent pas se défendre. La bête n'a pas fini de vous tourmenter.

— Pourquoi ? fait Marlin en s'approchant du vieil homme cassé en deux. C'est vous qui commandez la bête ?

— Personne ne commande la bête. C'est la forêt qui la commande et la forêt est pour la justice, du côté des pauvres.

Les portières claquent. Boissy et son adjoint remontent en voiture et suivent le fourgon. La journée d'interrogatoire sera longue, mais ils espèrent bien en tirer des informations de premier ordre.

Caché dans le bosquet voisin, Django a assisté à la scène. Voir son oncle qui dirige le camp d'une main de fer se laisser emmener avec autant de docilité étonne le jeune garçon. Jusque-là, il a cru que personne n'était aussi fort que Ion, et il découvre que celui qu'il prend pour modèle n'est pas invincible. Il pense alors à Juillet. Dans son esprit, les deux hommes s'opposent et, ce matin, c'est le docteur qui gagne.

À l'hôpital de Mende, Maria étouffe. Elle n'en peut plus d'attendre dans cette pièce sonore où les bruits du couloir arrivent, amplifiés. Elle a peur et sursaute chaque fois que la porte s'ouvre. Sa vie arrive à son terme : la maladie est une délivrance.

Comment les visites du docteur Juillet pourraient-elles lui donner une raison d'espérer ? L'image de cet homme austère, plus âgé qu'elle, flotte constamment dans son esprit. Elle voudrait le détester, mais n'y arrive pas. Sa manière paternaliste de lui prodiguer des conseils ne la révolte qu'en apparence. Quelle importance peut-elle avoir pour ce médecin réputé ? Aucune !

Pourtant, son regard, dans lequel elle a cru voir sa propre lumière, dit le contraire. Au-delà de leur différence d'âge, de ce qu'ils sont, lui un personnage respecté, elle une simple bohémienne, elle a rêvé d'une île où eux seuls pourraient aborder pour parler le même langage.

Le fardeau de ses fautes devient insupportable. La jeune femme porte un tel poids de regrets, un si gros fagot d'épines, qu'elle n'a plus la force de marcher vers personne, surtout pas celui qui reste l'image même de la droiture et de la force. Rien ne la pousse au courage : prisonnière des uns, otage des autres, elle n'est qu'un pion, une petite chose dans les projets de son oncle. Ses études l'ont conduite en seconde, puis elle a dû s'arrêter. Depuis, elle n'a aucun des projets des jeunes gens de son âge et ne se fait aucune illusion sur son avenir forcément sombre.

Ce soir, le temps s'étire, lent et inutile. L'espoir s'est éteint. Lasse, Maria veut en finir. « C'est simple, se dit-elle. J'attends qu'il y ait moins de monde dans le couloir, je sors dans la rue et je me jette sous une voiture ! » Le téléphone sonne. La jeune fille prend l'appareil dans le petit sac qui contient ses effets et le porte à son oreille.

— C'est moi, dit une voix qu'elle reconnaît. Ils ont arrêté Ion, Janika et Thérésa.

— Django, qu'est-ce que tu racontes ?

— C'est à cause des restes des bébés qu'ils ont trouvés à la porte du Centre de recherches. Il paraît que des tests prouvent qu'ils viennent de chez nous. Ils ont pu trouver ça parce que tu es à l'hôpital et qu'ils t'ont fait le test à toi.

— Je ne comprends rien à ce que tu dis.

— Ils ont emmené Ion et nos deux tantes en prison, voilà ce que je dis. Ils pensent que c'est eux qui ont tué les bébés !

— Mais c'est tout ce qu'ils ont dit sur le test ? Connaissent-ils les véritables parents du bébé ?

— Je crois pas. Il paraît que les restes sont en trop mauvais état. Mais un laboratoire de Paris est en train de les analyser et ils finiront par le savoir.

— Mon Dieu ! murmure Maria d'une voix désespérée.

Django a coupé son téléphone. Maria reste un long moment immobile, les épaules appuyées contre l'oreiller. Sa main tient toujours le petit appareil sur le drap. C'est donc à cause de sa présence à l'hôpital que les policiers ont pu arrêter son oncle et ses tantes. Elle devrait s'en réjouir pour de multiples raisons, mais elle sait que cette affaire la concerne plus que les autres et qu'elle n'aura pas le courage d'affronter la vérité.

Ion ne dira rien. C'est un homme solide qui sait se taire. Thérésa et Janika pourraient parler, mais la présence de Ion les retiendra. Django connaît aussi la vérité ; c'est un opportuniste qui peut changer de camp quand son intérêt le lui dicte et, fatalement, le commissaire remontera la piste. Maria se sait prisonnière de la haine des siens qui ont su filer autour d'elle une épaisse toile d'araignée. Elle va s'y empêtrer, s'y ligoter.

C'est la fin des visites. L'hôpital retrouve un semblant de calme avec des bruits de nuit, des pas d'infirmières dans le couloir, des voix habituelles qu'elle reconnaît désormais. Elle doit agir vite, très vite, demain il sera trop tard ; les araignées n'auront plus qu'à emmailloter leur proie dans leurs fils gluants. Elle tend le bras gauche devant elle, examine un instant l'aiguille qui s'enfonce dans sa veine au poignet et le tuyau transparent qui la relie à une bouteille pendue. Elle pose le pouce et l'index sur l'aiguille, la saisit, ferme les yeux avant de tirer d'un coup sec. Une vive douleur lui arrache une grimace. Elle saute du lit, s'habille rapidement, coiffe ses cheveux défaits. Pourvu qu'aucune infirmière ne soit dans le couloir ! Elle passe la tête par la porte ; des gens se dirigent vers la sortie. Maria adopte le pas d'une visiteuse ordinaire. Elle traverse le hall, la tête baissée pour que la femme à la réception ne la reconnaisse pas. Une fois dehors, elle marche rapidement jusqu'à la rue. Le cœur battant à tout rompre, elle court un peu au hasard dans la ville. Se jeter sous une voiture, c'est facile à imaginer, plus difficile à faire. Maria se voit blessée, cassée de partout et vivante ! Finalement, elle préfère la mort sournoise, celle qui endort sa proie avant de l'emporter. Son téléphone dans la poche de sa veste cogne contre sa hanche. Cette petite boîte brillante la relie au reste du monde, mais qui appeler ? Son frère en qui elle n'a pas confiance ? Le docteur Juillet à qui elle devrait montrer sa laideur, avouer sa honte ? Jamais ! Elle veut garder son rêve stupide aussi propre qu'un tissu de soie que le vent agite mollement. N'a-t-elle donc personne ?

Si. Une seule personne en qui elle peut avoir toute confiance, une seule personne prête à se faire lapider pour elle. Mais est-ce honnête de l'appeler au secours quand elle ne pourra rien lui donner ? Maria s'arrête à un Abribus et compose un numéro. Elle n'a jamais eu besoin d'agenda, tout est inscrit dans sa tête. Il lui suffit d'entendre une seule fois un numéro de téléphone qui l'intéresse pour s'en souvenir avec précision. Le cœur battant, la poitrine en feu, la jeune femme ressent déjà la fatigue dans ses jambes lourdes. La sonnerie retentit dans une lointaine maison qu'elle connaît pour y être allée autrefois, quand elle était adolescente. Le bruit du vieux combiné qu'on décroche, une voix parle. Maria a de la chance, c'est celle qu'elle attendait.

— Gianni ?

— Maria ? Qu'est-ce qui se passe ?

Gianni a raison de s'étonner : Maria ne l'appelle jamais, ce qui le désespère. Depuis longtemps, il ne lui impose plus sa présence. Il se contente de l'épier comme il épie les animaux de la forêt, sans bruit, aussi léger qu'une fumée.

— Tu vas mieux ? Ils t'ont laissée sortir de l'hôpital ? demande encore le jeune homme qui ne sait pas comment cacher sa surprise et le tumulte qui l'envahit.

— Non, je ne vais pas mieux. Il faut que tu viennes me chercher à Mende. Tout de suite.

— C'est que…

— Viens, Gianni, je t'en supplie. Tu es le seul à qui je peux faire confiance.

— J'arrive !

Gianni note l'adresse et monte dans sa camionnette des Eaux et Forêts qu'il utilise pour sillonner le massif forestier et effectuer les travaux que les gardes lui commandent. Il ne s'en sert jamais en dehors du parc naturel puisqu'il ne va pas en ville et refuse de se rendre aux réunions de la DDA. Personne ne l'embête : les gens qui l'emploient savent combien son handicap le fait souffrir et le coupe du monde. Ils l'incitent tous à se faire opérer, Gianni dit qu'il y pense et retarde toujours l'échéance. Son large chapeau cachant son visage, il part sur la route départementale. Maria l'appelle, c'est une aubaine. Pour elle, n'est-il pas prêt à braver le regard des autres, à accepter sa monstruosité, à donner sa vie ?

Il traverse Villeroy. Un attroupement près de la mairie l'oblige à ralentir. Les gens sont tellement préoccupés à manifester leur mécontentement qu'ils ne font pas attention à lui. Il retrouve la campagne hors du parc, ses prairies, ses petits champs, une vie qui lui est devenue étrangère. De rares maisons bordent la chaussée. Il traverse plusieurs villages quand son cœur bondit : près de Mende, un barrage de gendarmerie arrête tous les véhicules. Il s'approche, prêt à montrer ses papiers, à subir l'humiliation des regards curieux, quand le gendarme, voyant les inscriptions des Eaux et Forêts, le laisse passer sans le regarder.

Enfin, il arrive à Mende, conscient que son véhicule le protège de bien des déboires. Maria l'attend sous l'Abribus. La camionnette se gare près du trottoir. La jeune fille claque la portière et le véhicule s'en va.

— Mais qu'est-ce qui se passe ? demande Gianni. Qu'est-ce que tu fais là ?

— Je me suis échappée de l'hôpital. Il faut que je me cache. Les policiers me recherchent.

— Les policiers ? Pourquoi ?

— Je t'expliquerai. Ils ont arrêté mon oncle et mes tantes. Ils vont forcément m'arrêter aussi.

Gianni est heureux d'avoir Maria pour lui seul, de devoir la cacher et de profiter de sa présence. Pourtant, sur les routes, loin de sa forêt qui le protège, il mesure le risque pris.

— Il faut que tu me dises tout. Maria, tu sais combien je tiens à toi et que je suis prêt à tout pour toi, mais je dois savoir ce qui se passe. C'est trop grave !

141

— Dis tout de suite que tu as peur, s'insurge la jeune femme. Que tu ne veux pas m'aider…

— Ce n'est pas ça. Je veux savoir. Tu sais tout de moi et tu mesures que, si certaines choses venaient à se savoir, je pourrais trinquer. Je sais que ton oncle est fort, mais il ne faudrait pas qu'il me mette dans une situation d'où personne ne pourra me tirer.

— Eh bien voilà : les policiers ont découvert les restes des bébés.

— Qu'est-ce que tu dis ?

— La vérité. C'est pour ça que je t'ai appelé.

Gianni roule doucement sur la route de Villeroy. Il ne regrette pas d'être allé chercher Maria. Il va devoir la garder longtemps et la cacher, puisqu'elle ne peut aller nulle part. Pourtant, il mesure combien il a été naïf de se croire intouchable par son appartenance aux Eaux et Forêts. Les policiers ont mis le nez dans les affaires de Ion Prahova et cela le concerne aussi.

— Écoute, tu prends un grand risque à fuir l'hôpital. Tu n'es pas guérie.

— Tu ne connais pas Ion ? proteste Maria. Il sait salir les autres pour se sauver. Il s'arrangera pour m'accuser et il t'accusera toi aussi.

— Moi aussi, je peux dire des choses sur lui, rétorque Gianni.

Maria pose sa main sur celle de Gianni. Le jeune homme ressent vivement ce contact et son cœur se met à battre si fort qu'il n'arrive plus à parler.

— Tu es bon et généreux, Gianni. Toi et moi, on a les mêmes raisons de se cacher.

— Où veux-tu aller ?

— Là où personne ne pourra nous trouver. Tu vois, la vie nous rassemble. Maintenant, on ne se quittera plus.

— Pourquoi tu dis ça ? Tu sais bien que ce n'est pas vrai !

Gianni n'est pas dupe : la jeune Rom parle ainsi parce qu'elle a besoin de lui et qu'elle veut l'impliquer dans une affaire très grave. Sa conscience lui crie qu'il est en train de commettre une bêtise et, pourtant, il n'arrive pas à se décider à refuser une Maria offerte, lui qui n'espérait plus cette aubaine. L'amour qui le hante depuis son adolescence ne s'impose aucune limite.

— Je connais un endroit où personne ne te trouvera. On va prendre quelques précautions pour s'y rendre, à cause de la bête.

— Tu penses qu'elle pourrait nous attaquer ?

— Non. Tu sais bien que la bête n'attaque pas les Roms. Et moi, ici, je suis le maître. Mais nous devons prendre des précautions pour échapper à ceux qui la cherchent.

Il arrête sa voiture en bordure d'une clairière à l'endroit où il la laisse d'habitude quand il va marcher en forêt. Le satellite espion l'a probablement remarquée, mais personne ne s'en préoccupera. Il fait sortir Maria par le côté du conducteur qui se trouve sous les arbres.

— Viens, je connais des sentiers cachés.

Ils s'enfoncent dans la forêt. Gianni porte toujours son chapeau à larges bords. Il marche sans le moindre bruit, légèrement courbé vers l'avant, élément de la forêt, animal dont les mouvements s'enchaînent, se fondent les uns dans les autres et dans l'ensemble végétal. Près de lui, Maria qui a pourtant passé plusieurs années ici se sait lourde et maladroite, incapable de se mouvoir avec naturel.

— Tu m'emmènes où ?

— Chez moi, dans ma grotte.

Ils dévalent une pente parsemée d'aubépines entre de gros rochers dressés comme en déséquilibre et prêts à rouler dans le torrent qui coule en bas.

— Il y a une sorte de trou creusé par l'eau entre les grands rochers. C'est là que tu vas rester. Personne ne pensera à te chercher ici.

Maria frémit. Ses jambes sont de plus en plus lourdes. Elle trébuche sur les cailloux qui roulent vers le précipice. Elle doit se tenir aux branches des buissons. Tout à coup, elle s'arrête :

— Il faut que tu m'aides. Je ne pourrai jamais seule ! Je suis trop fatiguée.

Gianni prend la main qu'elle lui tend. C'est lui désormais qui risque de tomber tellement ce contact le bouleverse. Il a tant espéré ce moment, tant de fois imaginé qu'il emmènerait Maria dans un endroit connu de lui seul et qu'il la garderait là, comme un tableau précieux dont la seule présence suffit. Ce n'était que dans ses rêves, car Gianni sait depuis longtemps que forcer les autres n'apporte jamais rien. Et voilà que le rêve se concrétise.

— La grotte est assez confortable. Je l'ai aménagée. J'y viens souvent.

Il ne va pas au bout de sa pensée, mais Maria connaît suffisamment le jeune homme pour comprendre.

— Sois tranquille, ajoute-t-il. Je m'occuperai de toi et personne ne saura que tu es là.

Maria chancelle. La fatigue broie son corps, oppresse ses poumons. Elle s'assoit sur un rocher au bord du torrent. Les cascades de l'eau claire chantent dans l'air du soir. La nuit va tomber, un calme apaisant se pose sur la minuscule vallée rocheuse, dominée par des arbres qui s'accrochent aux rochers et écartent leurs bras au-dessus de l'eau. Ça sent le galet humide, la mousse, les fleurs de genêts.

La jeune femme entre dans la grotte où Gianni allume une lampe à alcool qui répand une belle lumière pleine d'ombres et une odeur assez désagréable. Elle découvre une table et une chaise visiblement fabriquées avec du bois coupé sur place, des bouteilles posées sur des étagères fixées au rocher. Dans le fond, sur une paillasse, plusieurs couvertures rouges sont entassées.

— Ici, c'est chez moi. J'y passe beaucoup de temps.

Maria avance. Son pied dans l'ombre bute sur une masse. Elle découvre le cadavre d'un chien.

— C'est mon Dago. Ils l'ont tué à la place de la bête. Ils ont bien voulu me le laisser pour que je l'enterre.

— Pourquoi l'ont-ils tué ?

— Parce que ce sont des maladroits. Mais qu'est-ce qui te prend ? Ça ne va pas ?

Maria chancelle. Les forces désertent ses jambes, elle titube. Gianni la prend dans ses bras et l'emmène sur la paillasse.

— Tu vois bien que tu as eu tort de quitter l'hôpital.

— Pour qu'ils m'empêchent de mourir ? Je n'ai pas d'autres manières d'échapper au tribunal, à la prison à vie et…

— Et quoi ?

— La saleté !

Bertrand Juillet dort mal. Chaque nuit, les souvenirs l'assaillent, le pressent, le griffent, le mordent. Un cauchemar revient sans cesse : Noémie a une quinzaine d'années, elle revient du lycée à vélo ; comme chaque jour, elle longe la forêt. Et là, un énorme loup sort du bois, la gueule ouverte, la queue battante, se jette sur elle. Juillet pousse un cri qui brise la solitude des objets, qui dérange les meubles, qui étonne les photos posées sur son bureau. Il se réveille en sueur, le cœur battant ; quelques minutes sont nécessaires pour reprendre contact avec la réalité.

Cette nuit, son esprit se bloque sur ses albums de timbres. Il les voit emportés par l'eau putride du caniveau. Et Django rit si fort que la terre entière est couverte de son rire. Maria marche dans la rue devant lui. Il ne peut pas la rattraper avec ses jambes trop lourdes qu'il n'arrive pas à mouvoir. Il tend les bras, il crie, mais Maria n'est qu'une ombre sans réalité qui se dissipe dans l'air, une fumée.

Il ouvre les yeux en tremblant. Une sorte de peur serpente dans son corps, se dilue lentement, faite d'un désir inaccessible et du risque de sombrer avec lui. Il se dit que la journée ne s'achèvera pas sans qu'il soit allé voir Maria. Pourquoi elle plutôt qu'une autre ? Cette question le laisse indifférent.

Ce matin, il n'est pas pressé d'aller prendre son café à l'auberge de Marie-Josée. Pourtant, depuis que la bête hante la région, il aime, à cette heure matinale, y retrouver le commissaire Boissy qui lui parle de sa vie de policier, de ses difficultés de père face à deux garçons turbulents qui ont honte de lui parce qu'il est flic. Mais aujourd'hui, Boissy ne sera pas au rendez-vous. Le policier a probablement passé la nuit à cuisiner les Roms et, depuis quelque temps, la bête se fait oublier. Le docteur passe au bistrot vers neuf heures. Le commandant Malmaison est là avec un de ses officiers qui dirige avec lui les cent policiers et pompiers qui doivent capturer le loup. C'est la première fois que Juillet le trouve là. Les deux hommes se sont croisés plusieurs fois et ont échangé quelques mots. Le commandant accoudé au comptoir fait grise mine.

— Comment ? Vous n'avez pas écouté la radio ? s'étonne Malmaison.

— Qu'est-ce qui se passe ? demande Juillet qui s'aperçoit que, pour la première fois depuis des années, il n'a pas écouté les informations en faisant sa toilette.

— Ils ont eu ma peau. Les journalistes et les redresseurs de torts. Nous avons coincé la bête hier au soir dans le massif de Petteret. C'est très grand et il a fallu déployer beaucoup d'hommes. Nous avions des chiens policiers, parfaitement dressés, nous avons ratissé l'endroit toute la nuit et, au petit matin, nous avons découvert que l'animal avait filé une fois de plus. Le ministre s'est mis en colère et a demandé que je sois relevé de mes fonctions.

Il baisse sa grosse tête. Juillet éprouve de la sympathie pour ce gros homme presque blond à la peau du visage tachée de son.

— Ils vont nommer un remplaçant, probablement le commandant Jardin qui grenouille pour se mettre en avant. Je lui souhaite de réussir pour les pauvres victimes, mais en même temps je voudrais bien qu'il se casse les dents.

Le visage fatigué du commandant montre sa tristesse. Les gens de Paris n'ont pas mesuré la difficulté de sa mission. C'est vrai qu'en apparence tout semble facile : les moyens modernes permettent une localisation rapide. Ensuite, dans l'esprit des bureaucrates, rien n'est plus aisé que de capturer un loup en l'encerclant et en le faisant courser par des chiens.

— Ils ne comprennent rien à ce pays fait de rochers, de bosses et de creux, où un animal bien dressé peut échapper aux caméras et au satellite. Tout se passe comme si quelqu'un avait aménagé pour elle des cachettes, des souterrains…

Il vide sa tasse de café et en commande un autre, en invitant le docteur.

— C'est possible que j'aie été mauvais, ajoute-t-il. J'ai été formé pour capturer les bandits, pas pour chasser des loups.

Il boit son café, veut payer, mais Marie-Josée repousse son billet.

— C'est pour moi et ça me fait plaisir ! dit-elle.

Le commandant Malmaison s'éloigne de son pas lourd d'ours mal léché. Son échec lui aura au moins enseigné quelque chose qui ne le rassure pas : les décideurs n'ont plus les pieds sur terre. Coupés de la réalité, confrontés seulement à leurs dossiers, ils ont perdu tout bon sens. Juillet consulte sa montre. C'est dimanche, mais il est de garde et doit se rendre au centre médical pour recevoir les urgences et répondre au téléphone. Le médecin n'aime pas ces journées où les gens restent chez eux ; les rues désertes le placent en face de sa propre solitude. Il profite souvent de ce temps pour dialoguer, via Internet, avec des philatélistes du monde entier. Pour certains, la correspondance a dépassé le stade de la collection ; ils échangent des propos plus personnels, demandent des conseils ou donnent leur avis sur les événements mondiaux.

Il vide sa tasse de café, écoute d'une oreille distraite Marie-Josée qui lui détaille le menu de midi. Il mangera comme d'habitude, sur un coin de table. Mais Marie-Josée connaît ses goûts et lui prépare toujours un plat qui lui convient. Il s'apprête à sortir quand Boissy arrive en coup de vent.

— Ah, vous êtes là ! constate le commissaire aux paupières lourdes de sommeil. Je voulais vous voir.

Juillet consulte sa montre.

— Je dois me rendre au cabinet médical. C'est l'heure de ma garde.

— Eh bien, je vous accompagne. Cela me fera du bien de me dégourdir les jambes. Laissez-moi avaler un café serré sur le pouce. Installez-vous à cette table, vos patients peuvent attendre cinq minutes. Ce que j'ai à vous dire est grave.

Juillet obéit au commissaire qui s'assoit, visiblement exténué. Il fait glisser la fermeture de son blouson. Dehors, il fait assez frais pour la saison.

— J'ai vu ce pauvre commandant Malmaison qui a été relevé de ses fonctions, dit Juillet. Il en a gros sur le cœur. La bête lui a encore échappé et les autorités commencent à s'impatienter.

— Je sais tout cela, fait le commissaire en portant la tasse fumante à ses lèvres. Ce que les gens du ministère et de Paris ne comprennent pas, c'est qu'une bête puisse mettre en défaut des moyens aussi importants. Eh bien si, dans l'Aubrac, rien ne se passe comme ailleurs.

Il avale le café d'un trait, fait la grimace parce qu'il s'est brûlé, et continue :

— La garde à vue des Roms se poursuit. Mais je doute que nous en tirions quelque chose.

— Donc, vous allez les relâcher.

— Marlin est en train de les interroger encore. S'il n'obtient rien, je serai bien obligé de les laisser partir.

— Pensez-vous obtenir des informations sur la bête ?

— Oui. Je ne change pas d'avis. La bête est un loup apprivoisé du Centre de recherches. Ion nous a dit qu'un certain Maurice Clain, passionné par les loups et éleveur, était venu avec sa famille travailler pour Lemarchand. Je vais interroger ce Clain qui possède un petit zoo dans la région de Vichy. Mais désormais, je suis certain que tout part du campement des Roms.

Juillet regarde sa montre, se lève et se dirige vers la porte. Boissy le rejoint.

— Je ne vous ai pas tout dit, ajoute le commissaire en emboîtant le pas au médecin. Si je suis revenu ici, c'est qu'il y a une bonne raison.

Ils traversent la place, longent la rue des Abreuvoirs qui se trouve près d'une petite rivière. Dans le parc, les tilleuls ne vont pas tarder à fleurir.

— Ce que je ne vous ai pas dit, c'est que Maria s'est enfuie de l'hôpital et qu'on n'a aucune piste pour la retrouver.

— Comment ?

— Je disais que Maria s'est enfuie, probablement parce qu'elle a appris la découverte des bébés et la mise en garde à vue de son oncle et de ses deux tantes. Je n'ai pas voulu ébruiter la nouvelle pour nous laisser toutes les chances de la retrouver, mais il faut reconnaître qu'après une nuit de recherches, nous n'avons aucune piste.

Juillet découvre que ses rêves de la nuit dernière avaient un sens prémonitoire. Maria, avec son beau visage, cacherait-elle un secret trop lourd pour ses épaules ? Sans ses antibiotiques, elle ne survivra pas longtemps ; il faut donc la retrouver coûte que coûte !

— Qu'est-ce que vous allez faire ?

— Je vais aller trouver sa mère et tout lui expliquer. Elle sait probablement où la jeune femme se cache.

— Et si elle ne sait pas ?

— Qu'est-ce que vous voulez que je vous dise ?

Boissy regagne sa voiture garée devant le bistrot. Juillet regrette de devoir assurer sa permanence. Il aurait pu aller trouver lui-même Django et le convaincre de le conduire jusqu'à Maria. Entre deux patients, il téléphone à son collègue de l'hôpital qui lui raconte comment la jeune femme a pu s'enfuir en se mêlant aux visiteurs. Quand les gens de garde s'en sont aperçus, c'était trop tard : Maria avait filé et les recherches pendant la nuit dans la ville et les hôtels du voisinage n'ont rien donné. Il pense que quelqu'un est venu la chercher ou qu'elle a fait de l'auto-stop. Il faut pourtant la retrouver très vite : la fièvre va reprendre et la malade risque le pire.

En fin de matinée, Juillet se rend au camp des Roms. Il traverse le parc pour prendre sa voiture garée

151

devant chez lui. Boissy arrive à sa hauteur à bord de sa petite Renault de fonction et passe la tête par la vitre :

— Une nouvelle terrible ! dit le commissaire qui semble affecté par ce qu'il vient d'apprendre. J'ai eu Marlin au téléphone.

— Quoi, encore ? Vous avez retrouvé Maria ?

— Non, mais les ADN des nourrissons ont enfin parlé. Je vous avais dit qu'on avait pu établir une parenté avec Maria, mais que l'état des ossements ne permettait pas plus de précision. Le laboratoire de Paris a donné ses conclusions.

— Ah bon ? fait Juillet qui se doute déjà de ce que le commissaire va lui apprendre.

— Cette fois, une certitude est tombée : on vient de trouver la mère. C'est Maria.

La nouvelle frappe Juillet en pleine face. Cela ne le concerne pas, évidemment, pourtant une douleur serpente en lui, profonde, brûlante.

— Franchement, j'ai du mal à le croire ! réussit-il à dire pour cacher son trouble au commissaire qui ne le quitte pas du regard. Quel âge a-t-elle ?

— Maria a vingt-trois ans. Elle a douze ans de plus que son frère Django, poursuit le commissaire comme s'il récitait une leçon. Cela ne vous a jamais semblé curieux que, dans ce milieu, une femme de vingt-trois ans ne soit pas mariée ?

— Certes ! répond le docteur qui a pensé à cela mais n'a jamais osé poser la question directement à la malade.

— Eh bien, si, elle est mariée, mais à la mode romanichelle, sans réalité officielle. Ion qui n'est pas un idiot a fini par dire que les jumeaux étaient mort-nés, mais qu'il n'était pour rien dans cette affaire. Le mari de

152

Maria, un certain Mirtikva, est resté ici quelque temps. Il est reparti en Roumanie, c'est tout ce que je sais.

— Qu'est-ce que vous allez faire ?

Boissy se racle la gorge.

— Il faut d'abord retrouver Maria.

Juillet reprend sa marche d'un pas qui n'a pas sa désinvolture habituelle. Ce qu'il vient d'apprendre lui pèse et le renferme sur des pensées pleines d'aspérités. Il doit se préoccuper de Maria, aller trouver Django et le convaincre que sa sœur va mourir. Pourtant, la jeune femme est mariée et cela le contrarie pour des raisons qu'il ne veut pas s'avouer.

La journée est radieuse. En ville, les gens prennent le temps de flâner, probablement rassurés par l'arrivée du commandant Jardin qui s'est présenté à la presse dans l'après-midi à côté du maire. Les journalistes ont vu un homme d'une cinquantaine d'années, tout le contraire de son prédécesseur. Il est petit, gringalet, très droit. Son visage anguleux exprime une autorité toute militaire. Quand il prend la parole, sa fine moustache grise bouge en même temps que sa lèvre supérieure très mobile. Il explique qui il est, outre ses grades et fonctions dans le génie militaire, lieutenant de louveterie, et que son expérience en Europe centrale et dans les grandes étendues de Russie où il a tué un grand nombre de loups lui donne un avantage certain sur son prédécesseur.

— Nous allons, avant tout, assurer la sécurité, même si c'est une tâche démesurée. Un arrêté fixera les conditions de déplacement des gens et surtout des enfants qui seront conduits à l'école par groupes et sous bonne surveillance. Aucune personne n'est autorisée à se déplacer à pied ou à vélo en dehors du centre-ville. Ceux qui ne respecteront pas les conditions de l'arrêté publié dès demain matin dans la presse et affiché un peu partout seront punis et devront payer de lourdes amende.

De telles paroles réussissent à convaincre les plus sceptiques qui acceptent d'amputer une partie de leur liberté.

— En obligeant le monstre à prendre de plus en plus de risques, on augmente nos chances de le tuer !

Juillet ne s'arrête pas longtemps chez lui. Les volets fermés qui maintiennent les pièces dans la pénombre, l'air confiné contrastent avec la lumière éclatante de l'extérieur et les bonnes odeurs de la nature fleurie. Les meubles, les photos dans leur cadre le rejettent. Il a le sentiment d'avoir bousculé la vie secrète de cette maison. Il monte en voiture, se dirige vers la place du Chêne-Brûlé. Des policiers lui font signe de s'arrêter. Son état de médecin lui ouvre le passage. Il s'inquiète sur la présence de la bête :

— Non, dit une des sentinelles. On l'aurait repérée dans le bosquet des Fayards, un peu à l'est. Le commandant Jardin nous a assuré que, demain avant midi, tout serait réglé. C'est un spécialiste de ce petit jeu du chat et de la souris et il n'a pas l'intention de s'éterniser ici.

— Espérons qu'il dit vrai ! répond Juillet, l'esprit ailleurs.

Il arrive au camp des Roms qui semble désert. Ion et ses sœurs ne sont pas revenus de Mende où les policiers ont prolongé leur garde à vue en espérant qu'ils « lâcheront le morceau » et qu'ils donneront des indications pour retrouver la malade. Pour le professeur Perrot du CHU, la vie de la jeune femme est réellement en danger. Il faut aller vite, mais comment ?

Les enfants n'accueillent pas le médecin en courant et

hurlant comme d'habitude. Ils n'osent plus sortir depuis que les gendarmes ont emmené leurs mères. Monika et les deux aïeuls du camp, Ivon et Piotr, s'approchent de lui. Les deux hommes sont également cassés et font sonner leurs béquilles sur les cailloux.

— Qu'est-ce que c'est ? fait la femme, les mains sur les hanches.

— Je veux voir Django.

— Je ne sais pas où il est.

Juillet n'insiste pas. Il n'est pas venu pour voir Django, mais pour parler de Maria. Il veut mettre sa mère devant sa responsabilité.

— Maria est partie hier soir de l'hôpital. La police la cherche, mais n'a aucun indice pour la localiser. Il faut absolument la retrouver.

— Et alors ? Pourquoi vous vous mêlez de ça ?

— Parce qu'elle va mourir si elle ne se soigne pas.

— Et qu'est-ce que vous voulez qu'on vous dise ? On ne sait rien.

— Je vous répète qu'elle va mourir ! insiste Juillet en haussant le ton.

Monika se tourne vers les deux frères et dit quelque chose dans une langue que le docteur ne comprend pas, puis elle se tourne de nouveau vers lui :

— On va chercher. Si on trouve quelque chose, on vous avertit.

Le commandant Jardin a adopté une attitude totalement différente de celle de son prédécesseur. Il commence par renvoyer les pompiers de Mende, ne conservant qu'une seule division de policiers spécialisés dans les interventions délicates. Le lieutenant de louveterie sait qu'un fauve ne se traque pas avec une armée entière : trop de chasseurs lui laissent tous les moyens de s'échapper. Il croit à la chasse véritable et, dès que l'animal sera localisé, il se lancera à sa poursuite à la tête d'une dizaine d'hommes expérimentés. Des escadrons placés à des endroits stratégiques prendront le relais en cas de besoin. En moins d'une matinée, l'animal sera étendu sur l'herbe et on n'en parlera plus.

Mais le commandant Jardin vient de Bordeaux et ne connaît rien à la topographie du plateau de l'Aubrac, des montagnes de la Lozère et du sud du Massif central. Il ne sait pas qu'ici, c'est une autre planète et que les animaux sauvages y sont plus à leur place que les hommes.

À dix heures du matin, il commence à grogner. Ce n'est pas un homme expressif, comme le commandant Malmaison qui, avec sa corpulence, son visage roux de buveur de bière, ne pouvait rester plus de deux minutes sans parler. Ses ordres sont précis. Il n'accepte pas la moindre objection, et quand, en fin de matinée, on n'a pas encore repéré la bête, il trépigne d'impatience et promet des sanctions. Son intelligence rationnelle n'admet pas que le satellite et tous les moyens déployés ne puissent localiser un animal aussi stupide qu'un loup. Il tourne en rond jusqu'à midi, multiplie les coups de téléphone pour déclarer enfin :

— La bête est introuvable. Voilà près de quarante-huit heures qu'on ne l'a pas vue. Deux possibilités : elle se cache et attend qu'on relâche notre surveillance pour sortir parce qu'il faudra bien qu'elle mange, ou elle ne peut pas se montrer parce qu'elle est crevée !

Cette dernière hypothèse laisse tout le monde très sceptique. On l'a déjà crue morte à deux reprises et chaque fois, elle s'est manifestée de la pire manière.

— Peut-être, répond Jardin en frappant le sol de ses semelles cloutées, mais elle a reçu plusieurs coups de fusil qui ont pu l'atteindre. Rappelez-vous, le premier jour, elle a fui dans le lac, comportement naturel d'un animal blessé et affaibli.

— Et alors ? On a la preuve qu'elle a survécu, réplique quelqu'un.

— Certes, mais la dernière fois qu'on l'a vue, c'était il y a quatre jours. Et le témoin assure qu'elle semblait affaiblie, qu'elle n'avait pas sa vivacité habituelle. Cela peut vouloir dire qu'elle était malade.

— Pour être sûr qu'elle est bien morte, mon commandant, il faut retrouver son corps.

— Ça c'est une autre affaire ! Les loups agonisants se cachent tellement bien qu'on les retrouve rarement.

C'est lundi. Les gendarmes cherchent toujours Maria ; le temps qui passe rend sa survie de plus en plus aléatoire. Ion et ses deux sœurs ont regagné leur campement, tellement haineux contre cette société qui les condamne que le lieutenant Lormeau évite de leur rendre visite. Il redoute qu'un incident anodin ne dégénère en fusillade. Ion n'a-t-il pas averti Boissy qu'il accueillerait les policiers avec son arme ?

Galibet, le bijoutier de la rue Jules-Ferry, n'ouvre sa boutique que l'après-midi. Le matin, il travaille dans l'atelier situé derrière son magasin, qui donne sur une petite cour entourée de murs. C'est là qu'il répare les bijoux ou qu'il les ajuste avec une ouvrière, Mme Legalle, dont il vante l'extraordinaire adresse manuelle. Mme Legalle est aussi large que haute. Ce début d'après-midi, elle revient à l'atelier en passant par la petite ruelle. Elle ouvre la porte sans se méfier, quand quelqu'un la bouscule vivement. Elle trébuche, tombe sur les dalles de la cour. Le temps de voir passer un garçon qui sort de l'atelier et s'enfuit en sautant par-dessus le mur avec une agilité de chat, elle court à la petite porte, mais la ruelle est déserte. Pourtant, Mme Legalle a bien reconnu le voleur.

Alerté, le lieutenant Lormeau arrive presque aussitôt avec deux gendarmes. Galibet déclare qu'on a volé le collier de Mme Siret, la femme du notaire, une pièce de valeur en perles naturelles.

— Vous comprenez qu'on ne peut plus supporter ce voyou ! fait Galibet excédé. Jusque-là, il s'est contenté de voler des petites choses, mais cette fois c'est du sérieux !

— En effet ! dit Lormeau.

— Mais vous allez l'arrêter. Il faut qu'il rende ce collier et qu'il aille en prison. Si on continue à lui donner raison chaque fois qu'il commet un délit, on ne s'en sortira jamais.

— Certes, répond Lormeau entre ses dents.

Cette affaire tombe mal. Une descente chez les Roms va forcément attirer des représailles de leur part. Le gendarme se demande si Django n'a pas agi dans le but de provoquer un affrontement. Ce n'est pas par hasard si ce vol, le plus important qu'il ait jamais commis, intervient après la garde à vue de son oncle et de ses tantes.

— Ces gens-là veulent agir sans jamais rien devoir à personne. Ils ont tous les droits et se considèrent comme des victimes chaque fois que la société leur demande des comptes ! s'exclame le bijoutier.

Mme Legalle est prête à témoigner ; elle a reconnu le garnement quand il l'a bousculée et quand il a sauté par-dessus le mur. C'était bien lui qui riait en fuyant, lui qui vole pour voir jusqu'où ira la faiblesse des pouvoirs publics.

— Le juge des enfants se contente de lui faire la morale. Il séduit tout le monde avec son visage d'ange, ses beaux yeux, ses grands cils noirs. Il promet de ne plus recommencer et, une fois dehors, il n'en fait qu'à sa tête. C'est la prison qu'il faut pour lui, lieutenant, s'emporte encore le bijoutier. La prison, pour qu'il comprenne que les lois s'appliquent à tout le monde.

— Je suis bien de votre avis ! fait Lormeau.

Il fait presque nuit quand Juillet rentre de sa dernière visite. Le soir, il ne dîne pas. C'est le moment le plus dur de la journée. Il mesure le poids de sa solitude dans une maison trop silencieuse. Les timbres lui sont alors d'un grand secours. Il passe des heures sur Internet à consulter les sites philatélistes, à envoyer des messages à ses correspondants, à classer sa collection. Depuis que Django lui a volé ses deux gros albums, il se consacre à mettre de l'ordre dans trois boîtes où il garde des doublons et des timbres sans valeur.

Mais ce soir, il est fatigué. La disparition de Maria le préoccupe autant pour la santé de la malade que pour sa signification. Il prend une bière dans le Frigo, constate que la femme de ménage n'a pas oublié d'acheter des fruits, et s'installe devant la télévision. L'image de Maria agonisant dans quelque recoin le hante. Il a le sentiment de ne pas avoir fait tout ce qu'il fallait, mais où aller la chercher ?

Son portable sonne. Il retient un mouvement d'humeur en se disant qu'encore une fois, il va devoir aller à l'autre bout de la ville. Il porte l'appareil à son oreille. Rien. Une respiration, puis un sanglot.

— Django ! dit le docteur, certain d'avoir reconnu le petit Rom. Où es-tu ?

Un deuxième sanglot et un bruit sourd contre la porte d'entrée. Juillet court ouvrir. Dans la lumière du couloir, il voit le gamin recroquevillé, qui pleure.

— Django, qu'est-ce qui se passe ?

Le docteur, qui pense au collier volé cet après-midi, s'étonne que le gamin se réfugie chez lui.

— Entre !

Juillet ne le montre pas, mais cette visite lui fait un bien infini. C'est parce qu'il espérait qu'un événement de ce genre allait se produire qu'il n'a pas déballé ses boîtes pleines de timbres.

De grosses larmes roulent sur le visage du gamin. Il fait une grimace qui ride son front. Juillet éteint la télévision et se tourne vers son visiteur debout au milieu de la pièce.

— Qu'est-ce qui se passe ? C'est à cause du collier ?

Django semble ne pas avoir entendu. Il renifle.

— Mouche-toi, ordonne le médecin.

Django lève ses yeux mouillés.

— J'ai rien volé. Je veux vous parler de ma sœur.

— Écoute, il faut que tu comprennes. Il y a eu les enveloppes de timbres, puis mes deux albums et maintenant le collier. Je passe sur le vol du sac à main et le reste. Où crois-tu que ça va te conduire ?

— C'est pour ma sœur, insiste-t-il en sanglotant de nouveau. Je lui ai donné un téléphone. Elle aurait dû m'appeler…

— Tu as son numéro ?

Il fait non de la tête.

— Bien sûr, c'était encore un téléphone volé.

161

Le docteur Juillet, debout devant Django qu'il a fait asseoir sur une chaise dans le salon, insiste :

— Django, on ne joue pas, dit-il doucement. C'est très grave. Si tu sais quelque chose à propos de ta sœur, il faut me le dire tout de suite. C'est bien pour ça que tu es venu ici à cette heure ?

— Je sais rien, répond le gamin en reniflant. Je pensais qu'elle vous aurait appelé. Maria ne me raconte pas sa vie. Maria ne s'intéresse à moi que quand elle a besoin.

Ça lui va bien, au garnement, de se mettre à la place d'une victime ! Juillet sait pourtant que ses vols sont des cris de détresse, une main tendue que personne ne prend. Et ce soir, la main est tendue vers lui.

— Tu veux boire quelque chose ? Je crois que j'ai du Coca dans le Frigo.

Django sourit légèrement, levant sur le docteur ses yeux pleins de malice.

— Merci, j'ai pas soif.

— Bon, tu n'as pas une idée ? Ta sœur risque de mourir.

— Ma sœur n'a jamais voulu écouter personne. Voilà où ça l'a conduite !

— Écoute, on va prendre ma voiture et on va aller partout où elle pourrait se cacher.

Le regard noir se voile, les longs cils s'abaissent dans un mouvement triste.

— Je vous répète que je ne sais pas où elle est.

Django se tait un instant, puis ajoute :

— C'est elle qui m'a élevé. Mais elle ne m'aime pas. D'ailleurs, elle n'aime personne.

— Qu'est-ce que tu racontes ? Et puis, tu fais ce qu'il faut pour qu'on te rejette. Pourquoi tu as volé le collier ?

— Mais je n'ai pas volé le collier. Cette vieille bique a dit que c'était moi parce que c'est facile d'accuser un Rom. On me fait porter tous les torts et pendant ce temps les autres en profitent.

— Tu comprends qu'il est temps de cesser ton jeu et de prendre les autres pour des imbéciles, insiste Juillet. Je te répète, tu joues contre toi. Tu iras en prison, tu seras un pauvre malheureux alors que si tu allais à l'école, si…

— Arrêtez votre chanson. Ça fait belle lurette que j'y crois plus.

— Eh bien, tu as tort.

Le gamin se tourne vers Juillet, une curieuse expression sur le visage.

— D'accord, j'ai volé le collier, mais j'ai toujours eu l'intention de le rendre. C'est de la faute du bijoutier. Il ne cesse de me regarder de travers et l'autre jour, il m'a dit : « Fous le camp, vermine ! »

— Si tu n'étais pas toujours en train de voler, les gens seraient gentils avec toi.

— Non, ils sont méchants parce que je suis un étranger.

— On parlera de ça une autre fois. Pour l'instant, il faut que tu m'aides à retrouver Maria.

— Je ne sais rien ! fait le gamin qui court à la porte et s'échappe dans la nuit.

Juillet appelle Boissy sur son portable. Le commissaire est chez lui, c'est bientôt l'heure de dîner et un de ses fils n'est pas encore rentré.

— Ah les enfants… dit-il sans terminer sa phrase.

— Avez-vous des nouvelles de Maria ? demande Juillet.

— Aucune. Et le professeur Perrot précise que c'est l'ultime limite, qu'il faut absolument la trouver avant qu'il ne soit trop tard. Il s'étonne d'ailleurs qu'elle ne se soit pas manifestée. Il redoute que l'irréparable soit arrivé.

— J'ai questionné son jeune frère qui ment tellement qu'il ne sait plus faire la part des choses.

— J'ai trouvé le lien entre la bête et Prahova, précise le commissaire. Un certain Maurice Clain, éleveur de loups, est venu travailler au Centre de recherches avec son fils, Frédéric, qui a eu une aventure avec Maria.

— Une aventure ?

— Un flirt, si vous voulez. Frédéric avait une louve qui a fait des petits. L'un d'eux est devenu la bête.

— Mais pourquoi Prahova lancerait-il la bête sur les gens ? Il n'a pas le profil d'un malade mental.

— C'est là la question. L'expert psychiatre qui l'a discrètement examiné pendant sa garde à vue dit que c'est un homme intelligent, imbu de sa personne, autoritaire et violent, mais il n'a pas remarqué de déséquilibre particulier qui justifierait un comportement monstrueux.

Juillet raccroche son téléphone. Il va marcher dans les rues désertes. La nuit est tombée, calme. Les derniers passants rentrent tranquillement chez eux. La bête ne s'est pas manifestée depuis une dizaine de jours, on respire. On ose espérer que le commandant Jardin a raison lorsqu'il dit que l'animal est peut-être mort.

Juillet rentre chez lui sans se presser. Quelque chose le retient dans la rue comme s'il fuyait sa maison où Django lui a rendu visite. Le chantage du gamin le touche plus qu'il ne le montre.

La vibration de son téléphone l'arrête au portail. Il s'y attendait, le temps restait suspendu sur un événement à venir, quelque chose d'inéluctable.

— Docteur Juillet ?

Il ne reconnaît pas la voix qu'il a pourtant entendue récemment. Une voix jeune et retenue, comme si celui qui parle se cachait. Une chouette pousse son cri perçant.

— Il faut que je vous voie. C'est urgent.

— D'accord. Où ?

— Dans la forêt. Vous vous tenez à l'entrée du côté du Centre de recherches. Ils ont enlevé les plantons. Vous ne prenez pas votre voiture. Avec leur satellite espion, ils pourraient vous suivre et vous demander des comptes, on ne sait jamais. Je vais passer vous prendre. Moi, ils me connaissent.

Derrière sa fenêtre, la voisine doit se demander pourquoi le docteur Juillet sort à cette heure. Peut-être quelqu'un est-il malade ? Mme Triquet, qui habite au bout de la rue ? Elle appelle le docteur même pour une simple égratignure.

La nuit est maintenant complète. La chouette continue son appel d'amour dans la forêt. Les premières chauves-souris de l'année frôlent les toits et obliquent dans le petit passage Gonelle sans éclairage. Les papillons de nuit se cognent contre le globe des lampadaires. Une voiture passe devant le docteur qui baisse la tête comme s'il redoutait d'être reconnu.

Il arrive enfin à la rue transversale bordée de tilleuls récemment plantés. Il marche en direction de la forêt quand une camionnette s'arrête à sa hauteur. Sur les côtés, on peut lire en lettres vertes «Eaux et Forêts». Juillet s'approche de l'homme qui conduit, remarque son chapeau à larges bords abaissé sur son visage.

— Montez ! dit-il.

Le docteur s'assoit à côté de Gianni. Le véhicule repart en direction de la forêt où il s'enfonce. Au bout de quelques instants, Gianni coupe les phares et le

166

moteur. Le silence de la campagne avec ses craquements, ses petits bruits de nuit occupe l'esprit du docteur.

— Qu'est-ce que vous me voulez ? demande-t-il sur ses gardes.

— J'ai trouvé le numéro de votre portable dans le sac de Maria.

— Vous savez où elle se trouve ?

— C'est pour cela que je vous ai appelé. Maria préfère mourir plutôt que de revenir à l'hôpital. Elle dit que mourir est la meilleure solution pour elle.

— Mais pourquoi, nom de Dieu ? s'emporte Juillet. Pourquoi veut-elle mourir ?

— Parce qu'elle a peur de la justice qui va la condamner, et qu'elle se sait coupable.

Juillet se tourne vers le chapeau. Maria serait donc impliquée dans le meurtre de ses enfants ?

— Si elle savait que je suis venu vous chercher, elle serait capable de se jeter dans le ruisseau, continue Gianni. Il faut que vous m'aidiez à la soigner sans le lui dire et sans en parler à personne.

— Mais je ne peux pas, poursuit Juillet. Comment voulez-vous que je la soigne ?

— Débrouillez-vous, répond Gianni. Et surtout ne parlez à personne de ce que je viens de vous dire. Ce serait très grave. Maria veut mourir, ne l'oubliez pas.

La voiture redémarre. Juillet pose son bras sur l'épaule de Gianni et lui demande de s'arrêter de nouveau.

— On n'a pas tout dit. Supposons que je trouve les médicaments. Il faut les lui injecter et ce n'est pas vous qui allez le faire. Je vous en supplie, conduisez-moi à Maria. Nous allons l'hospitaliser, je jure que je ne dirai rien, que la police n'en saura rien et qu'une fois guérie, elle pourra partir où elle le souhaite.

— Vous ne me comprenez pas : Maria est au bout du rouleau. Elle est une victime traquée de tous les côtés. Qu'elle se tourne dans une direction ou une autre, elle ne voit que des ennemis.

— Il faut tout me dire. Que redoute-t-elle ?

— Ce n'est pas mon affaire.

Un instant de silence. Gianni réfléchit. Il a trahi Maria pour la sauver, pour la garder un peu plus avec lui et ne pas la voir souffrir. Il croyait qu'il suffisait de se procurer des comprimés, des ampoules à faire avaler à la malade, et voilà que tout se complique, qu'il ne sait plus ce qu'il veut.

— Bon, on y va, répond Gianni en descendant de voiture. Venez, on va marcher un peu, c'est la seule manière de n'attirer l'attention de personne.

Ils partent dans un sentier qui se perd dans l'ombre de la nuit. Juillet ne quitte pas des yeux la silhouette sombre du jeune homme qui marche devant lui avec l'assurance d'un animal de nuit. Ils passent près du lac. Gianni s'arrête :

— Ils croient que la bête est morte. Ils se trompent !

— Comment le savez-vous ?

— Je connais tous les animaux de la forêt. Mais le préfet et le ministre ont préféré faire confiance à un commandant de l'armée, lieutenant de louveterie, qui ne connaît rien à la nature.

— Toi, tu pourrais la tuer ? demande Juillet en constatant qu'il vient de tutoyer le jeune homme.

— Oui, je peux, mais il me faut du temps pour la mettre en confiance. Un animal devine les pensées des hommes. Je peux l'approcher si je n'ai pas de mauvaises intentions, mais si je pense à la tuer, elle le saura et se méfiera.

Ils continuent de marcher entre les aubépines où Juillet se griffe les mains et le visage. Ils arrivent là où la déclivité s'intensifie. Entre les rochers, Gianni trouve un passage au-dessus du torrent dont le bruit monte jusqu'à eux.

— Faites attention à ne pas tomber. C'est assez dangereux.

Ils arrivent au bord de l'eau qui reflète des plaques de lumière et se brise en une multitude de morceaux de verre. Au bord d'une cassure dans le rocher abrupt, le jeune homme s'arrête.

— Qu'est-ce qu'il y a ?

— J'hésite. Elle m'a fait confiance et je l'ai trahie.

— Tu ne l'as pas trahie, tu lui sauves la vie.

Gianni fait un geste de la main. Juillet entre dans la nuit de la grotte, contourne un coude rocheux. Une lampe à pétrole brûle sur un promontoire et répand une lumière aux ombres tremblantes. Au fond, une silhouette s'agite sur une paillasse. Le médecin s'approche et découvre Maria qui claque des dents. Elle ouvre de grands yeux fiévreux qui se remplissent d'effroi en apercevant le visiteur.

— Qu'est-ce que vous faites là ? C'est Gianni qui est venu vous chercher ?

— Il faut vous soigner, Maria, pour ceux qui vous aiment et ne veulent pas vous perdre.

Elle secoue la tête. La fièvre met une lueur imprécise dans ses prunelles. Ses lèvres se contractent.

— Ceux qui m'aiment ? Vous avez vu ça où ?

— Je vais aller chercher des médicaments ! insiste le médecin. Je reviendrai ici sans rien dire à personne.

Quand vous serez guérie, vous ferez ce que vous vou-
drez.

Maria claque des dents. Gianni s'assoit près d'elle et
lui prend la main qu'elle retire vivement, comme si elle
s'était brûlée.

— Gianni, pourquoi tu as fait ça ?

— Parce qu'il faut que tu te battes, que tu relèves
la tête. Les coupables, ce sont les autres. Tu n'as pas à
payer pour eux.

— C'est trop difficile, tu le sais bien !

— Non, je t'aiderai. Je sais des choses que personne
ne sait. Mais avant, tu dois guérir.

Maria secoue la tête et regarde longuement le docteur, un regard d'où Gianni est absent, puis s'écrie :

— Je me fais horreur. Toi aussi, Gianni, tu me fais
horreur !

Ce mot s'est répercuté dans la grotte, s'y est amplifié.
Gianni, d'un geste instinctif, abaisse un peu plus son
chapeau sur son visage. Il vient de recevoir un coup de
poignard. Il veut se relever, mais titube. Il fait un pas,
s'appuie contre la paroi, sonné, la tête basse. Son chapeau roule au sol, découvrant dans la lumière de la
lampe son horrible visage. Il n'a plus le réflexe ordinaire de relever le col de sa veste sur son menton absent.
Enfin, il se tourne et sort dans la nuit. Juillet le rattrape.

— Pourquoi a-t-elle parlé comme ça ? Quel est votre
secret ?

— Il aurait mieux valu qu'elle meure, précise Gianni,
mais je n'ai pas pu m'y résoudre…

Il pousse un profond soupir.

— Vous comprenez que je ne peux pas faire un pas
sans penser à elle, sans l'imaginer près de moi. L'occa-

sion était trop belle. Mais je ne supporte pas de la voir souffrir…

— Vous êtes quelqu'un de bien, répond Juillet reprenant le vouvoiement qui s'impose à cet instant.

Le médecin a eu le temps de mesurer combien le jeune homme est défiguré. Le destin lui a fait le mauvais cadeau de la vie.

— Quand Maria est arrivée dans la forêt, j'avais quatorze ans. Il paraît que j'étais beau. On était souvent ensemble. Je rêvais déjà. Et puis j'ai eu mon accident.

— Pourquoi vous ne vous faites pas opérer ?

Il se détourne, réflexe acquis au fil des ans pour ne pas voir son rejet dans le regard des autres.

— Me faire opérer ? On peut en effet me refaire une partie du visage, mais ce sera toujours moche, en tout cas, cela manquera de naturel. Alors, il y a la greffe, comme on commence à la pratiquer. Il me semble que je cesserais d'être moi-même. Vous imaginez, vivre avec le visage d'un mort ?

— Il faut que j'aille au cabinet. J'ai les médicaments, mais dépêchons-nous !

— On y va, dit Gianni. Ma voiture est connue. Les gendarmes, les hommes qui surveillent la bête savent que je n'ai pas d'heure, que je me déplace à n'importe quel moment du jour ou de la nuit. Ils ne feront pas attention. Je vous attendrai dans un endroit où je laisse ma voiture pour aller observer les animaux. Ensuite, vous irez à pied jusqu'à la ville.

Ils se dirigent vers la voiture. La nuit exhale son haleine de printemps qui sent l'herbe nouvelle, la fermentation, le jus sirupeux des bourgeons d'aulne. Le docteur se demande s'il a raison de laisser Maria seule.

— Elle a assez de force pour se jeter dans le torrent.

Gianni en est conscient. Peut-être le souhaite-t-il. Ils partent. Les phares éclairent la sente entre les fougères qui déplient leurs longues mains aux doigts délicats. Un lapin surpris détale et disparaît dans le fossé. Gianni tient le volant, silencieux. Sous son chapeau légèrement relevé, la lueur de ses yeux a changé. Ses doigts posés sur le volant tremblent légèrement. Au bout de quelques minutes de conduite chaotique où les branches basses griffent la tôle, le véhicule s'arrête. Gianni ouvre sa portière et Juillet s'étonne du silence de ce geste simple. La porte se referme sans bruit.

— À cette heure, il ne faut pas déranger la forêt, explique le jeune homme d'une voix hachée, comme compressée par une force intérieure.

Ils partent dans les taillis, entre les troncs des chênes qui dressent leurs colonnes d'un temple dédié à la nuit, à une vie furtive. Devant Juillet, Gianni a pris l'attitude qu'avait Django lorsqu'il lui a montré le grand cerf. Il marche sans bruit, sans déranger la moindre brindille. À son passage, les branches semblent s'écarter.

— C'est l'heure où le corps perd ses lourdeurs pour devenir geste, mouvement, fumée, fait remarquer Gianni. L'heure où réfléchir n'a pas de sens. Vous ne sentez pas cette force monter en vous, cette envie de chasse qui s'empare de chaque fibre de vos muscles, ce besoin de capturer ?

Juillet ne sent que la lourdeur de ses bras, la maladresse de ses pieds. Il marche le long du sentier, étranger dans ce milieu si accueillant quand le soleil brille, mais hérissé de griffes à cette heure où bêtes et plantes retrouvent une vie qui échappe aux hommes. Les étoiles scintillent entre des nuages pressés. Une vague lueur permet de voir assez pour se diriger. Gianni lui fait un signe :

— Blottissez-vous dans ce buisson et surtout ne bougez pas, je vais vous montrer ce que personne n'a jamais vu.

Il se positionne au milieu de la clairière et pousse un cri qui ressemble à celui d'une chouette. Quelque part dans la forêt le même cri retentit, puis se multiplie. Le jeune homme, les mains en cornet devant la bouche pousse encore cet appel d'une voix qui ne peut être que celle d'un oiseau, pleine d'intonations bizarres. Tout à coup, des claquements d'ailes surprennent Juillet qui voit une chouette blanche voleter dans la clairière. D'autres oiseaux arrivent de partout, se posent sur les branches, serrés les uns près des autres. Des piaillements se mélangent dans un bruit de volière. Et Gianni piaille avec les oiseaux de nuit ; sa voix se mêle parfaitement à la leur. Il tend les bras dans leur direction. Les ailes claquent ; des dizaines de chouettes viennent se poser sur ses mains, ses épaules, sur son chapeau. Juillet voit les lunes jumelles de leurs yeux.

Enfin, il bouge tout en criant d'une autre manière, et les oiseaux s'envolent, disparaissent dans l'ombre. Les bruits de la nuit retrouvent leur signification. Le jeune homme revient vers le médecin :

— Tous les animaux m'obéissent. Ici, je suis le roi.

Ils repartent. Juillet pense encore à Maria, mais le temps ne lui appartient plus. Il est devenu l'élément d'un manège que Gianni fait tourner à sa guise, une harmonie qui le dépasse et dont il garde au fond de lui la signification et la nostalgie. Élément de la terre, il en comprend la réalité ultime sans pouvoir l'exprimer. Ce n'est qu'une sensation diffuse, impossible à communiquer.

— Allons chercher les médicaments ! propose le jeune homme.

Ils arrivent à une pente abrupte encombrée de rochers et d'arbres morts. Un énorme grognement surprend le docteur. Gianni se tourne :

— Vous ne risquez rien.

Ils se faufilent sous des branches basses. Gianni s'arrête et tend le bras dans un trou de verdure entre des rochers.

— Elle a fait ses petits voilà deux jours. Ils sont assez forts pour marcher, et l'endroit est tranquille même si les renards rôdent en ce moment.

Juillet voit une énorme masse sombre qui grogne à la manière d'un cochon. Des petits aux rayures claires s'activent autour d'elle en poussant des cris aigus. Il reconnaît une laie et ses minuscules marcassins.

— Les écolos sont stupides, dit Gianni en poursuivant sa marche. Si on laisse faire les sangliers et les chevreuils, il y en aura tellement que la forêt en sera menacée.

— Vous croyez qu'il faut réintroduire le loup ?

— Ça, c'est du romantisme. Le désir de rétablir les espèces que nous avons détruites ne tient pas la route. Ici, le loup, c'est moi.

— Je ne comprends pas.

— Il n'y a rien à comprendre. C'est ainsi !

Son regard brille sous son chapeau.

— Si vous n'avez jamais chassé, si vous n'avez jamais épié une proie, vous ne pouvez pas comprendre. C'est quelque chose qui vient du plus profond de nous-mêmes, un instinct qui se réveille, irrésistible…

— C'est curieux, remarque Juillet. Cette laie nous avait sentis et n'a pas eu peur.

Gianni a un petit rire.

— Vous êtes bien de la ville ! Vous est-il arrivé de regarder des reportages animaliers dans les grands parcs africains ?

— Oui, sûrement !

— Eh bien, vous avez pu remarquer qu'à certaines heures de la journée, les gazelles vont paître aux pieds des lions, parce qu'elles savent qu'elles ne risquent rien. L'heure de la chasse a une odeur sensible. Quand le prédateur éprouve le besoin de tuer, les proies le savent, et quand il a tué, il devient aussi inoffensif qu'un mouton. Tout est lié dans la nature. La laie n'a pas eu peur parce qu'elle savait que je ne lui voulais aucun mal.

Ils sont arrivés à la voiture. La féerie s'estompe. La lune qui est sortie se reflète sur les tôles de la camionnette. De la forêt viennent encore des bruits, des cris qui ont repris leur place, étrangers aux hommes.

Ils montent dans la voiture qui s'éloigne jusqu'aux premiers lampadaires sur une rue qui s'achève devant la forêt et où se trouvera, dans deux ans, un lotissement de quarante maisons serrées les unes près des autres. Pour l'instant, c'est un terrain vague où poussent des herbes.

— Il m'arrive de laisser ma voiture ici, donc personne ne se posera de questions. Allez chercher vos médicaments. Je vous attends.

Bertrand Juillet s'éloigne. Le contact avec le trottoir dur, les lumières qui éclairent les jardins sagement entretenus le remettent dans sa peau de médecin rural. Ce qu'il fait est grave. En ne prévenant pas la police, il devient le complice d'une femme activement

175

recherchée et peut-être coupable d'infanticide. Il ne veut pas y penser.

Les lumières sont éteintes derrières les volets clos. Il est presque minuit ; les gens dorment, ce qui rend son déplacement plus discret. Il entre dans le cabinet médical, passe dans la pièce où sont rangées des quantités de médicaments de première urgence, des échantillons que les représentants des laboratoires lui confient. Il trouve rapidement les antibiotiques qui conviennent, prend une trousse d'urgence, la sienne étant restée chez lui, et repart. Depuis ce soir, il a le sentiment d'être un autre homme.

Il trouve Gianni dans sa voiture, qui somnole, la tête couverte de son grand chapeau posée sur le volant. Le véhicule repart. Ce retour en ville a remis les idées de Juillet en place. Il cherche à reconstituer l'histoire de la bête. Gianni ne peut être qu'un élément essentiel. Il demande :

— Vous avez connu Frédéric Clain ?

La question touche le conducteur qui a un mouvement de recul.

— C'est Django qui vous en a parlé ?

— Non, c'est le commissaire Boissy.

— Qu'est-ce qu'il croit ? Que Maria va le conduire à celui qui commande la bête ? Frédéric Clain est parti depuis belle lurette.

— Vous ne m'avez pas répondu.

— Je n'ai rien à répondre.

— Si, vous le savez, mais vous ne voulez pas en parler parce que vous avez peur.

— Je vous dis que je ne sais rien ! tranche Gianni en haussant le ton.

Des scènes restées présentes à sa mémoire avec la

précision de ce qui fait très mal défilent devant ses yeux. Pourquoi ne s'est-il pas tiré une balle dans la tête après son accident ? Parce que son père, le seul être au monde qui l'aime, en serait mort de chagrin.

Ils arrivent à la grotte. Maria est toujours là, sur la paillasse, qui somnole. La sueur ruisselle sur son front. La fièvre est encore montée, elle délire. Juillet demande à Gianni de l'aider, et de la tenir pour éviter qu'elle ne fasse un geste brusque. Il commence l'injection de l'antibiotique.

— Je vais aussi lui administrer un calmant, mais il faudrait quand même la faire hospitaliser. On prend beaucoup de risques à la garder ici.

Le conditionnel du médecin indique qu'il n'a plus l'intention d'avertir la police. Gianni réfléchit. Un plan très précis s'est échafaudé dans sa tête. Pour sauver Maria, il vient de se décider à parler.

— Attendez demain matin avant de téléphoner aux urgences. Et surtout ne dites rien sur moi à la police.

Juillet lève les yeux en direction de Gianni qui a abaissé son chapeau sur son visage. Le menton coupé dépasse de l'ombre.

— Qu'est-ce que vous allez faire ?

— Maria ne peut pas vivre tant qu'elle porte ce passé. Je l'ai sauvée deux fois, une première fois de son oncle qui voulait la tuer, une seconde fois d'elle-même qui voulait se jeter du haut de la falaise. Il me reste maintenant à la sauver de l'enfer.

Le lendemain, après une nuit trop courte et surtout peuplée de cauchemars, Juillet passe prendre son petit déjeuner chez Marie-Josée. Le commissaire Boissy est là, à sa place habituelle, qui avale son croissant en regardant les gens entrer et sortir du bureau de tabac, l'esprit ailleurs. Juillet le salue, s'assoit en face de lui. Marie-Josée s'inquiète de sa mauvaise mine.

— On dirait que vous n'avez pas fermé l'œil de la nuit.

— C'est en partie vrai, j'ai lu très tard.

— J'ai des nouvelles de votre petit protégé, annonce Boissy.

— Mon protégé ? s'exclame Juillet. De qui voulez-vous parler ?

— Du petit manouche. Hier, après la plainte du bijoutier, le juge des enfants a pris une décision que tout le monde attendait depuis longtemps. Il va être retiré du campement et placé dans un milieu d'accueil, d'abord en foyer à Mende et, ensuite, dans une famille quand la DASS aura trouvé une famille suffisamment solide pour le supporter.

— Vous l'avez dit à sa mère et à son oncle ?

— Moi je ne fais ni le boulot des assistantes sociales ni celui des gendarmes. Je m'occupe de ces pauvres morceaux de nourrissons retrouvés en bordure de la forêt. Je recherche Maria qui est la mère et peut-être la meurtrière. Je cherche aussi à coincer celui qui commande la bête.

Juillet sait qu'il ne peut pas garder le secret trop longtemps. Son silence est un mensonge, une dissimulation auprès de la police. De plus, il a envie de faire confiance au commissaire.

— Écoutez, dit-il, mon état de médecin me permet de m'abriter derrière le secret professionnel, mais je n'en ai pas envie.

— C'est une procédure très encadrée, rétorque le commissaire qui se doute depuis longtemps que Juillet ne lui dit pas tout ce qu'il sait.

— Pour moi, seule ma conscience dicte ma conduite. Et puis, j'ai confiance en vous. J'ai soigné Maria cette nuit. Il faut en effet l'hospitaliser, mais je voulais vous en parler.

Boissy ouvre de grands yeux. De près, son visage est piqué des points sombres d'une barbe clairsemée. Ses longues joues sont crevassées de rides profondes. Sa peau semble épaisse, comme du cuir, et c'est ce qui donne à ce petit homme cette impression de détermination, cette force qui fait plier les plus obstinés. Il pianote sur le coin de la table.

— Je vous garantis qu'elle ne sera pas inquiétée pendant son hospitalisation. Ensuite, il faudra bien qu'elle nous raconte comment et pourquoi les restes de ses fils ont été retrouvés au milieu d'ossements d'animaux. Je ne pourrai pas la protéger si elle est coupable. Mais je suis certain qu'il y a autre chose. Une mère ne tue pas ses enfants sans raison. Et rien ne prouve que c'est elle la meurtrière en l'absence du père, ce fameux Mirtikva que j'ai fait interpeller par la police roumaine.

— Ces enfants étaient peut-être mort-nés, insinue le docteur Juillet.

— Les analyses indiquent qu'ils étaient à terme et qu'ils ont vécu. Les restes sont en trop mauvais état et en trop petite quantité pour nous en dire plus. Mais cela suffit pour faire inculper une mère. Maintenant, dites-moi où elle est.

— Elle est dans le parc naturel, au bord d'un torrent. Elle a été sauvée par le jeune Gianni Lamberto qui s'est occupé d'elle et m'a appelé alors qu'elle s'y opposait. L'attitude de ce garçon ne me semble pas très claire non plus, poursuit le médecin. Il faudra, lui aussi, qu'il s'explique.

L'alerte est donnée. Quelques instants plus tard, un véhicule tout terrain des pompiers progresse dans les sentes de la forêt jusqu'à la déclivité de la vallée. Boissy et Juillet suivent dans le fourgon des gendarmes. Les pompiers portant une civière descendent vers le torrent en contournant les énormes rochers et en se retenant aux branches des aubépines. Quand ils arrivent en bas, ils regardent le mur qu'ils viennent de descendre et se demandent comment ils vont hisser la malade jusqu'à leur fourgon. Boissy peine à avancer. C'est un homme de la ville et ses petites chaussures glissent sur les cailloux. Il se griffe aux ronces et peste. Juillet, plus agile, est déjà au fond.

Le docteur reconnaît l'endroit et n'hésite pas à conduire les pompiers jusqu'à la grotte. Quand ils arrivent, un silence troublant les surprend, ce silence minéral d'un lieu où rien ne vit. La lampe à pétrole est éteinte.

— C'est le refuge de Gianni Lamberto.

Sur la table se trouvent encore les flacons d'antibiotiques que Juillet a administrés à la malade, mais Maria a disparu. Boissy se tient debout à côté du médecin et le regarde sévèrement, comme un maître devant l'élève qui vient de faire une bêtise.

— Alors ? demande-t-il de fort mauvaise humeur.

— C'est ici que je l'ai soignée. Elle s'est enfuie, voilà tout.

Ils sortent, s'arrêtent près du torrent et tendent l'oreille. Un bruit imperceptible les avertit que quelqu'un s'approche. C'est Gianni, son chapeau abaissé devant sa figure. Il a un geste d'impuissance.

— Je la cherche, dit-il. Elle s'est enfuie pendant mon absence.

Juillet secoue vivement le jeune homme. Le chapeau tombe découvrant son horrible visage sans menton, sans nez, la pommette droite absente couverte d'une peau de serpent rouge et boursouflée par endroits, ses yeux monstrueux. Le garçon a le réflexe de se cacher la tête dans les bras. Puis il ramasse précipitamment son chapeau.

— Quand je suis arrivé cette nuit, après vous avoir reconduit, elle n'était plus là. Je l'ai cherchée, mais elle n'a laissé aucune trace.

— Tu ne vas pas me dire que tu ne peux pas la retrouver, toi qui pistes les animaux à longueur de journée !

— Maria aussi sait pister les animaux. Elle connaît la forêt aussi bien que moi.

— Qu'est-ce qu'on fait ? demande un des pompiers en essuyant la sueur de son front.

— On la cherche ! hurle Juillet. Elle est en danger. Il faut alerter les hommes du commandant Jardin pour qu'ils viennent nous donner un coup de main.

Il est d'autant plus de mauvaise humeur qu'il a conscience que tout ce qui arrive est de sa faute.

— Il se peut que son oncle l'ait repérée et qu'il ait profité de mon absence pour la reprendre, précise Gianni. Mais ce n'est pas sûr.

Il fait quelques pas vers la cascade d'eau blanche qui tourbillonne au-dessus d'un gour.

— Ce qui est sûr, c'est qu'elle ne s'est pas jetée dans le torrent. J'ai suivi la rive, je l'aurais trouvée.

— Et tu n'as vu aucune trace, aucune indication ? Je t'en supplie, continue Juillet, si tu sais quelque chose, il faut le dire.

— Non, je ne sais rien. Et puis ces imbéciles ont tué mon chien. Si je l'avais, on n'aurait pas eu longtemps à chercher.

Boissy avertit le lieutenant Lormeau qui a reculé devant la difficulté de la mission. Sa bedaine et son manque d'exercice contraignent le chef de la gendarmerie locale à rester dans les chemins carrossables. Conscient de l'urgence d'intervenir, Lormeau annonce qu'il va demander des renforts au préfet pour aller fouiller le camp des Roms. Cette décision lui pèse car il sait que c'est une déclaration de guerre. Après la décision de placer Django en foyer d'accueil, Ion Prahova va se considérer comme persécuté.

— Seule, elle ne peut pas être allée très loin ! insiste Juillet. Elle était si faible et l'endroit est si difficile qu'elle n'a pas pu parcourir plus de cinq cents mètres.

— Ici, les distances ne sont pas ordinaires, précise

Gianni. Ce qui est difficile pour elle l'est aussi pour nous.

Une nouvelle fois, le chapeau rabaissé sur la figure, le jeune homme examine les traces sur la petite plage de sable doré, mais il ne relève rien de particulier.

— Elle est allée au plus facile, déclare Juillet, donc vers l'aval.

— Non, je vous dis qu'elle connaît l'endroit. Nous venions ici tous les deux, il y a quelques années. À cette époque Maria marchait dans les rochers avec plus de facilité qu'un chevreuil.

Les recherches se poursuivent tout au long de la matinée. Gianni conduit les pompiers dans les endroits les plus escarpés où il connaît des grottes, mais ne trouve aucune trace de la jeune fille. Juillet s'impatiente : le temps qui passe diminue les chances de la sauver. Boissy tempête. Il n'en peut plus de se griffer aux ronces, de s'étaler sur les cailloux tranchants.

La chaleur est intense dans cette vallée encaissée. Boissy ne cesse de téléphoner. Lormeau lui annonce que le préfet a promis un escadron de gendarmerie supplémentaire pour fouiller le camp des Roms. Midi approche.

— On a ratissé le terrain sur un kilomètre dans ce trou. Puisqu'elle n'a pas pu escalader les versants, elle ne se trouve pas là. Cela ne servira à rien de chercher encore, fait Boissy, excédé.

Il meurt de soif, mais n'ose pas plonger ses mains dans l'eau claire du torrent. Il a tellement entendu d'horribles choses sur la pollution des eaux libres que ce citadin préfère endurer la chaleur et le mal d'estomac. Il rouspète :

— La fille est sûrement avec les siens. On va vérifier ses appels sur le portable qu'elle a oublié dans la grotte, mais cela ne me semble pas utile. On va la retrouver dans la journée. Allez, on remonte !

— Je reste ici avec Gianni, précise Juillet. Mes patients attendront un peu. Je veux fouiller encore. Il se peut qu'on soit passés tout près d'elle sans la voir.

— Libre à vous, mon cher. Moi, j'en ai ras le bol des gens de Villeroy et du parc naturel. Je suis un commissaire de situations ordinaires, pas un alpiniste.

Quand ils sont partis, Juillet écoute un long moment le murmure du torrent dans lequel il croit discerner des voix très lointaines, des appels langoureux. Gianni s'assoit à côté de lui, regarde l'eau qui se heurte à la paroi rocheuse et bouillonne avant de partir dans un courant impétueux.

— Si je suis resté, c'est parce que je suis certain que tu sais où elle se trouve, précise Juillet.

Le jeune homme se redresse, son chapeau est légèrement relevé et le docteur voit son visage sans expression, ses gros yeux qui sortent de leurs orbites.

— Non, je ne sais rien, s'obstine le jeune homme.

— Mais tu sais bien des choses qui peuvent nous conduire vers elle. Rappelle-toi qu'elle va mourir et si tu ne me dis pas ce que tu sais, toute ta vie tu porteras le poids de sa mort.

C'en est trop. La lame a taillé dans le vif, alors Gianni explose, se dresse devant le docteur, les poings menaçants.

— Vous m'emmerdez ! Foutez le camp et laissez-moi tranquille ! Personne ne peut aider Maria. Si elle a choisi de mourir, c'est son affaire, pas la vôtre. Vous ne pouvez pas sauver les gens contre eux-mêmes.

— Calme-toi ! Je sais que tu ne dis pas la vérité.

— Non, je ne me calmerai pas. Tout le monde s'est acharné contre elle, et vous arrivez pour en faire un peu plus. Foutez le camp !

Gianni regarde de nouveau le courant. Ce qu'il veut faire ne peut se confier à personne, surtout pas au docteur qui, par sa manière de parler de Maria, montre un trop grand intérêt. Celui qui parle aux laies et qui joue avec les hulottes, le maître de cet endroit sans homme, le roi des taillis croule sous le poids de sa peine.

— J'aimerais aider Maria, poursuit Juillet.

— Foutez le camp ! hurle Gianni. Personne n'a besoin de vous ici. Maria n'a rien à faire avec vous. Elle ne veut plus vous voir !

Juillet s'éloigne, s'accroche aux buissons pour escalader la paroi glissante entre les rochers. Il avance lentement, en espérant que Gianni va le rappeler et parler enfin. Mais le garçon s'est perdu dans le fouillis des arbustes. Hors d'haleine, le médecin s'arrête en s'appuyant contre un rocher dressé comme un bras à la main ouverte sur une prière sans mots. Il s'essuie le front. Les oiseaux font un raffut infernal. Le cœur battant, il écoute à travers ce vacarme pour y discerner comme un appel, un signe, de quoi espérer. Au-dessus de la vallée, des buses tournent dans un courant ascendant.

Il rejoint sa voiture, la mort dans l'âme, passe à son cabinet, explique à Aline les raisons de son absence. Il regarde son agenda de l'après-midi avec une furieuse envie de tout annuler. Il téléphone à son collègue Pierre Lefranc dont c'est le jour de congé et lui annonce qu'il va se faire remplacer pendant quelques jours. Aline le regarde avec suspicion. C'est la première fois depuis des années que le docteur Juillet fait cette tête et qu'il s'arrête d'une manière aussi inopinée. Il éprouve le besoin de se justifier :

— Avec toutes ces histoires, je n'ai pas dormi depuis plusieurs jours.

Le remplaçant ne peut pas venir. Juillet s'arrange avec Lefranc. Aline va trouver une bonne raison pour reporter au lendemain les rendez-vous de l'après-midi.

Juillet ressort du cabinet médical libre pour une demi-journée, une éternité dans son emploi du temps laborieux. Il ne comprend pas que les gens lui fassent une aussi grande confiance pour ne vouloir que lui à plusieurs kilomètres à la ronde. S'ils savaient combien il doute ! Pour l'instant, il n'a qu'une pensée : Maria. Gianni lui a menti, il a eu tort de le quitter.

La soif lui dessèche le gosier. Il a mal aux jambes et aux épaules. Chez Marie-Josée, il trouve le commissaire Boissy au comptoir devant un verre de bière. Il le questionne du regard.

— Toute cette histoire commence à me casser les pieds, bougonne Boissy. Pourvu que la bête ne reparaisse pas ! La fille va être inculpée pour non-déclaration d'enfant et probablement homicide. Moi, j'en ai marre, je passe à autre chose.

Il pense à son bureau de Mende, aux sorties du dimanche avec ses fils sur le mont Lozère. Il pense à sa petite vie avec des affaires ordinaires qui lui conviennent parfaitement.

— À propos, j'ai eu des informations sur la famille Clain. Le père et le fils exploitent un parc d'attractions animalier dans la région de Vichy où l'on peut admirer des loups.

— Des loups qui sont de la même famille que la bête.

— Oui, ajoute le commissaire. Pour cela, ils seront poursuivis.

Il pianote sur le comptoir. Ses ongles durs font un bruit désagréable.

— J'ai une certitude : Maria n'est pas chez les Roms. Prahova qui n'est pas un idiot mesure les risques inutiles qu'il prendrait en la cachant. Et puis, si la fille a fui l'hôpital, c'est parce qu'elle a peur des siens.

Gianni sait bien que la vie ne lui apportera rien de plus que sa place dans cette forêt. Les animaux ne voient pas sa monstruosité et, pendant longtemps, il s'en est contenté. Mais depuis deux jours, la présence de Maria l'oblige à regarder plus loin.

Il a menti. Il a fait semblant de chercher alors que c'est lui qui a caché la malade quand il a vu arriver les secours. Maria était à quelques mètres de la grotte, si près que Juillet et les autres n'ont pas pensé à la chercher à cet endroit. Le lit de la rivière avec ses deux parois de rochers est plein de cachettes, de pièges, d'endroits que les chercheurs ont évités et que les caméras de l'hélicoptère ou du satellite ne peuvent fouiller.

Maria est là, au creux d'un repli rocheux. Dans l'ombre, Gianni s'approche sans bruit, avec cette démarche féline qui lui permet de surprendre la laie et ses petits, d'approcher le lièvre, quand il se fait chasseur. Le soleil va bientôt se cacher derrière les sommets. Les insectes volent sur l'eau, des truites sautent pour les attraper. Gianni contemple un instant ce spectacle du soir qui lui plaît tant, l'écureuil qui descend sur les branches basses et un chevreuil qui vient boire, les oreilles aux aguets.

Un petit bruit l'avertit d'une présence. Maria est couchée, la tête posée contre le rocher humide. L'endroit a dû servir à quelque animal carnassier puisque des petits os jonchent les cailloux. Gianni s'agenouille près de la jeune femme, lui prend la main qu'elle lui abandonne.

— Gianni, enfin. J'ai eu si peur qu'ils me trouvent !

— Tu ne risquais rien, ils ne verraient pas une baleine au milieu du lac de Tibier.

— Ils finiront par me trouver. Viens, fait-elle en attirant le jeune homme près d'elle. J'ai peur.

Il se blottit contre Maria qui l'étreint à son tour avec la force du désespoir. La nuit dernière, en voyant le docteur Juillet près d'elle, le jeune homme s'est senti une fois de plus rejeté. Il a eu la tentation de les tuer tous les deux. Mais Gianni le chasseur n'est pas un meurtrier parce qu'il sait bien que sa colère passée, un tel acte ne lui apportera que des remords. Pourtant, il ne se résigne pas à se sacrifier pour un autre.

— Ce docteur se mêle de ce qui ne le regarde pas.

Elle fait une grimace.

— Je préfère aller en enfer que de rester sur cette terre où on va me demander des choses qui me font trop mal, dit encore la jeune femme en passant ses doigts dans les cheveux de celui qu'elle ne voit pas.

Il se dresse. Maria voit sa silhouette dans la clarté de l'extérieur.

Elle veut se lever à son tour, mais sa tête, trop lourde, roule sur son épaule. Gianni s'approche d'elle. Son visage touche presque celui de la jeune femme qui recule. Une étrange odeur flotte autour de lui, odeur de mousse, de sauvagine.

— Gianni, u es mon ami, n'est-ce pas ?

Il la serre contre lui, même s'il n'aime pas l'entendre parler de la sorte. Il ne veut pas de son amitié qui l'exclut de l'amour…

— À toi, je peux tout dire, poursuit la malade.

Il a compris et s'empresse de parler pour ne pas entendre ce qui lui ferait très mal.

— Maria, tu dois m'écouter, souffle-t-il. Tu n'as commis aucune faute. Si quelqu'un doit être condamné ici, c'est bien moi, pas toi.

— Non. Je suis plus coupable que tu ne le penses. Je me fais honte. Quand le docteur Juillet me regarde, je me sens pleine de boue…

— Mais arrête ! Qu'est-ce que tu crois ? Qu'il va s'intéresser à toi ? Pour l'instant, il cherche à te faire parler à cause de la bête. Il travaille pour le commissaire de police. Je les ai vus, ils sont très copains !

— Tais-toi, Gianni. Tu ne peux pas comprendre.

— Si, je comprends que tu te montes le coup avec cet homme qui pourrait être ton père. Bien sûr, il est mieux que moi et il a de l'argent, lui !

Elle n'a pas la force de protester. Elle s'allonge sur le sol, la respiration rapide.

— Pardonne-moi, Gianni.

— Non, hurle-t-il. Je ne te pardonne pas. Toute la terre est contre moi.

Il sort en titubant de douleur. Alors, l'image de Tonio ivre s'impose au jeune homme. Il éprouve le besoin irrésistible de se trouver en présence de son père, de le regarder, de puiser dans la déchéance de l'ivrogne la force de relever la tête, de ne pas sombrer dans l'abîme qui abrite des monstres.

Il s'éloigne. Restée seule, Maria grelotte. Un froid

intense court dans ses membres. La fièvre la fait claquer des dents. De grosses gouttes de sueur roulent sur son front. Elle sombre dans un cauchemar fiévreux.

Elle se réveille avec l'impression d'avoir eu très mal pendant très longtemps. Le jour se lève. Les oiseaux ont recommencé leur raffut de printemps. Elle va mieux. La fièvre est tombée. Son jeune corps a encore eu la force de faire reculer la maladie, mais pour combien de temps ? Où est Gianni ? Très faible, elle se lève, marche lentement jusqu'au bord du torrent. Les étoiles s'éteignent dans le ciel. Il fait frais. Maria pense à Juillet. « C'est vrai, songe-t-elle, il a l'âge d'être mon père, il est d'un autre monde et pourtant, près de lui, je me sens bien, comme si rien de mal ne pouvait m'arriver, comme si on se connaissait depuis longtemps. »

Tout à coup, elle sursaute, se retourne. L'animal qui s'avance vers elle est très maigre. Noir avec les flancs clairs et une sorte de crinière sur le dos. Il la regarde de ses yeux jaunes, sa large gueule ouverte qui découvre d'énormes crocs. Il fouette le sol de sa queue touffue.

— Beika ! s'écrie Maria en tendant la main vers le loup. Qu'est-ce que tu fais là ?

La bête fait un pas vers la jeune femme qui jette un regard rapide autour d'elle. Gianni n'est pas là pour la protéger.

— Beika, tu ne me reconnais pas ?

L'animal s'approche, menaçant.

— Beika, tu vas arrêter !

Les crocs brillent au soleil, énormes et pointus. Maria pousse un cri, alors la bête relève la tête et s'éloigne d'un pas tranquille.

191

Quelques instants plus tard, Gianni descend de la paroi avec l'agilité d'un bouquetin. Il marche le long du torrent jusqu'à Maria.

— Gianni, enfin !

Le jeune homme la prend dans ses bras et l'emporte.

— La bête, murmure-t-elle. J'ai eu peur. Tu sais bien que c'est à cause d'elle…

— Tais-toi. Beika a bonne mémoire.

Ce matin, le commandant Jardin décide de diminuer la surveillance, considérant que le danger est écarté : voilà onze jours que la bête a disparu. Vers midi, la gendarmerie de Grandrieu l'appelle sur son portable. Une fillette qui jouait à moins de vingt mètres des premières maisons est rentrée chez elle en hurlant. Elle assure avoir vu le loup qui s'approchait d'elle. Aussitôt, le policier envoie ses spécialistes relever les empreintes. Ceux-ci ne trouvent que des traces insignifiantes sur la terre mouillée où la gamine assure avoir vu l'animal. Il faut se rendre à l'évidence, la fillette a eu peur d'un chat !

Pourtant, personne ne croit cette version officielle. Pour les gens spontanément rassemblés sur la place de la mairie à Villeroy, les autorités cherchent à les endormir et ils protestent contre l'allègement de la surveillance. Dans les bourgades et les villes voisines d'autres rassemblements se forment aussitôt. À Mende, la préfecture est prise d'assaut. Combien faudra-t-il de victimes pour adopter les bonnes mesures ?

Une fois de plus, des excités se massent près de la maison de Jean-Baptiste Magourin. Des cailloux brisent les vitres. Le portail vole en éclats. Les gendarmes arrivent à temps pour empêcher le saccage de la propriété. Magourin et sa femme, qui s'étaient retranchés au grenier, peuvent sortir sous les huées, protégés par les hommes du lieutenant Lormeau.

Les manifestants se dirigent alors vers la maison du maire. La liste de Letertre a battu celle de Marcilly de quelques voix seulement, ce qui a exaspéré ses partisans opposés au parc naturel. Mais Letertre n'est pas un pleutre. Il attend les manifestants devant chez lui, sur le perron. Cette attitude déconcerte les forts en gueule qui auraient préféré lancer des cailloux sur des volets clos. Le professeur de mathématiques, réputé pour son autorité, veut prendre la parole, mais la foule ne lui en laisse pas le temps. Des poings se lèvent.

— Les policiers s'en vont sans avoir fait leur travail ! hurle un meneur. On sait bien que la bête continue d'attaquer les gens, mais on nous cache la vérité.

Letertre, qui a l'habitude de parler en public, a préparé sa réponse :

— Un peu de calme. La bête n'a pas reparu depuis onze jours. On ne peut pas mobiliser toutes les forces de police de la région pour un animal que personne ne voit et qui est probablement crevé dans quelque coin.

— Qu'est-ce que vous racontez ? Après cette bête, il y en aura d'autres. Le parc naturel est un nid à bêtes qui n'attaquent pas les romanos ! On sait pourquoi !

— Vous ne voulez plus du parc naturel ? rétorque le maire. Soit, on va faire un référendum et si la majorité vote contre, je vous assure que je ferai toutes les démarches nécessaires pour le supprimer, mais il faudra alors doubler les impôts locaux ! Car vous ne devez pas oublier que les subventions de l'Europe ont permis de construire le nouveau collège, de restaurer le centre-ville, de mettre en place le transport urbain gratuit pour les personnes âgées. Il faudra alors renoncer à un grand nombre d'avantages.

Letertre fait face aux mécontents ; son courage en impose aux plus remontés qui s'attendaient à une dérobade.

— Maintenant, laissez-moi passer, je dois me rendre à la mairie, ajoute-t-il en descendant lentement les marches de l'escalier.

Personne ne s'oppose à ce qu'il regagne sa voiture garée dans le parc. Les manifestants rebroussent chemin. Le lieutenant Lormeau leur demande de rentrer chez eux en précisant que le désordre n'apportera rien.

D'autres personnes se sont rassemblées à l'orée de la forêt en scandant des slogans hostiles aux Roms, Serge Martin est à leur tête. Le président de la société de chasse, plusieurs fois sollicité par l'ancien maire pour faire partie de l'équipe municipale, a la voix forte et convaincante des meneurs de foule :

— Pendant qu'on se fait bouffer, les romanos sont bien en sécurité ! Ce sont eux qui protègent la bête pour rester bien tranquilles là où nous, on n'a plus le droit d'aller.

Une ovation lui répond. Il enchaîne :

— Puisque personne ne veut le faire, c'est nous qui allons nettoyer le parc, hurle-t-il.

Le lieutenant Lormeau, conscient qu'il ne doit pas envenimer la situation par une présence trop marquée des képis, demande à ses gendarmes d'être discrets.

Ceux qui étaient quelques instants plus tôt devant la maison du maire viennent grossir la foule rassemblée autour de Serge Martin. Ils veulent tous en découdre avec ces bohémiens qu'ils soupçonnent de commander la bête, cette racaille qui tue ses bébés et les enterre avec des animaux.

— Les flics les laissent libres dans le parc naturel et nous, qui sommes chez nous, si on a le malheur de tirer un lapin ou de prendre un brochet dans le lac, on risque d'aller en prison ! hurle Martin. Je vais vous dire pourquoi c'est ainsi : les pouvoirs publics n'osent pas les chasser parce qu'ils en ont peur. Et cela dure depuis dix ans ! On y va !

Lormeau fait un signe à ses hommes. Ils vont devoir intervenir, ce qui ne sera pas facile : Martin est un homme droit, honnête en affaires, mais cabochard comme personne.

Le cortège hurlant des propos contre les Roms « assassins d'enfants » avance dans la sente. Les chasseurs se tiennent en tête, le fusil sur l'épaule. En arrivant près du camp, Martin voit les gendarmes devant lui et crie :

— En plus, les flics vont les défendre !

Lormeau ne répond pas à la provocation. La foule se masse devant le camp en hurlant des propos hostiles. Les gendarmes ont eu le temps de faire passer la consigne : personne ne bouge. Les Roms doivent rester dans leurs caravanes quoi qu'il arrive et surtout ne pas répliquer. Pour une fois, l'intraitable Ion Prahova accepte : il n'a pas d'autre solution et, dans un premier temps, préfère se soumettre.

Les injures fusent. Des jeunes frappent les montants des caravanes avec de gros morceaux de bois. À l'intérieur, Ion et les siens serrent les dents. Les chiens aboient dans leur enclos. Plusieurs canons se tournent vers les animaux. Lormeau hurle :

— Pas de bêtises !

Un coup part. Un chien hurle et tombe, mort. Cette fois, Ion n'en peut plus. Il sort, lui aussi armé d'un fusil, se dresse devant la foule, lève son arme. Lormeau a la présence d'esprit de se placer devant lui.

— Baissez ça ! crie le gendarme aussitôt aidé par ses collègues qui prennent Prahova à bras-le-corps.

— Ils ont tué mon chien !

— Restez calme. Celui qui a tiré sera jugé pour son acte et vous fera réparation.

Martin, hors de lui, veut tuer les autres chiens. Les gendarmes le maîtrisent et l'obligent à se taire. Lormeau menace la foule : ceux qui n'auront pas quitté les lieux dans cinq minutes seront mis en garde à vue et devront répondre de leurs actes devant la justice. Cette fois, le commandant de gendarmerie est entendu. Les manifestants se dispersent, tandis que Martin et le chasseur qui a tiré sur le chien sont embarqués dans le fourgon bleu.

En début d'après-midi, Bertrand Juillet, qui doit aller faire ses visites à domicile, constate que le nombre de rendez-vous est réduit. Un peu comme si l'absence de la bête faisait peser sur les gens une menace capable de leur faire oublier leurs propres douleurs. Le docteur n'est pas tranquille : une voix au fond de lui ne cesse de l'appeler au secours, une voix de femme qui lui demande de retourner au bord du torrent. Les antibiotiques qu'il a administrés à Maria ont probablement fait reculer la fièvre, mais le répit ne peut être que de courte durée.

Son téléphone sonne, il l'espérait. Il l'approche vivement de son oreille et entend une respiration bruyante, puis quelques mots murmurés :

— Vite ! J'ai mal !

— Maria ! s'écrie le docteur. Où êtes-vous ?

Encore la respiration bruyante puis une toux qui n'en finit pas.

— Dans la grotte de Gianni.

— J'arrive, fait Juillet en courant vers sa voiture.

Il arrête son véhicule au bout de la sente qui conduit au bord du canyon, court sur le sentier entre les rochers et les ajoncs qui piquent ses bras nus, tombe, roule avec la pierraille, se relève, continue sa course jusqu'au torrent.

Il remonte vers la petite plage et la grotte de Gianni qui s'ouvre dans la paroi entre des rochers aux arêtes vives, s'approche, le cœur battant. Le silence du ruisseau est oppressant.

Il franchit le seuil. La lampe a été soufflée, l'ombre l'aveugle un instant. Il entend une respiration rapide tout près de lui. Ses yeux s'habituent et il voit nettement Maria étendue sur la paillasse qui halète. Juillet allume la petite torche qu'il porte toujours dans sa trousse d'urgence. La jeune femme respire difficilement, son corps est agité de tremblements.

Elle ouvre des yeux pleins de fièvre et fait un effort considérable pour tendre la main vers le docteur. Elle a mal partout, la mort s'approche d'elle, la grignote lentement, en commençant par le bout de ses doigts qu'elle ne sent plus.

— Vous voilà ? fait-elle faiblement.

Juillet se penche sur elle et découvre un autre visage, moins jeune et plus mûr. La maladie creuse ses joues, ride le coin de ses yeux.

— Maria !

Il ne peut rien dire de plus. Maria esquisse un vague sourire. Son regard n'est plus celui d'une rebelle, d'une

Rom qui redoute les étrangers à sa communauté. Derrière les reflets mouvants de la fièvre, on décèle comme une grande lassitude, un renoncement et autre chose que Juillet ne veut pas voir.

— Où est Gianni ? demande-t-il.

— Il est parti chercher un bouquet de roses sauvages. Je voulais en avoir près de moi, la vue de ces fleurs me fera du bien. Il ne va pas tarder à revenir, murmure-t-elle.

Elle respire difficilement. Sa main s'agrippe à celle de Juillet.

— J'ai cru que c'était facile de mourir, souffle-t-elle, qu'il suffisait de fermer les yeux et de se laisser aller. Mais j'ai peur.

Juillet sort son portable.

— Non, dit-elle. Je vous en prie.

Alors, le médecin s'emporte :

— Taisez-vous ! hurle-t-il en composant un numéro sur son portable. Allô ? J'ai trouvé Maria. Elle est revenue dans la grotte près du torrent. Elle est très faible, vous devez envoyer un hélicoptère.

— Tout ce dérangement ! dit Maria.

Le médecin lui prend de nouveau le pouls. Il reste ainsi accroché à cette vie déjà faible qu'il veut arracher à la mort, comme s'il prenait une revanche sur le destin.

Le bruit d'un moteur couvre toute la vallée. Juillet sort près du torrent et voit l'hélicoptère qui s'immobilise au-dessus des rochers. Une longue corde se balance. Un homme se laisse glisser, prend pied à côté de Juillet. Le vent frise l'eau, étale des vaguelettes qui s'écrasent sur les galets, renverse les herbes et malmène les arbres. Le bruit est infernal dans ce lieu où seule la rivière murmure d'une cascade à l'autre.

Le militaire explique à Juillet qu'il a été impossible de trouver un deuxième sauveteur et qu'il doit l'aider à attacher la malade au treuil. Ils entrent dans la grotte. Maria tente de se mettre sur ses jambes, mais ne réussit pas à marcher. Juillet la prend dans ses bras et la porte au grand jour. Maria lève sur lui ses yeux malades. Il y plonge les siens avec la certitude de faire un pas vers ce qu'il redoute le plus.

L'homme s'active à accrocher la malade au treuil.

— Je vais avec elle, dit Juillet. On ne sait jamais…

Il s'attache au harnais. Ils sont désormais si près l'un de l'autre, dans un enlacement involontaire, qu'un peu de la vie de l'un déborde dans celle de l'autre. Juillet prend conscience que sa carapace si bien entretenue vient de se fêler.

Une fois dans l'hélicoptère, Maria est allongée sur une couchette ; le médecin retrouve son rôle. Il mesure la tension, la vitesse du pouls. Le gros bourdon prend de l'altitude.

Caché sous un rocher, un énorme bouquet de roses sauvages dans les bras, Gianni assiste à la scène. Il voit les deux corps serrés l'un contre l'autre monter en tournoyant dans les airs, comme s'ils partaient pour le paradis. Les larmes aux yeux, il mesure sa détresse. Pourquoi a-t-il ramené Maria dans cette grotte quand elle a commencé à trembler de fièvre ? Pourquoi lui a-t-il laissé le téléphone à portée de main ? Parce qu'il n'a plus aucun espoir.

Il sort de son abri, marche le long du torrent jusqu'au gour Noir, cette eau sombre sous une cascade de plusieurs dizaines de mètres. Une gigantesque marmite qui se prolonge, paraît-il, par des grottes sous l'eau. On dit qu'un cavalier et son cheval y sont tombés autrefois et qu'on ne les a jamais retrouvés. Il pourrait s'y jeter, se laisser prendre par le tourbillon qui l'emporterait là où se trouve le cavalier. On ne le chercherait pas très long-temps : sa disparition ne laisserait désespéré qu'un vieil Italien qui n'a jamais fait l'effort d'apprendre à parler correctement le français. Il jette les roses sauvages qui tournent dans le courant avant de disparaître aspirées par le siphon. Alors il s'effondre en sanglotant.

— Maria, si tu savais comme je suis malheureux ! gémit-il.

Malgré les battues qui ne cessent de ratisser le parc naturel, les systèmes modernes de surveillance, le loup reste invisible. Jardin est persuadé qu'il est mort. Pourtant, la rumeur ne cesse de colporter des nouvelles alarmantes, souvent démenties, mais qui font leur effet sur la population. À en croire ces rumeurs, la bête serait à plusieurs endroits en même temps. On la signale à La Canourgue et, peu de temps après, à Saint-Alban où elle s'approche d'une ferme isolée. Deux personnes âgées voient un animal entrer dans leur cour, faire le tour du jardin clos et repartir comme il est venu. Le vieil homme, un certain Jean Langemin, doit être hospitalisé d'urgence à cause d'un malaise cardiaque. Puis le loup est vu vers Marvejols, Grandrieu, Mende. Le lendemain, il est signalé à soixante kilomètres de là, près d'Aubenas, puis à Chaudes-Aigues et encore à Grandrieu.

Le commandant Jardin est sceptique :

— Il suffit que les gens voient bouger les branches d'un taillis pour dire qu'ils ont vu la bête !

Les journalistes qui courent d'un endroit à l'autre contribuent à brouiller les pistes. De faux témoignages en illusions de groupe, les traqueurs ne savent plus où concentrer leurs efforts. Ils se dispersent dans le pays et n'ont d'autre recours que de se fier aux indications des moyens techniques qui se montrent incapables de faire le tri entre les véritables signalements du monstre et une multitude d'animaux ordinaires. Autrement dit, après un mois de traque et des moyens considérables, on ne sait plus où on en est.

Au fil des semaines, le curé de Villeroy constate un nombre accru de fidèles. Les boîtes aux lettres sont remplies de tracts invitant les gens à la réflexion. Les prophètes n'hésitent pas à évoquer les catastrophes des temps modernes pour en tirer des conclusions qui vont dans le sens souhaité. Le sida, les cyclones, les sécheresses dues au réchauffement climatique, le terrorisme et la bête sont autant de manifestations du courroux divin. Brunet et ses amis montrent la Bible et mettent en avant son principal enseignement : « Tu ne tueras point. » Il est encore temps de comprendre le message divin.

Le docteur Juillet ne cesse de mettre en garde ses patients les plus fragiles contre ces marchands d'espoir, mais l'angoisse est trop forte pour qu'ils l'écoutent. Ce matin, après avoir pris son petit déjeuner chez Marie-Josée, il traverse la place où les tilleuls embaument. Son attention est attirée par un jeune garçon assis sur la selle d'un vélo flambant neuf.

— Django ! fait le docteur surpris et contrarié. Qu'est-ce que tu fais là ?

— Les psychologues ont dit que ce n'était pas bon de m'arracher à ma famille, à mon milieu. J'ai bien compris qu'ils étaient de mon côté. Alors, je leur ai fait une sacrée comédie, la totale, avec des larmes, des supplications et tout le reste.

Juillet sourit.

— Franchement, tu vendrais les mouches dans le lait à une armée de juges. Mais tu comprends bien que, malin comme tu es, tu pourrais faire autre chose !

— Et quoi ?

— Je sais pas ! Tu pourrais travailler à l'école et apprendre un bon métier qui te rendrait heureux.

Django éclate d'un rire joyeux et moqueur.

— Vous avez des nouvelles de ma sœur ?

— Elle va mieux. Et ce vélo, à qui tu l'as volé ?

— À personne !

Django appuie sur les pédales et s'éloigne rapidement. Juillet, mal à l'aise, entre dans son cabinet. Aline qui le guettait lui dit entre deux portes :

— Cette fois, ça y est, ils tiennent la bête !

Juillet sourit, incrédule :

— Je croyais qu'ils avaient perdu sa trace.

— Eh bien, ils l'ont retrouvée et elle s'est fait coincer. Il paraît que celui qui la commande la tenait à l'écart, mais les hommes de Jardin ont été plus malins !

Joseph Jardin, responsable des opérations, ne voit pas comment le loup pourrait s'échapper une nouvelle fois : il a disposé les hommes et les chiens en rangs si serrés que le fauve devra sauter par-dessus. Il a consacré plusieurs jours à une étude minutieuse des lieux, et pas une grotte, pas un creux de rocher ne lui sont inconnus. Il est resté à l'arrière, des caméras emportées par les hommes et fixées sur leurs casques le renseignent en temps réel sur ce qui se passe en première ligne. L'étau se resserre immanquablement et, dans moins d'une heure, Jardin sera un héros. Il prépare déjà les phrases chocs qu'il va prononcer devant la presse.

Le temps gris annonce la pluie. Le tonnerre gronde

au loin et Jardin se souvient que l'échec de Malmaison était dû à la brume. Mais ses hommes avertis ne commettront pas d'erreurs aussi grossières. Le tonnerre peut se déchaîner, le temps qui reste à vivre à la bête est compté. Jardin a refusé la requête des scientifiques qui souhaitaient la capturer vivante. Ses hommes ont ordre de ne pas faire de quartier, de tirer sur tout ce qui bouge dans le périmètre délimité.

La difficile progression des soldats coude à coude se poursuit. Ils doivent se battre contre la végétation d'épineux très compacte, garder leur ordre malgré le sol caillouteux, la pente, les rochers qui les arrêtent. Le cercle se referme sur l'endroit où le loup a été traqué la première fois. Il y a là plusieurs cavités où un animal peut très bien se cacher et passer inaperçu. Ordre a été donné de les fouiller toutes. À droite, un taillis très difficile, formé de ronciers au milieu d'un chaos de rochers, pourrait offrir une issue à la bête ; les effectifs ont été doublés, les hommes manient la serpe pour dégager le passage.

Leurs fusils pointés devant eux, ils sont prêts à faire feu. Tout à coup, un cri part du centre, puissant. Les aubépines bougent, un fusil tonne. Encore un cri, mais cette fois de douleur. Celui qui a tiré abaisse son canon. Devant lui s'approche un jeune homme dont le chapeau à larges bords est abaissé sur sa tête.

Jardin demande ce que Gianni fait là et donne l'ordre de poursuivre la traque en se demandant si ce n'est pas cet homme des bois que les caméras sensibles à la chaleur signalent depuis le début de la traque, car s'ils ont vu la bête au tout début de l'attaque, depuis, elle ne s'est pas montrée une seule fois.

Quand les troupes mobilisées pour l'opération de la dernière chance se rejoignent là où il l'avait prévu,

Jardin pousse un juron. Il n'y a rien, la bête s'est volatilisée une fois de plus.

— C'est impossible, maugrée-t-il, je vous dis : impossible ! Deux solutions : ou bien elle s'est transformée en fumée, ou il existe quelque part un souterrain caché par où elle a pu disparaître grâce à ce jeune handicapé qui n'avait aucune raison de se trouver là.

Avec un peu de mauvaise foi, l'échec peut être transformé en semi-victoire : on tient celui qui commande la bête. Lors de la première traque, le commandant Malmaison a tué le chien de Gianni, et cette fois c'est Gianni lui-même qui se fait prendre. Cela ne peut pas être dû au hasard.

— L'homme et le loup étaient ensemble, déclare-t-il devant les caméras. Nous les avions remarqués. La bête nous a échappé parce que l'homme a pu la cacher dans un souterrain. Il n'a pas eu le temps de s'enfuir lui-même. Maintenant que nous tenons son maître, l'animal est inoffensif et ne nous résistera pas longtemps.

Le commissaire Boissy, contraint par sa direction, arrive sur les lieux pour arrêter Gianni Lamberto. Il le trouve entre deux gendarmes, le chapeau rabattu sur la tête. Une foule de journalistes se bousculent autour d'eux. Les appareils photo crépitent, les caméras envoient aux quatre coins du monde l'image de ce garçon qui se tient à peine debout.

— On veut le voir, crie un cameraman, enlevez-lui son chapeau.

— C'est vrai, ça, fait le gendarme. Tu as peut-être honte, mais il faut que tu montres ta sale gueule à tout le monde.

D'un geste rapide, il arrache le chapeau. Gianni pousse un cri strident qui s'en va très loin dans la forêt avertir les animaux que leur roi est déchu, qu'il redevient ce qu'il est chez les hommes : un monstre. Une exclamation parcourt la foule. Les photographes oublient d'appuyer sur le bouton pendant un court instant d'étonnement puis reprennent leur mitraillage. Ce qu'ils voient les atterre. Le visage est horrible avec ses bourrelets de peau rougeâtres, son moignon de nez, ses yeux qui sortent des orbites, ses pommettes écrasées, le menton absent.

Mais les journalistes en ont vu d'autres. Leur métier, c'est justement de traquer l'anormal, de rechercher le sensationnel et ce visage déformé convient à ce qu'ils attendent d'un événement local comme celui-là : le loup qui ne tue pas mais dévisage parce qu'il est conduit par un homme lui-même défiguré. C'est limpide, facile à comprendre et parfait pour une information qui se préoccupe surtout des apparences.

Placé en garde à vue à Mende, Gianni, la tête cachée sous son chapeau, refuse de parler. Il reste prostré là où on l'a fait asseoir. Boissy et son adjoint Marlin se relaient pour le questionner.

Marlin ne supporte pas que le prévenu cache son visage et lui arrache son chapeau. Gianni pousse un gémissement et pose sa tête sur la table en l'entourant de ses bras.

— Si je te donne quelque chose pour dissimuler ton visage, est-ce que tu me répondras ?

Ce n'est qu'après plusieurs heures d'un silence total que le jeune homme commence à s'agiter.

— Qu'est-ce qui te prend ? Si tu parlais, tout pourrait s'arranger. Tu as envie de pisser ?

Il fait oui, mais ne veut pas se lever de sa chaise.

— Bon, je te donne quelque chose pour cacher ton

horrible figure, tu vas pisser et ensuite, tu parles, d'accord ?

Il fait encore oui de la tête. Marlin lui tend son chapeau. Un gendarme l'emmène aux toilettes. Quand il revient, Marlin attaque :

— Tu as promis de parler. Si tu le fais, je te laisse caché, sinon, je t'oblige à te montrer et je convoque les journalistes.

Gianni pousse un cri désespéré. L'humiliation a trop duré. Pourquoi n'a-t-il pas eu la force de mourir quand il était libre, près du torrent, quand il a vu Maria partir avec le docteur Juillet ?

— Commençons par le début. Frédéric Clain, c'était bien ton copain ?

— Oui, on se connaissait.

— Il a fricoté avec Maria et toi tu étais jaloux. Alors, tu as dressé un loup pour défigurer les gens et l'accuser.

— Un loup n'appartient qu'à celui qu'il a choisi et pas l'inverse.

— Il se trouve que ce loup t'a choisi toi et que tu l'as dressé à bouffer la figure des gens.

— Je ne sais pas de quoi vous parlez.

L'interrogatoire dure ainsi de longues heures.

Boissy et Marlin se relaient pendant que Gianni, tremblant de fatigue, de faim et de soif, s'obstine à ne pas reconnaître sa culpabilité.

— Mais qu'est-ce que tu foutais à cet endroit, près du lac ? Tu savais bien que les hommes de Jardin se trouvaient dans les parages.

— Je cherchais des champignons. C'est un très bon coin à morilles.

— D'accord. Alors dis-moi tout ce que tu sais sur les Roms et je te lâche.

Il ne sait rien. Il sait que Frédéric Clain et Maria ont eu une brève histoire, que Maria s'est mariée avec un certain Mirtikva. Les enfants qui sont nés ? Gianni n'est pas au courant.

— Comment ? Toi qui passes ta vie à marcher dans les sentiers, à espionner les animaux et les hommes, tu ne sais pas que Maria a eu des jumeaux ? Je ne te crois pas !

— Je sais tout de la forêt et de ses animaux, pas des Roms qui sont secrets et n'aiment pas qu'on vienne les embêter.

Gianni est beaucoup plus coriace que ne l'avaient prévu les policiers. Il s'obstine à nier ses relations avec la bête.

— Les loups sont des animaux intelligents capables d'échapper aux chasseurs et aux observateurs. Ils s'éduquent très vite et n'oublient jamais rien…

— On dit aussi qu'un loup, c'est comme un chien, s'emporte Marlin. Il se dresse aussi facilement s'il est pris tout petit et reste fidèle à son maître.

— Le loup est justement le contraire d'un chien, rétorque Gianni qui sait de quoi il parle. Dans une portée de petits issus d'une louve et d'un chien, certains vont naturellement vers les hommes, c'est le chien qui domine chez eux, d'autres s'en éloignent, ce sont de véritables loups. Depuis toujours le loup se méfie de l'homme, son ennemi naturel. Pourtant quand un loup aime un homme, il donne sa vie pour lui.

— Alors, c'est qui cet homme ?

— Je ne sais pas.

— Donc tu maintiens que personne ne la commande ?

— Je ne peux dire que ce que je sais sur les loups. Et puis je ne sais plus. Je suis fatigué, je voudrais dormir et boire.

— Tu ne dormiras pas et tu ne boiras pas tant que tu ne nous auras pas dit la vérité.

Au petit matin, la nouvelle tombe. Après quatorze heures d'interrogatoire, Gianni Lamberto reconnaît être le dresseur de la bête. Il la dirige pour qu'elle échappe aux chasseurs. Il avoue l'avoir commandée pour s'attaquer à plusieurs personnes. Sans lui, l'animal n'est qu'un loup ordinaire sans défense particulière. Le monde respire. Boissy n'est pas satisfait.

La foule des journalistes ne quitte pas pour autant les lieux. Les rédactions veulent les images dont raffolent les gens : la capture de la bête est programmée pour le lendemain. Gianni à qui on a promis la clémence du tribunal est mis à contribution. C'est lui qui va l'attirer dans un piège. Le jeune homme, à bout, maintenu volontairement dans une extrême fatigue, accepte. Il accepterait n'importe quoi pour dormir seul dans un coin, pour ne plus vivre le cauchemar du regard des autres. Il voudrait mourir pour ne plus être le monstre dont le monde entier se repaît.

Tout est en place pour se rendre sur les lieux où la bête aime séjourner : au bord du lac de Tibier, Gianni, la tête cachée sous son chapeau, chancelle, peine à marcher. Vidé de ses forces, de toute pensée personnelle, ce n'est plus qu'un automate.

Vers dix heures du matin, un homme se présente au commissariat. Il a le visage très rouge, une barbe de plusieurs jours, des yeux larmoyants d'ivrogne. Il veut parler au commissaire Boissy et dit que c'est de la plus haute importance. L'odeur de charogne qu'il répand autour de lui incommode les policiers chargés de l'accueil.

— Je m'appelle Tonio Lamberto, dit-il avec un fort accent italien. Je suis le père de ce pauvre Gianni. Il est si malheureux. Il a besoin de moi.

Tonio n'est pas autorisé à voir son fils. Il a beau supplier Marlin qui dirige l'enquête, c'est un refus catégorique. D'abord capturer la bête, ensuite on verra.

Boissy se pince le nez en entrant dans son bureau. Tonio se lève, pose sa casquette pour saluer le commissaire. Il explique clairement le motif de sa visite :

— Gianni est innocent ! dit-il en éclatant en sanglots.

Les larmes de ce père affligé touchent cet autre père qu'est le commissaire.

— Sûrement pas, rétorque pourtant Boissy. Il a tout avoué et il va nous aider à capturer la bête.

— Je vous dis qu'il est innocent. Le coupable, c'est moi.

Boissy sourit puis marque son impatience. Il se lève de son siège et se dirige vers la porte.

— Je ne vous crois pas. Vous cherchez à protéger votre fils, c'est un beau geste de votre part, mais ce n'est pas possible.

— Ah bon ? Ce n'est pas possible ? Mais je peux le prouver. J'ai travaillé un peu avec Clain au Centre de recherches biologiques. C'est moi qui donnais à manger aux loups et qui nettoyais les cages.

— Ce n'est pas une preuve !

Alors le vieil homme s'effondre sur sa chaise. De gros sanglots soulèvent ses épaules. Des larmes roulent sur ses joues piquées de barbe blanche. Des larmes qui font mal au commissaire Boissy, de plus en plus certain de faire fausse route.

— Gianni n'est pas un criminel. C'est un très bon petit, mais la vie ne l'a pas gâté. Je vous jure qu'il est innocent. Alors, prenez-moi à sa place puisqu'il faut un coupable. Il a assez souffert comme ça.

— C'est ce qu'on va voir. Maintenant, vous allez sortir. On a autre chose à faire qu'à vous écouter.

Deux policiers reconduisent Tonio qui pleure toujours en faisant une horrible grimace. Boissy leur demande de le traiter avec égards :

— Il mérite notre respect, dit-il à Marlin. D'ailleurs, on ne m'enlèvera pas de l'idée que ce garçon n'a rien à voir avec la bête. Le coupable, je le connais et je finirai par le coincer !

Vers midi, plusieurs voitures de police arrivent au Chêne-Brûlé. Les journalistes sont nombreux pour assister au dernier acte de l'histoire de la bête de Monteret. Les curieux se sont rassemblés. Ils veulent voir le monstre, lui crier leur haine et lui jeter des pierres. Quand Gianni sort du véhicule, empoté dans le gilet pare-balles qu'on lui a demandé d'enfiler, une veste sur son visage, parce que son chapeau était trop encombrant, des cris de haine fusent. « À mort ! » hurlent plusieurs personnes qui brandissent les poings et des bâtons. Un cordon de policiers les empêche d'approcher de la place.

Gianni et quelques hommes armés montent dans un 4 × 4 et s'enfoncent dans la forêt. Plusieurs voitures de police les suivent à distance. Quelques journalistes ont pris place avec eux. D'autres se faufilent dans les taillis, espérant trouver un passage, mais un énorme déploiement de police et de l'armée surveille toutes les entrées.

Le commandant Jardin, maître louvetier, se trouve dans le 4 × 4 parti en tête. Il a demandé la plus grande discrétion et n'a pas voulu de l'hélicoptère de la sécurité civile. Il fait arrêter la voiture sur le sentier avant le lac. Les autres voitures restent en retrait. Par téléphone, Jardin donne l'ordre de ne pas bouger et de ne pas sortir des véhicules. De même, il demande aux policiers qui l'escortent de se cacher, l'arme prête, mais surtout de ne pas tirer au jugé. Il s'éloigne seul avec Gianni qui trébuche à chaque pas. Ils arrivent au bord du lac. Gianni demande la permission de tremper ses mains dans l'eau pour se rafraîchir. Ensuite il conduit le louvetier au rocher incurvé où la bête a été traquée deux fois. La végétation est tellement dense que l'homme peine à marcher. Gianni, malgré la fatigue qui courbe son corps, s'y déplace avec beaucoup d'aisance.

— Bon, je te laisse faire. Tu vas partir seul. Je te suivrai de loin. Ne cherche pas à t'échapper, tu sais que c'est impossible. L'endroit est cerné et je ne te quitterai pas des yeux. Tu vas appeler la bête.

La fraîcheur de l'eau sur ses mains et ses bras a redonné un peu de vigueur au jeune homme qui retrouve un instant ses esprits dans ce cadre familier.

— Je peux l'appeler pendant une semaine. Elle ne viendra pas. La bête a vu les policiers et elle est très loin d'ici.

— On l'a signalée ce matin au lever du jour près du lac. C'est un garde forestier qui l'a aperçue. Depuis, toutes les issues sont gardées, donc elle n'est pas loin.

La veste qui couvre la tête de Gianni s'anime.

— Elle est où elle veut. J'ai dit que je la conduisais à ma guise, mais c'est faux.

— Ah bon ? s'emporte Jardin. Alors pourquoi tu as dis que tu pouvais la tuer ?

— Parce que c'est vrai ! Je peux tuer la bête comme je peux capturer n'importe quel animal de la forêt, mais je dois être seul et il me faut du temps pour lui tendre un piège. La bête sait ce que je pense et si elle devine mes intentions, elle ne se laissera pas approcher.

— Pourquoi tu ne l'as pas fait plus tôt ? Ça te plaisait qu'elle défigure les gens ?

— Ce n'est pas mon affaire !

— Alors, on essaie quand même.

— Qu'est-ce que vous voulez que je fasse ?

— Que tu l'appelles, nom de Dieu !

— Ce n'est pas ce qui la fera venir.

— Appelle-la quand même.

Gianni s'éloigne de quelques pas. Jardin serre son arme contre son flanc, le doigt sur la détente. Le silence retombe sur la forêt. Alors, le jeune homme pousse un cri, très aigu. Il recommence plusieurs fois, marche dans un sentier très difficile, tapissé d'épineux, à flanc de paroi. Un instant, Jardin le perd de vue, mais ne s'affole pas. Il attend, aux aguets, prêt à tirer sur la bête si elle se montre. La tuer serait pour lui l'assurance d'une bonne promotion.

Alors le taillis s'agite. Le louvetier voit d'abord un jeune chevreuil sortir des épineux, puis un autre, un mâle aux robustes bois et trois femelles plus craintives qui jettent des regards à droite et à gauche, comme pour s'assurer qu'aucun prédateur ne se trouve dans les parages. Jardin voit nettement Gianni, derrière un rideau de branches, Gianni qui tend les mains vers les animaux. Il leur parle, leur caresse le museau. Puis, au bout d'un moment, le grand mâle se tourne et s'en va, suivi des autres. Jardin n'en croit pas ses yeux. Il attend encore quelques instants, espérant probablement que la bête va arriver, mais Gianni l'a rejoint sans qu'il entende le moindre bruit de brindilles.

— Les animaux lisent les pensées des hommes, répète-t-il. Ils savent que je ne leur veux pas de mal, c'est pour ça qu'ils sont venus. Si j'avais l'intention de les tuer, ils resteraient à l'écart.

Jardin se demande s'il n'a pas rêvé. Gianni explique :

— Les animaux ne communiquent pas avec des mots comme nous, mais d'une manière beaucoup plus compliquée et subtile.

Le contact avec la forêt a redonné des forces à Gianni. Il retrouve sa raison, et sa place.

— Je vous jure que je ne suis pas celui qui commande la bête.

— Alors qui la commande ?

Gianni hésite, comme s'il allait parler, puis il ajoute en baissant la voix :

— Je ne sais pas.

Jardin comprend qu'il ne tirera rien de plus de ce garçon capable d'un tel prodige. Très mal à l'aise, il demande au jeune homme de revenir vers le 4 × 4 où Boissy les attend.

— Alors ?

— Je viens d'assister à un prodige, fait Jardin en s'asseyant sur un tronc renversé.

Il raconte ce qu'il s'est passé. Gianni reste en retrait. Quand Jardin a fini de parler, le jeune homme insiste :

— Je jure que ce n'est pas moi qui commande la bête. Si je vous l'ai dit, c'était parce que j'étais fatigué.

— Alors qu'est-ce qu'on fout là ? s'emporte Boissy. Tu nous as dis que tu pouvais l'attirer pour la tuer, qu'est-ce que tu attends ?

— C'était pour partir du commissariat. La bête savait depuis longtemps qu'on allait venir et le moindre mouvement dans la forêt l'a fait fuir.

— Alors qu'est-ce qu'on fait ?

— On rentre, dit Jardin. La traque continue.

— Vous ne la prendrez jamais, poursuit Gianni. Pour la prendre, il faut la mettre en confiance et l'attirer dans un piège, parce que les pièges, ça ne pense pas, ça n'émet pas d'ondes. Et pour cela, il faut du temps, beaucoup de temps.

Deux policiers ouvrent la portière du 4 × 4 pour Gianni à qui ils viennent de remettre les menottes.

— Toi, tu ne dis pas tout ce que tu sais ! explose Boissy. De qui as-tu peur ? Des Roms ?

Gianni tourne vers le commissaire un regard fatigué et baisse la tête.

La presse et l'opinion publique ne croient pas à l'innocence de Gianni Lamberto. Boissy, contraint d'obéir au procureur de la République et au juge chargé de l'affaire, doit le maintenir en détention, alors qu'il pense qu'en le relâchant, l'affaire avancerait plus vite.

Plusieurs psychiatres examinent Gianni et découvrent que le jeune homme est extrêmement introverti, schizophrène, probablement sujet au dédoublement de personnalité. Cela ouvre une porte nouvelle aux enquêteurs :

— Vous voulez dire, demande le commissaire Boissy, qu'il pourrait être quelqu'un d'autre sans en avoir conscience ?

— C'est un peu ça. Il est lui-même, fort équilibré la plupart du temps, parfaitement conscient de sa situation et puis, par moments, il pète les plombs, il devient quelqu'un d'autre, peut-être celui qui commande la bête. Quand il retrouve son état ordinaire, il ne se souvient de rien.

— Dans ce cas, nous ne le ferons jamais avouer ce qu'il ignore lui-même ?

— Ce qui le rend innocent de ses crimes ! Gianni Lamberto est un grand malade mental.

L'opinion publique se précipite dans cette brèche. Gianni, malade mental, ne peut être tenu pour responsable de ses actes et ne peut être jugé. Cela arrange tout le monde, au détriment de ce pauvre garçon. Maria va être inculpée d'infanticide et tout rentrera dans l'ordre. Boissy doute toujours :

— C'est une manière pour tous de se tirer d'affaire la tête haute, est-ce normal de laisser croupir Gianni Lamberto dans un hôpital psychiatrique ? On n'a plus qu'à en faire le meurtrier des jumeaux de Maria par jalousie et tout le monde sera satisfait ! Moi pas.

Une semaine passe. Juillet s'arrange pour rendre visite à Maria tous les jours. Il n'a plus envie de se cacher et ignore les regards insistants qui s'attardent sur lui.

La jeune femme va mieux. Juillet assis sur une chaise près du lit, ils restent de longs moments silencieux. Parfois, Maria qui redoute l'avenir se laisse aller à ses souvenirs :

— Quand on est arrivés ici, j'avais treize ans. Je ne parlais pas un mot de français. À l'école, j'étais complètement perdue et puis les mots ont pris un sens… L'été suivant, Gianni m'a aidée et, à la rentrée, je me débrouillais aussi bien que les autres.

De son côté, Juillet parle de sa jeunesse turbulente. Il évite d'évoquer Anne et Noémie. Près de Maria, il est un autre, tellement différent de ce veuf aigri et sauvage que les gens de Villeroy connaissent et apprécient. Il éprouve le besoin d'ouvrir son cœur mais ne trouve pas les bonnes formulations qui ménageraient ses souvenirs et son désir de revivre. Alors, il se contente de parler de ses timbres et de sa solitude.

À deux reprises, il a invité Django à le suivre à l'hôpital, mais le gamin s'est défilé.

— Pour voir ma sœur vous faire les yeux doux ? Merci !

— Django, s'exclame le docteur, serais-tu jaloux ?

Il éclate de ce rire qui cache si bien sa gêne.

— Moi ? Jamais !

À mesure que sa santé se rétablit, Maria se renferme sur elle-même. La réalité s'impose de nouveau à elle avec son implacable dureté.

— J'ai peur ! avoue-t-elle. Mirtikva va revenir me chercher. C'est Django qui me l'a dit. Il m'en veut d'avoir laissé mourir ses fils.

— On vous protégera. Il suffit d'en parler au commissaire Boissy.

Elle fait non de la tête.

— Mais pourquoi refusez-vous de me dire la vérité ? Qu'est-ce qui vous fait peur ?

Une larme perle au coin des yeux de la jeune femme qui se mure dans un lourd silence.

— Maria, insiste Juillet en lui prenant la main, vous m'avez redonné envie de vivre, laissez-moi vous aider.

— C'est impossible.

Plusieurs fois, elle a voulu avouer la vérité à Juillet, mais elle s'est rétractée au dernier moment par crainte qu'il ne s'éloigne d'elle à jamais. Elle veut encore profiter un peu du beau rêve avant qu'il ne se dissipe.

La bête a disparu une nouvelle fois et les journalistes désertent la région. Le commandant Jardin, qui est le seul à pouvoir se vanter d'avoir chassé le loup en Europe centrale, en conclut que sans son guide, l'animal se terre.

Une équipe découvre les restes d'un jeune chevreuil à moitié dévoré près du lac. Des prélèvements sont faits pour identifier l'agresseur. Pour les gardes de l'ONC, le jeune animal a été dévoré par des chiens errants comme il en existe quelques-uns dans le parc. Les analyses génétiques confirment cette hypothèse et les gens recommencent à espérer que la bête est désormais inoffensive.

Chaque matin, Bertrand Juillet prend son petit déjeuner en compagnie du commissaire Boissy. Pour ce dernier l'affaire n'est pas terminée. L'inculpation de Gianni a au moins le mérite de le laisser libre de poursuivre son enquête sans subir la pression des médias et de sa hiérarchie.

— Ce garçon a un réel pouvoir sur les animaux ! dit-il à Juillet. S'il est ce que disent les psychiatres, on peut le soupçonner, mais moi, je persiste à penser que cette affaire va beaucoup plus loin.

— Son père est venu me voir, hier, ajoute le médecin. Il ne survivra pas à l'internement de son garçon.

— Je voudrais l'aider, répond Boissy d'humeur sombre depuis quelques jours à cause des mauvais résultats au bac de français de son fils. Je maintiens ce que je pense depuis le début : ce serait trop simple qu'un garçon défiguré, doué d'un vrai pouvoir sur les animaux, se serve de la bête pour faire payer son malheur aux autres. Franchement, je n'y crois pas. Je vais même plus loin : le véritable coupable savait que Gianni finirait par être inculpé à sa place. Et ce coupable, je le connais. Je ne le lâcherai pas, mais il me faut trouver le mobile de ses crimes.

— Puisqu'il a dit qu'il pouvait tuer la bête, pourquoi ne remettez-vous pas Gianni en liberté, en le laissant agir sans le suivre pas à pas ?

— Il peut aussi ordonner au loup d'aller défigurer des jeunes gens. C'est pour cette raison qu'on me refuse sa mise en liberté provisoire. Je suis certain qu'il ne nous a pas dit tout ce qu'il sait. Maria aussi connaît la vérité.

Juillet dresse la tête. Ce mouvement involontaire, qui trahit un intérêt excessif, n'échappe pas au commissaire de police.

— Je sais tout l'intérêt que vous lui portez et que vous lui rendez visite tous les jours. Si vous savez quelque chose, il faut me le dire.

— Je ne sais rien. Elle refuse de me parler.

— J'attends encore un jour ou deux pour l'interroger, répond le policier. Par la suite, si elle n'est pas écrouée, elle doit aller en centre de repos pour un mois.

— Je sais que son mari, Mirtikva, arrive bientôt de Roumanie et qu'elle en a peur. Cet homme est capable de tout ! Il faudra la protéger.

— Nous le ferons. En attendant, Prahova me nargue et je n'ai aucun moyen de le coincer.

— Quel est le rapport avec la mort des enfants ?

— Il y en a un, c'est certain. Quand il était ici, Frédéric Clain était toujours accompagné par une louve apprivoisée. Cette louve a fait des petits dont un est devenu la bête. Comment ? Pourquoi ? Je n'en sais rien. Je sais que Prahova a donné Maria à Mirtikva. Pourquoi ? Je n'en sais rien, non plus.

Boissy s'arrête un instant, pianote sur les fleurs rouges de la nappe. Pour lui, Maria est au centre de l'histoire.

— Maria est coupable de ne pas nous aider à arrêter son oncle ! grogne-t-il.

Le docteur se rend au cabinet médical. Django l'attend dans le parc sur son vélo flambant neuf.

— Qu'est-ce que tu fais là ? Tu devrais être à l'école ! grogne Juillet.

— J'aime pas l'école.

— Il faudra bien que tu apprennes un métier. Tu ne vas pas passer ta vie à chaparder !

— C'est tout ce qui me reste. Vous avez déjà vu des gens de mon espèce devenir médecin ou architecte ?

— Pourquoi pas ? Il suffit de travailler.

— À d'autres ! Il n'y a de bonne place que pour les enfants de planqués.

Une fois de plus, Juillet est étonné par les répliques du gamin. Le soleil frappe son visage. Ses yeux noirs sont pleins de lumière.

— Ça va pas avec mon oncle et les autres, ajoute-t-il. Ils veulent se débarrasser de moi.

— Qu'est-ce que tu racontes ? demande Juillet devant l'enfant toujours assis sur la selle de son vélo.

— Mon oncle dit que Maria va s'en aller avec son mari. Alors il faut que je parte. Mais je ne veux pas aller dans un foyer, ni suivre Maria très loin d'ici. Si on m'oblige, je ferai des conneries et des grosses.

— Maria ne veut pas aller avec son mari. Elle me l'a dit, et des policiers vont la protéger.

— Vous ne connaissez pas Mirtikva. Il ne craint personne.

— Alors qu'est-ce que tu veux ?

Django se tait un instant, baisse la tête comme gêné.

— Tu me réponds, où veux-tu aller ?

— Je veux venir habiter chez vous !

Juillet s'arrête, étonné par l'audace du gamin, à tel point qu'il ne trouve rien à répondre.

Lola et Inès vont à l'école en bavardant et balançant leurs cartables. Les martinets volent en patrouilles bruyantes. Il fait chaud ; l'été est là. Django passe en sifflant devant les fillettes. Il se tient debout sur les pédales et joue à soulever la roue avant de son vélo. Les petites filles regardent ses embardées en riant aux éclats. Le cycliste s'éloigne quand la bête, qu'on n'avait pas vue depuis près de trois semaines, surgit devant elles, la gueule ouverte, accroupie et fouettant le sol. Les fillettes, terrorisées, poussent des cris stridents. La bête s'approche, ne les quittant pas de ses yeux jaunes pleins d'une lumière étrange. Les oreilles rabattues à l'arrière de son crâne plat, l'animal retrousse les babines, montrant ses énormes crocs prêts à mordre, à déchirer les chairs tendres.

Un grand cri retentit. Django a vu le loup et fait demi-tour. Il freine brutalement devant le fauve qui recule. Le gamin saute de sa machine, se place devant les fillettes, tenant son vélo comme un bouclier.

— Allez, viens, tu ne me fais pas peur ! hurle le gamin en avançant vers l'animal.

La bête pousse un puissant grognement puis se dresse, prête à attaquer Django qui continue de la provoquer.

— Alors, qu'est-ce que tu attends ?

D'un bond rapide, la bête fait un saut de côté, contourne Django pour se rapprocher des fillettes toujours immobiles. Le jeune garçon s'interpose de nouveau.

— Vas-y, tu ne me fais pas peur, hurle-t-il en saisissant un bâton.

Que se passe-t-il dans le cerveau de l'animal ? Cette voix aiguë lui rappelle-t-elle de lointains souvenirs ? Il se met sur ses pattes et remue la queue, à la manière d'un chien qui lui ferait la fête, puis disparaît dans la forêt.

Ayant entendu des cris, les gens ont accouru pour assister à la scène. Quand la bête est partie, ils s'occupent des fillettes toujours paralysées de peur. Django remonte sur son vélo et veut s'en aller. Un homme l'arrête.

— Bravo, garçon. Ton courage fait honneur à tout le monde.

Django s'étonne qu'on lui parle de la sorte. De quel courage veut parler ce retraité aux cheveux blancs ? Et pourquoi la mère de Lola le prend-elle dans ses bras et le serre à l'étouffer ? Il se dégage, car il n'aime pas les étreintes et les odeurs des autres. Il enfourche de nouveau son vélo. Lui d'ordinaire si prompt à la réplique n'a rien trouvé à dire.

Une heure plus tard, radios et télévisions parlent de Django, le courageux petit Rom qui a osé tenir tête à la bête. Le beau visage aux longs cils noirs est présent sur tous les écrans. Le campement des Roms est pris d'assaut par une nuée de journalistes, ce qui agace Ion Prahova, mais Django n'est pas là. La troupe part à la recherche du petit héros qui se cache quelque part dans la forêt.

Une cérémonie est prévue le lendemain, devant la mairie. Le gamin recevra la médaille de la ville et une récompense à la hauteur de son courage. Le maire, Joël Letertre, ne veut pas rater l'aubaine : on lui a tant reproché son attitude molle face aux Roms qu'il a toujours refusé d'expulser par la force, c'est enfin l'occasion de montrer qu'il avait raison et de faire taire ses détracteurs.

Le lendemain, vers deux heures, les Roms arrivent sur la place de la mairie à bord de plusieurs voitures qui se garent sur le parking réservé aux officiels. Ion, sa femme Mouchka, et un homme d'une quarantaine d'années, le visage dur, Piotr et sa femme Bouska, Ivon et Martha, Monika, toujours vêtue de sombre, Janika, Thérésa, deux autres hommes d'une cinquantaine d'années que personne ne connaît et quelques enfants sortent des véhicules. Ils ont fait un effort de toilette, mais leurs vêtements manquent de netteté. Les commerçants les regardent avec méfiance et se disent que le maire a eu tort de les mettre à l'honneur : ces gens-là profitent de toutes les occasions pour en demander toujours plus. Et le petit chapardeur va se sentir en force. Le bijoutier craint pour les serrures de son atelier.

Le maire arrive, suivi de ses adjoints. Le lieutenant Lormeau est là, ainsi que le préfet de Mende et quelques maires des communes voisines. Sont aussi présents les responsables du parc naturel, le commandant Jardin et son état-major. De nombreux journalistes filment la scène. Mais Django est absent.

La communauté rom se tient à côté des officiels, très mal à l'aise d'être offerte aux caméras et aux regards de tous. Ion baisse la tête, comme un condamné. Quelques minutes passent ; Letertre explique à la foule rassemblée que le garçon, sous une apparence d'effronté, est un grand timide.

Il arrive enfin sur son vélo dont on oublie pour l'instant qu'il l'a volé quelque part du côté de Mende. Poussé par la foule et les journalistes vers les marches de la mairie, le petit héros est placé entre le préfet et le maire. Le gamin baisse ses beaux yeux, tout à coup très mal à l'aise. Juillet, présent à côté du commissaire Boissy, se dit qu'une fois de plus, le garnement joue la comédie à la perfection. Qui ne serait pas sensible à cette tête d'ange qui rougit quand on le félicite ? Boissy remarque, à côté d'Ion, un homme d'apparence rude qu'il n'a jamais vu. Le regard sombre, le visage anguleux de l'étranger inspirent la méfiance.

— C'est probablement Mirtikva, le mari de Maria ! souffle-t-il à Juillet. J'ai appris qu'il était arrivé hier dans la soirée.

Le préfet prend la parole et parle longuement des moyens considérables déployés pour capturer la bête. L'exploit de cet enfant est un formidable encouragement qui montre aux adultes que l'animal n'est pas invincible, qu'avec un peu de courage, on peut lui tenir tête. Le maire insiste en disant que la bête ne doit pas remettre en question l'existence du parc qui a permis de sauver plusieurs espèces végétales et animales en voie d'extinction.

Il annonce que pour cet acte de courage, il a fait voter une récompense de mille euros. Le préfet qui ne peut être en reste évoque une autre affaire de bête diabolique :

— C'est comme si l'histoire se répétait sur ces terres inhospitalières, ajoute le préfet avec des accents lyriques. Dans le Gévaudan, à l'époque, un jeune berger a sauvé sa sœur des griffes de l'animal tueur. Devant cet acte de courage, le roi de France, Louis le quinzième, a pris en charge l'éducation du petit Bergougnoux. Ce berger a pu entrer dans une école royale et devenir commandant de régiment, ce qui était strictement réservé aux nobles. Nous ne pouvions faire moins que le roi de France. Aussi, sur décision du ministère de l'Intérieur, les études du petit Django seront prises en charge par l'État !

— C'est pas ce qui va lui faire le plus plaisir, souffle le commissaire Boissy au docteur Juillet.

La cérémonie se poursuit. Django reçoit la médaille de la ville dont il est fait citoyen d'honneur. Les félicitations pleuvent. Les journalistes se bousculent pour arracher quelques mots au petit héros.

— Qu'est-ce que tu veux faire comme études ? demande quelqu'un.

Le regard du gamin se lève sur le docteur Juillet et s'y accroche un instant, sourit puis, selon sa manière de glisser entre les mains de tout le monde, il s'esquive, saute sur son vélo posé sur le trottoir et s'échappe.

De sa chambre d'hôpital, Maria suit cette agitation qui ne la laisse pas indifférente. Django vient de lui téléphoner pour l'avertir que Mirtikva est revenu. Elle savait que c'était inévitable. Maria lui appartient par le mariage forcé et parce que Ion lui a donné la jeune femme en paiement d'une dette dont elle ignore tout. Mais Maria ne le suivra pas. À mesure que sa santé s'améliore, sa résolution s'affirme.

Jamais elle n'oubliera. Elle avait dix-sept ans et Mirtikva trente-deux. Elle a voulu s'enfuir pour échapper au supplice, mais on n'échappe pas comme ça à sa tribu. Et le mariage a eu lieu sans aucune formalité administrative, sans maire ni curé. Un simple échange de consentement devant les témoins. Maria n'a pas dit oui : mais personne ne résiste à la volonté de Ion. La torture a commencé pour la jeune fille. Violée dès la première nuit et, par la suite, violée tous les jours. Elle voulait mourir, mais sa mère la surveillait. Sa mère, victime elle aussi d'une vie qu'elle n'a pas choisie : « C'est comme ça, dit Monika. Les filles doivent obéir. L'amour vient avec le temps. Regarde combien j'ai été seule à la mort de ton père et pourtant… »

Quand Maria a été enceinte, elle a tenté plusieurs fois de se suicider ; une première fois avec le fusil de Ion qu'elle avait réussi à voler. Il n'était pas chargé contrairement à l'habitude qui veut que son oncle ait toujours une arme à portée de main. Ensuite, elle a voulu s'ouvrir les veines et, au moment de trancher son poignet, Django lui a arraché le rasoir. Elle s'est jetée dans le torrent, mais Gianni qui la surveillait l'a sauvée…

La présence des enfants de Mirtikva dans son ventre la faisait constamment vomir. Elle avait l'impression qu'un rat, un monstre hideux rongeait ses entrailles, se nourrissait d'elle.

Les femmes de la communauté ont vite compris le rejet de la future mère. Elles l'ont surveillée nuit et jour, à tour de rôle, pour qu'elle ne fasse pas de bêtises. Entre-temps, Mirtikva et Ion se sont disputés. Mirtikva a dû repartir en Roumanie pour son commerce qui ne pouvait pas se passer de lui trop longtemps. Et puis les deux bébés sont nés…

Désormais, la jeune femme sait ce qu'elle veut. Elle compose le numéro qui tourne dans sa tête depuis plusieurs jours. Elle hésite avant d'appuyer sur le bouton vert qui établit la communication, consciente de jouer son va-tout, de s'engager dans une voie sans retour qu'elle attend et redoute. Cet appel ouvre au fond d'elle une porte qu'elle s'était interdite, le reniement des siens.

La sonnerie retentit quelque part à Villeroy, dans une poche qui ne contient rien d'autre qu'un téléphone. À moins qu'il ne s'y trouve une lettre d'un correspondant lointain envoyant des timbres, les résultats d'une analyse médicale. Juillet ne pense pas à Maria. Il est en train d'ausculter un patient, d'écouter battre un cœur et

229

d'en mesurer le rythme, la rapidité, un cœur qui n'est pour lui qu'une pompe dont il cherche une éventuelle cause de panne.

Maria constate que le téléphone n'est pas branché sur le répondeur, preuve que le docteur n'est pas loin, qu'il l'entend peut-être et qu'il va répondre. Le temps de terminer une ordonnance, de s'excuser...

Et il répond. Sa voix légèrement déformée surprend Maria qui sourit. Elle n'en avait pas perçu les intonations et la profondeur grave. Cette voix qui l'occupe tout entière et ne parle que pour elle.

— Allô ? murmure-t-elle, l'estomac noué.

— Maria ?

— J'ai besoin de vous voir. Tout de suite.

— C'est que...

Juillet sait que l'arrivée de Mirtikva n'est pas étrangère à cet appel. La jeune femme a enfin décidé de se battre ; elle a choisi son camp.

— J'ai peur. Ils peuvent venir me chercher ici d'un instant à l'autre, même la nuit.

— J'arrive.

Il ne sait pas comment il va faire, comment il va annoncer son absence à ses patients et reporter ses rendez-vous, mais il va partir. Juste le temps d'un coup de fil à la secrétaire. Elle se débrouillera.

— Comment ? s'écrie Aline. Il y a cinq personnes qui t'attendent. Tu as une heure de retard et tu veux que je leur dise qu'on les a fait attendre pour rien ?

— Tu dis que j'ai une urgence. Tu demandes à Lefranc de les prendre s'il peut. Je dois partir à Mende, je ne sais pas quand je reviendrai.

Aline ne manque pas de perspicacité. Depuis quelque temps, le docteur a changé. Au lieu de garder la tête baissée, comme occupé à une interminable réflexion, il lui arrive de lever les yeux vers la fenêtre et de regarder le printemps.

Elle voudrait faire une remarque à ce propos, mais il a raccroché. Il est déjà dans sa voiture et manœuvre pour prendre la route de Mende. Le soleil perce à travers les nuages du matin. Les hirondelles volent très bas devant lui, preuve que la pluie va revenir. La radio diffuse un morceau de musique qui l'agace. Il l'arrête, pour mieux se retrouver avec lui-même, pour mieux analyser ce qui chamboule ses pensées et lui fait du mal et beaucoup de bien. Il vient déjà de s'engager dans une voie d'où il ne pourra pas s'échapper. Maria n'a rien de plus que les autres. Pourquoi alors ce sentiment d'une proximité, d'une affinité naturelle, comme s'ils se connaissaient depuis longtemps ?

Il roule vite, sans prendre garde aux limitations. D'ordinaire, Juillet s'impose de respecter les règles à la lettre. Sans discipline, aucune société ne peut survivre.

Il arrive à l'hôpital, gare sa voiture sur le vaste parking des visiteurs. L'endroit se trouve un peu en retrait de la ville, en bordure d'un torrent et d'une forêt. Cette construction récente est rapidement devenue trop grande et inadaptée à une population locale qui vieillit et ne cesse de décroître.

Il traverse le parking, entre dans le hall où l'hôtesse d'accueil le reconnaît et le salue. Il demande la chambre de Maria et s'y rend par l'escalier car il n'a pas la patience d'attendre l'ascenseur. Il a le sentiment de commettre un acte interdit et que sa faute est inscrite sur son visage.

Il entre sans frapper, comme le fait un médecin qui rend visite à un malade. Maria assise sur le rebord de son lit se tourne vivement, s'immobilise, ses grands yeux noirs levés sur l'arrivant. Enfin, dans un geste irréfléchi, elle ramène sa robe de chambre sur ses genoux. Bertrand Juillet s'arrête derrière la porte. Il a l'impression de la découvrir après une longue absence. Son regard s'est figé sur ce visage tourné vers lui, sur ces longs cheveux qui forment de lourdes anglaises, ces épaules, cette poitrine. Ce n'est plus la jeune fille fragile et sauvage qu'il a trouvée sur la paillasse dans la caravane. C'est au contraire une femme qui a connu les sévices d'un homme et la douleur de l'accouchement. Une femme ! Ce qu'il a appris d'elle au fil des jours, en la vieillissant, gomme la distance qui le séparait de la petite Rom.

— Merci d'être venu, murmure-t-elle en lui souriant.

Le silence retombe entre eux, plein de ce qui ne peut pas se dire, de ce qui s'éprouve et que la formulation détruirait. Certaines émotions sont tellement subtiles qu'elles ne peuvent pas se partager, leur donner un sens revient à les tuer. Cette visite n'est pas semblable aux précédentes qui la préparaient, l'un et l'autre en sont conscients.

— Pardon de vous ennuyer, dit-elle de cette voix basse. Je ne suis pas digne de vous.

— Qu'est-ce que vous racontez, Maria ?

— Je ne veux pas suivre Mirtikva.

Les larmes se mettent à couler sur ses joues. Elle tend la main vers Juillet qui la prend.

— Pourquoi ne pas tout me dire ? Ce serait plus facile.

— Je n'ai rien à dire.

Ce mensonge lui fait mal, mais la vérité la séparerait à jamais de Juillet, alors elle préfère gagner du temps.

— La police veut vous demander des comptes, poursuit le docteur. Vous ne pouvez pas vous y soustraire.

Maria soupire. Les pensées les plus folles viennent à son esprit. Pourquoi ne pas fuir très loin, en Amérique ou ailleurs, laisser son passé ici, dans la boue du village abandonné de Mary ? Juillet comprend son hésitation :

— Où que vous alliez, il faudra dire la vérité, Maria. Si vous me faites confiance, je pourrai vous aider, sinon, cette vérité restera entre nous, comme un mur.

Elle hésite encore un long moment, puis murmure :

— Je vous dois les seuls instants d'oubli et de bonheur de ma vie. Faut-il que je les sacrifie ?

— Vous savez qu'avant de quitter Mende, vous devez passer au commissariat. C'est une obligation.

Elle se blottit contre lui.

— Je ne veux pas vous perdre, souffle-t-elle. Voilà la seule vérité. Je ne vous demande rien que le bonheur d'être avec vous, de vous servir. Voilà pourquoi je n'ai pas voulu mourir.

— Je vais vous aider à quitter cet hôpital sans que personne ne vous voie, dit enfin le docteur. Ensuite, on avisera.

— Pour aller où ? Ion connaît bien le parc naturel. À l'hôtel, la police finira par me trouver. Vous comprenez pourquoi j'ai peur.

Le portable du médecin sonne. C'est sa secrétaire qui s'inquiète et lui rappelle ses patients. Il se décide :

— Le seul endroit où personne ne viendra vous chercher, c'est chez moi. Vous allez prendre vos affaires et me suivre. Ensuite, j'appellerai le commissaire Boissy.

Ils sortent de l'hôpital comme des visiteurs ordinaires. Juillet part le premier, monte en voiture, conscient de faire quelque chose qui ne lui ressemble pas et qu'il regrettera. C'est la première fois depuis l'accident d'Anne qu'il emmène une femme chez lui, qu'il la laisse entrer dans ce lieu du souvenir où les photos ont remplacé les personnes. Il a la certitude d'y laisser son honneur et sa dignité de médecin, pourtant l'idée de renoncer ne lui vient pas à l'esprit.

Maria s'installe sur la banquette arrière où elle pourra se cacher en arrivant à Villeroy. Elle monte sans un mot en regardant autour d'elle, claque la portière. Juillet a le sentiment de conspirer, de se rendre complice d'un infanticide. La voiture sort de la ville. Ils n'échangent pas un mot, unis dans une action qui les dépasse.

À Villeroy, c'est toujours l'effervescence. Une multitude de soldats patrouillent comme en temps de guerre. La bête ne s'est pas montrée depuis plusieurs jours, mais tout le monde ressent sa présence, sa menace.

La peur dicte des pensées folles. Les gens n'osent plus sortir de chez eux ; le soir, le soleil n'est pas encore couché que les volets se ferment, les portes se barri-

234

cadent : la bête a montré qu'elle avait toutes les audaces. On s'attend à la voir surgir de l'ombre d'une cave, d'un garage, du coin d'une rue.

Juillet entre dans la cour devant sa maison. La voisine se demande pourquoi, puisque, d'ordinaire, le docteur laisse sa voiture sur le trottoir, prête pour une intervention urgente. Il ouvre la porte du garage.

Une fois à l'intérieur, les portes fermées, Maria qui était allongée sur la banquette arrière sort et défait le foulard qui lui cachait les cheveux et une partie du visage. Juillet passe devant, elle le suit. Ce qui le pousse dans cette voie était en lui depuis longtemps, comprimé, prêt à exploser comme une bombe. L'homme sage accroché à ses souvenirs se tourne le dos. Une vive douleur serpente en lui : une voix aigrelette, venue de très loin, celle d'Anne, s'élève pour le mettre en garde.

Ils arrivent dans le hall, pénètrent dans la salle de séjour par la porte aux vitres colorées qui jouent avec le soleil bas sur l'horizon. Maria avec son sac ressemble à une visiteuse ordinaire qui promène un regard curieux sur les tableaux et s'arrête sur les nombreux cadres représentant toujours la même femme et une fillette d'abord bébé, puis lors de ses premiers pas et qui grandit au fil des photos.

Bertrand Juillet se sent étranger chez lui, dans cet espace inchangé depuis des années. Il a honte de sa maison, de son malheur affiché. Il a l'impression de se montrer nu, sous son aspect le plus sordide. Maria ressent la présence oppressante de la mort.

— J'avais douze ans quand mon père est mort, dit-elle. C'est Ion qui l'a tué. Personne ne l'a dit, mais j'en suis persuadée. Nous étions en Roumanie, Django venait juste de naître. Alors il a fallu partir et nous sommes venus ici, Ion, ma mère qui n'a pas versé une larme à la mort de mon père, Django et moi. Par la suite, Ion a fait venir les autres. Ses enfants sont nés ici quelques années plus tard.

Juillet ne répond pas. Il s'active pour cacher son malaise, il passe dans la cuisine, propose quelque chose à boire, puis décide :

— Je vais acheter à manger. Le Frigo est vide. Je ne mange presque jamais ici.

— Je suis lasse. Je n'ai pas faim.

— Vous devez vous nourrir. Vous êtes faible.

Le silence retombe parce que manger n'est pas la première préoccupation de l'un comme de l'autre. Ils sont venus ici dans un élan irréfléchi. Dans ce décor nouveau, ils se sentent tous les deux étrangers.

— Je me suis rendu coupable d'un grave délit en vous dissimulant à la police.

— Qu'est-ce qu'on peut faire ? demande Maria en s'approchant de Juillet, si près qu'il en est gêné et détourne les yeux.

— Il faut téléphoner au commissaire Boissy et tout lui expliquer…

— Attendez un peu.

— Maria, je vous en prie. Cela ne sert à rien de retarder une confrontation que vous ne pouvez pas éviter.

Elle a posé ses mains sur les bras du médecin comme pour l'arrêter. Il n'ose pas bouger et dit :

— Je ne savais pas qu'il y avait autant de folie en moi.

Elle le regarde avec intensité. Ce n'est pas lui qui commande, au contraire, il se laisse aller, conscient d'être resté trop longtemps en dehors du monde. Elle pose sa tête sur son épaule.

— Moi non plus. La folie à cette heure est ce que nous avons de plus précieux, murmure-t-elle.

Il veut se dégager, faire marche arrière, trouver de bons arguments pour retarder ce qu'il sent comme inéluctable et qu'il redoute. L'homme que Maria a fait naître en lui n'est plus le médecin ordinaire qui se consacre entièrement à ses patients, c'est celui qui vivait autrefois, avant que le sang des siens ne l'éclabousse.

— Ne dites rien, souffle Maria, beaucoup plus à l'aise. Ce peu de temps qui nous reste est notre bien le plus précieux.

Il pense à ce que vont raconter les gens de Villeroy. Adulé aujourd'hui, il sera traîné dans la boue demain. Cela n'a pas d'importance ; depuis longtemps, il aurait dû fuir Villeroy où il a été heureux et malheureux au-delà de tout. Un grand nombre de certitudes qu'il n'osait pas formuler s'épanouissent en lui, comme des fleurs aux lourds pétales qui s'ouvrent au matin, lourdes de rosée.

— Toi aussi, tu es un grand malade, continue Maria, et beaucoup plus que ceux que tu soignes. Ce qui compte, c'est de guérir. Cette ville est maudite. Tu lui as donné tant de toi, il est temps de tourner la page.

Il se laisse aller en mesurant l'importance du tutoiement spontané. C'est la première fois que quelqu'un pense à sa place. Des années de fatigue l'écrasent. Naufragé qui a dû nager pendant des jours pour atteindre l'île déserte, il a surtout envie de dormir. Plus tard, il prendra la mesure de sa situation.

Django pédale sur ce vélo volé que, depuis son exploit, personne n'a osé lui demander de restituer. Il passe de moins en moins de temps au campement. Sa mère le rabroue, mais il s'en moque. La présence de Mirtikva fait peser une menace que même ses petits cousins ressentent. Les chiens de Ion n'aboient plus avec le même entrain. Mirtikva alourdit l'air qu'il respire par ses pensées qu'il ne dévoile jamais, mais qu'on pressent lourdes et meurtrières. C'est un homme très grand et costaud. Son visage carré ne sourit jamais. Ses petits yeux noirs lancent des éclairs, son abondante chevelure grisonnante forme de belles boucles toujours en mouvement.

Ce soir, quelque chose contrarie Django. Il a appelé plusieurs fois Maria sur le portable qu'il lui a donné et Maria n'a pas répondu. Pourtant l'heure est grave. Ion et Mirtikva veulent aller la chercher à l'hôpital. Django sait que si Maria tombe entre leurs mains, elle est perdue. Une fois en Roumanie, personne ne saura ce qu'elle va devenir. Maria n'a pas un tempérament d'esclave et se rebellera, signant ainsi son arrêt de mort.

Sa sœur n'est plus dans sa chambre d'hôpital. Ion et Mirtikva n'ont pas quitté le campement de la journée, donc elle n'est pas leur prisonnière. Est-elle partie se cacher ? Il ne reste au gamin qu'une seule hypothèse qu'il va vérifier.

Quand il arrive dans la rue du docteur Juillet, l'absence du véhicule garé d'ordinaire sur le trottoir ne le surprend pas. Juillet à cette heure fait ses visites, mais pourquoi le portail est-il fermé ?

Il passe plusieurs fois sur son vélo, quelque chose lui dit que Juillet n'est pas absent, un pressentiment qui tient à presque rien : ce portail fermé alors qu'il était ouvert en début d'après-midi. Le gamin serre les freins qui grincent et s'arrête en face de la maison. Le soleil qui s'est caché derrière un nuage sombre a brusquement fait baisser la luminosité et il voit nettement, par les fentes des volets clos, la lumière allumée dans la grande salle. Cela l'intrigue : le docteur aurait-il oublié d'éteindre avant de partir ?

Il s'éloigne, en se demandant ce que cette lumière signifie. Il retourne en ville, erre un moment sur la place devant l'église puis retourne à la maison du médecin. La lumière a été éteinte ! Quelqu'un se trouve donc à l'intérieur ; il doit savoir qui, comme si, au fond de lui, une voix lui soufflait la réponse et qu'il refusait de l'accepter.

Il se glisse le long du grillage, regarde autour de lui avant de sauter par-dessus. Une fois dans la cour, il retrouve ses instincts de braconnier qui servent le jeune voleur, cette démarche silencieuse que Gianni lui a enseignée. Il fait le tour de la maison, grimpe jusqu'au balcon, approche son oreille des volets. Une voix de femme parle, une voix d'homme lui répond, et ces voix ne sont plus étrangères l'une à l'autre, elles sont pleines de familiarité, d'une entente parfaite.

Django se mord la lèvre inférieure jusqu'au sang. Il se fait très mal pour retenir le cri de fureur qui monte en lui. Voilà ce que cachait l'absence de Maria. Comment ne s'en est-il pas douté plus tôt ?

Le garçon descend de son observatoire, saute au sol sans précaution. Si on l'entend, ce n'est pas grave.

Il a envie de pleurer, Django. Celui qui reçoit les taloches de son oncle sans broncher, sans baisser les yeux, a la poitrine oppressée. Il retourne à son vélo. La nuit tombe, le ciel se pique d'une poussière d'étoiles. Tant pis pour eux : Django aurait tout accepté si sa sœur et le docteur lui avaient fait confiance, mais ils se sont cachés et il ne le leur pardonne pas.

Il arrive à la gendarmerie, pose son vélo devant la porte métallique, hésite. En face, le bistrot des voyageurs est vide. Il voit par la large baie le barman qui attend derrière son comptoir. La bête n'est pas bonne pour le commerce.

Il pousse la porte. Un gendarme l'arrête et lui demande ce qu'il veut.

— Il faut que je parle au lieutenant Lormeau.

— Tu peux me parler à moi. C'est la même chose.

— Non, fait le gamin, la tête baissée. Ce n'est pas la même chose.

Quelques instants plus tard, le lieutenant arrive, avec son allure rassurante.

— Qu'est-ce que tu veux ?

— Vous parler, mais à vous seulement.

— Viens.

Il l'emmène dans un bureau très désordonné. Sur la table s'entasse une multitude de dossiers, de papiers avec des tampons et des signatures, ne laissant à celui qui s'assoit sur le fauteuil qu'une place infime pour poser ses coudes.

— Vas-y, parle.

Il hésite encore. Il se tourne vers la porte fermée et se demande un instant s'il ne va pas détaler. Mais les voix de Maria et de Juillet sonnent encore en lui, des voix qui le rejettent.

— Je sais où est Maria.

Lormeau inspire longuement. La PJ l'a averti qu'elle s'était échappée alors que Boissy devait l'entendre. Il a discrètement fait surveiller le camp des Roms et contrôler les voitures suspectes sur la route de Mende, sans résultat.

— Ah bon ?

— Oui, elle est chez le docteur Juillet !

— Qu'est-ce que tu me racontes ? Tu sais aussi pourquoi la police veut la voir ?

— Oui, je vais tout vous dire.

Lormeau s'étonne d'une coopération aussi franche du gamin, et se méfie : Django est capable d'inventer n'importe quoi quand ça le sert.

— Maria déteste Mirtikva à qui mon oncle l'a donnée. Quand ma sœur a été enceinte, elle a voulu mourir. Et puis les mois ont passé, son ventre a grossi. Elle ne mangeait presque plus, tellement elle était malheureuse. Et les jumeaux sont nés.

Lormeau dresse la tête, braque sur le gamin ses petits yeux clairs.

— Étaient-ils vivants ?

— Bien sûr et ils criaient fort. C'était deux garçons. Maria n'a pas voulu les voir. Elle s'est enfermée dans une caravane en retrait et a refusé de les allaiter. Ma mère et mes tantes s'occupaient d'eux. Alors, Ion s'est mis en colère et il a obligé ma sœur à les prendre avec elle. Elle a fini par accepter, et les petits ont cessé de pleurer. Et puis un soir, un des deux était dehors dans son landau. Maria ne le surveillait pas. La bête est sortie du bois et l'a tué.

— Qu'est-ce que tu racontes ? La bête ne s'attaque pas aux petits Roms !

— Eh bien, si ! Elle a tué le bébé en lui écrasant la tête. Mon oncle l'a poursuivie, mais elle lui a échappé.

— Comment tu sais que c'était la bête ?

— Ça lui ressemblait. Comme les jumeaux n'avaient

que trois jours, qu'ils n'avaient pas été déclarés à la mairie, Ion a décidé de ne rien dire et de l'enterrer dans le coin où les gens du Centre de recherches enterraient les petits animaux que l'équarrisseur ne voulait pas. C'est ça la vérité.

Le gamin a l'impression d'être très léger, de s'être débarrassé d'une partie de ce qui pesait en lui depuis longtemps. En même temps, il se sent triste. Pourquoi n'a-t-il pas eu la force de dire l'essentiel ?

— Et le deuxième enfant, c'était aussi la bête ? demande Lormeau.

— Non, il est mort de convulsions !

— Donc, vous connaissez la bête depuis longtemps Pourquoi ton oncle n'en a pas parlé ? On aurait pu l'attraper et éviter tous ces accidents.

— Il aurait fallu se débarrasser des petits de la louve de Frédéric Clain, les tuer, mais il n'en a pas eu la force. Il a attendu que les louveteaux soient assez grands pour les lâcher dans le parc. Tous sont morts, sauf un, et c'est la bête.

Django en a assez dit. Il s'échappe. Le lieutenant téléphone au commissaire Boissy qui mime l'étonnement, mais n'en pense pas moins. Ce qui se passe devait arriver, il l'attendait et s'en réjouit.

Boissy demande à Lormeau de l'attendre pour intervenir. Le lieutenant de gendarmerie en est soulagé : il ne se voyait pas faisant irruption chez Juillet. Le faux pas du docteur, Lormeau le comprend. Cette fille, c'est le diable. Qui peut résister à son étrange regard de feu, à la délicatesse de son visage, à son mystère qu'elle agite, comme la muleta du torero ? Et cette voix chaude, prenante !

Une heure plus tard, la réalité rattrape Maria et Juillet. Une sonnerie leur rappelle qu'ils ne sont pas seuls au monde. Juillet a si peu l'habitude de l'entendre qu'il croit d'abord à la sonnerie du téléphone. Il va ouvrir ; Boissy est là, deux gendarmes l'accompagnent.

— Maria est chez vous. Je viens la chercher pour la mettre en garde à vue et peut-être l'inculper. Prenez de quoi vous changer, vous venez avec nous. Je vous garderai le temps de votre déposition, cela peut durer quarante-huit heures.

— Cela veut dire que vous me mettez aussi en garde à vue ?

— En quelque sorte. Je peux même vous inculper d'entrave à la bonne marche de la justice.

Boissy n'a pas levé les yeux sur Juillet. Cela lui fait mal de malmener ainsi son compagnon du matin, celui avec qui il se laissait aller à quelques confidences.

— Je peux prendre ma voiture ? demande Juillet.

— Je veux bien faire une exception pour vous. Vous roulerez devant le fourgon de police et vous vous garerez dans la cour du commissariat.

Des voisins se sont rassemblés dans la rue. Les voitures de police garées au milieu de la chaussée devant la maison du docteur Juillet les intriguent. Ils regardent sortir Maria et le docteur encadrés par les gendarmes.

Le lendemain, les journaux titrent sur l'égarement de l'austère médecin. Les gens de Villeroy sont gênés de cet étalage indécent : « Ils racontent n'importe quoi. C'est un bon docteur qui a toujours fait son travail. C'est cette femme qui l'a entraîné parce qu'il est naturellement gentil ! » Son arrestation les touche ; on vient d'enlever un pilier de la vie locale, un personnage dont on n'imagine pas pouvoir se passer.

Spontanément, la foule se rassemble devant la maison du médecin. Des dizaines de personnes stationnent ainsi toute la matinée. Quand, vers onze heures, ils apprennent que Juillet est libre, lavé de tout soupçon, ils applaudissent et rentrent chez eux en commentant l'événement.

Juillet retrouve sa maison après une nuit d'insomnie. L'humiliation l'écrase. Des hommes lui ont posé des questions qui lui ont fait très mal. Boissy, d'ordinaire si civilisé, n'a pas voulu l'interroger et a fait faire le sale travail à un de ses collègues qui n'a pris aucune précaution et l'a traité comme un malfaiteur ordinaire. En arrivant chez lui, il redevient lui-même. Sa réflexion se détache des événements pour le mettre en face de ses actes. En se plaçant du côté de Maria, il s'est mis hors la loi.

Dans sa maison, les photos le regardent, fixent sur lui des yeux pleins de reproches. Il détourne la tête. Maria l'occupe tout entier, Maria qui est entre les mains des policiers et risque la prison.

La psychose de la bête s'alimente d'elle-même et enfle, se répand au-delà de l'Aubrac. Depuis l'attaque des deux fillettes, le loup a de nouveau disparu, ce qui n'empêche pas les témoignages d'affluer. À Mende, des promeneurs attardés l'auraient vue dans une ruelle qui marchait lentement en regardant les maisons comme si elle cherchait ses futures victimes. Moins d'une heure plus tard, elle est aperçue dans un jardin public à Aubenas. On la signale à Rodez, Aurillac, Figeac, le Puy-en-Velay, Alès, Nîmes jusqu'à l'aéroport de Montpellier, où plusieurs personnes assurent l'avoir vue alors qu'elles se rendaient à l'embarquement pour Paris. Le boulanger de Saint-Alban, sorti de chez lui vers quatre heures du matin pour rejoindre sa voiture garée près d'un petit bosquet, trouve la bête devant son véhicule. L'animal se retourne, le regarde longuement et s'en va tranquillement comme un chien surpris. À Grandrieu chez un horticulteur, le loup se prend les pattes dans un filet destiné à protéger de jeunes plantes. Il roule au sol, se débat. L'homme figé de peur reste les bras ballants, le temps que l'animal réussisse à se libérer. Une heure plus tard, on découvre que ce loup n'est autre que le chien d'un voisin.

Les spécialistes du commandant Jardin étudient inlassablement les itinéraires connus de l'animal pour trouver une logique, quelque chose qui permettrait de prévoir ses déplacements, mais il ne ressort rien des renseignements collectés, la plupart sont faux, et la bête n'obéit à aucune règle préétablie. Elle semble se déplacer selon sa fantaisie, la seule solution pour l'attraper reste la vigilance et l'occupation du terrain, mais ce n'est pas simple. On ne sait pas si le fauve « sent » la poudre et les armes, mais il ne se montre jamais là où des hommes armés l'attendent. Si au tout début il se laissait courser par les chiens, c'est bien fini. Il sait parfaitement brouiller les pistes, conduire les meutes sur d'autres traces, utiliser le terrain. Celui qui a fait son éducation n'a rien oublié. Un spécialiste déclare : « Il faut plusieurs années d'un dressage méthodique pour arriver à un tel résultat. Mais pourquoi ? »

C'est bien la question que se pose le commissaire Boissy. Après quarante-huit heures de garde à vue, il n'inculpe pas Maria même s'il a le sentiment que la jeune femme lui cache beaucoup de choses.

Maria refuse de quitter les locaux de la police. Elle qui voulait se soustraire à la justice comprend que c'est le seul endroit où elle est en sécurité.

— Si je sors, Mirtikva me tuera ou m'emmènera de force en Roumanie, déclare-t-elle. Mon oncle est avec lui. Ils voulaient venir me chercher à l'hôpital, c'est pour ça que j'ai téléphoné au docteur Juillet.

La juge Nathalie Briac est sensible à la souffrance de cette femme. Plus qu'un homme peut-être, elle comprend le calvaire que Maria a vécu en portant les jumeaux issus de viols à répétition. Elle accepte de la garder pendant quelques jours, mais Maria refuse de porter plainte contre Mirtikva. Boissy se demande ce qu'il se cache derrière cette volte-face.

— Qu'allez-vous imaginer ? demande la juge.

— Le pire, madame, répond le commissaire. Je vais une nouvelle fois tenter de faire parler Gianni. Pour cela, il faut que je réussisse à le faire sortir de l'hôpital.

Il se rend à Villeroy de très bon matin. Marie-Josée le reçoit froidement et ne lui cache pas ses pensées :

— Qu'est-ce qui vous a pris d'arrêter le bon docteur Juillet ? Vous avez une curieuse manière de traiter les gens dévoués et courageux !

Le commissaire ne s'attendait pas à cet accueil. Il s'approche du comptoir comme un étranger alors que, d'ordinaire, il va s'asseoir directement à sa table.

— Il est libre, bredouille-t-il. Je ne l'ai pas arrêté, je l'ai obligé à venir au commissariat pour faire sa déposition.

— Vous l'avez mis en garde à vue, c'est bien la preuve que vous le soupçonnez !

— Je ne pouvais pas faire autrement. C'est la procédure habituelle. N'oubliez pas qu'il s'agit de la mort de deux nourrissons.

À cet instant, le docteur Juillet arrive à la porte. Il voit Boissy accoudé au comptoir, hésite un instant. Le commissaire lui tend la main avec un sourire qui se veut engageant.

— Docteur, je vous attendais pour prendre mon petit déjeuner en votre compagnie.

— Et me poser des questions insultantes ?

— Certainement pas. Je vous prie d'excuser mes inspecteurs qui ont souvent des propos peu respectueux. N'en parlons plus. Maria est libre, mais refuse de revenir ici. Elle va être gardée pendant quelques jours afin d'assurer sa sécurité.

Au même moment, un homme entre dans le bistrot, en jetant autour de lui des regards apeurés comme quelqu'un qui redoute d'être vu dans ce lieu public. Âgé d'une soixantaine d'années, le visage rouge, les cheveux blancs qui dépassent de sa casquette crasseuse, il s'approche du commissaire et du docteur, ôte sa casquette qu'il tient devant lui. Il baisse les yeux, comme gêné.

— M. Lamberto, fait Juillet. Je constate que vous avez bonne mine et que vous allez mieux.

L'homme ose un regard timide vers le médecin. Il se tourne vers la porte comme s'il regrettait d'être venu et voulait s'enfuir.

— C'est pour Gianni, murmure-t-il. Mon pauvre garçon.

— Asseyez-vous et prenez quelque chose avec nous, propose le commissaire.

L'homme hésite, visiblement mal à l'aise. Boissy lui propose :

— Si nous allions dans le bureau, on serait plus tranquille pour parler.

Il fait oui de la tête. Juillet regarde sa montre. Boissy lui demande de l'accompagner dans le bureau de Marie-Josée. Ils font asseoir le père Lamberto qui est toujours aussi mal à l'aise.

— Qu'est-ce que vous voulez ?

Tonio Lamberto tripote sa caquette entre ses mains. Sa bouche se tord.

— C'est pour mon pauvre garçon. Pourquoi vous le

gardez dans cet hôpital ? Gianni n'est pas fou, au contraire, il est très intelligent. C'est lui qui remplit mes papiers pour la retraite et pour la Sécurité sociale. Il faut le relâcher. Il n'est heureux que dans le parc naturel. Je vous dis que c'est un gentil gars et il souffre tellement depuis son accident. Si je vous raconte ce que je sais, vous le relâcherez ?

— Vous savez qui commande la bête ?

— Gianni m'a toujours dit qu'il fallait se méfier des bohémiens parce qu'ils faisaient des choses pas honnêtes.

Boissy échange un rapide regard avec Juillet. Pourquoi n'a-t-il pas pensé à interroger cet ivrogne, le matin où il est venu le trouver dans son bureau à Mende ?

— Gianni est malade. Il doit se soigner, ensuite il pourra revenir.

— Et puis, poursuit le docteur, je vais tâcher de le convaincre de se faire opérer. On peut arranger son visage.

— Il veut pas ! s'emporte Lamberto. Il dit qu'il ne veut pas qu'on lui greffe le visage d'un mort.

— Il ne s'agit pas de greffe, poursuit le médecin. Les chirurgiens esthétiques font de très belles choses pour les grands brûlés, on peut adapter ces techniques au cas de votre fils, mais il faut que vous m'aidiez à le convaincre.

— Si ça peut le sortir de là, je vous promets qu'il le fera.

Le vieil homme coiffe sa casquette, preuve qu'il se sent en confiance.

— Il lui faudrait une femme, continue-t-il. Il y avait Maria, mais je suis bien content qu'elle n'ait pas voulu de lui. C'est du mauvais monde, ces romanos.

— Alors, il faut nous dire ce que vous savez, poursuit Boissy en s'asseyant en face de Lamberto.

— Je sais seulement ce que Gianni m'a dit. Il m'a parlé du gibier qu'il transporte avec sa camionnette des Eaux et Forêts pour Prahova. Tout un commerce qui touche des gens bien placés dans la région. Il y a aussi cette affaire de grosses voitures volées que Prahova fait bricoler dans une casse de l'autre côté du camp et qu'il revend je ne sais où à l'étranger.

— Elle est où, cette casse ?

— Du côté de Saint-Amans, pas très loin de la route nationale.

Il se lève et veut s'en aller. Le commissaire ne le retient pas. Juillet part à son cabinet.

Quelques instants plus tard, Lormeau avertit le médecin que Lamberto a eu un accident avec sa Mobylette à l'entrée de la forêt. Il est tombé dans le ravin profond de plus de quinze mètres.

Juillet part en coup de vent. Sur les lieux du drame, les pompiers, aidés par les gendarmes, sont en train de hisser le corps de l'ivrogne.

— Ce n'est pas la peine de vous presser, dit Lormeau. Tonio est mort.

Boissy arrive à son tour. Il demande que le corps soit emmené au laboratoire de médecine légale de Montpellier pour un examen approfondi.

— Ce n'est pas utile, fait Lormeau. Lamberto n'en est pas à sa première chute. Il était toujours saoul…

— Justement, Lamberto venait de me voir et, exceptionnellement, il ne l'était pas.

Tout en parlant, Boissy inspecte méthodiquement les abords. Enfin, il appelle Lormeau :

— Ces traces, dans l'herbe, vous les aviez remar-
quées ?

Le lieutenant se penche sur la petite bande d'herbe
tassée et la terre molle creusée.

— Non, nous sommes venus par l'autre côté. Mais
ça ne veut rien dire. C'est à cet endroit que les gardes
forestiers arrêtent leurs véhicules lorsqu'ils continuent
leur inspection à pied.

— Il faut quand même que je vérifie. Vous allez délimiter l'emplacement pour l'interdire à d'autres véhicules. Prahova vient sûrement de commettre l'erreur
que j'attendais pour le coincer.

Boissy appelle le commissariat et demande qu'on
lui envoie des spécialistes pour faire des prélèvements
et inspecter méthodiquement le site. Il entraîne Juillet à
l'écart.

— Après ce qu'il nous a dit, il ne nous reste plus
qu'à agir.

— Qu'est-ce que vous allez faire ?

— Les prendre la main dans le sac !

Boissy regrette le traitement que ses collègues ont
fait subir au docteur Juillet. Il tente de se rattraper :

— Maria a peur. Nous la gardons pour ça, mais ce
serait mieux si vous la preniez chez vous.

Bertrand Juillet n'hésite pas. Il passe au centre médical pour demander à son collègue de s'occuper des cas urgents. Il se rend à Mende en roulant très vite. Chaque seconde qui passe le rapproche de Maria. Ce qu'il vit est unique, inattendu, inespéré. Il est prêt à en payer le prix.

Il s'annonce au commissariat. Maria l'attendait. Elle lui sourit, il n'ose pas la prendre dans ses bras devant les policiers qui le regardent avec un air entendu.

— On rentre à la maison.

Maria doit rester à la disposition de la police. Elle dit au commissaire Marlin qu'il pourra la trouver et la joindre chez le docteur Juillet à Villeroy. Ils sortent dans la rue, n'osant pas se parler. Arrivés à la voiture, Maria prend la main du docteur et la porte à ses lèvres.

— Merci ! murmure-t-elle.

Il ouvre la portière sans un mot. Des fantômes le harcèlent. Des voix hurlent en lui, il s'en veut de ne pas avoir envie de les écouter. Tremblant, il s'installe au volant et manœuvre pour sortir du parking.

Maria respecte son silence sans mesurer la dureté du combat qu'il livre. Les visages de sa femme et de sa fille s'imposent, tristes, lointains et suppliants. Il a mal et, pourtant, il ne reculera pas. La porte entrouverte par Maria lui montre un monde qu'il n'espérait plus, qu'il ne croyait pas possible. Son envie l'emporte par-delà ce qu'il croyait immuable.

— Mirtikva va vouloir me tuer, fait Maria sans quitter la route des yeux. C'est pour cette raison que je ne voulais pas quitter le commissariat. Il te tuera toi aussi, s'il en a l'occasion.

— Je n'ai pas peur !

— Il pense que j'ai tout dit à la police, mais ce n'est pas vrai. J'ai seulement répondu aux questions qu'ils m'ont posées.

— Tu veux parler de ce que ton oncle trafique dans la casse de Saint-Amans ?

— Ça et le reste. Ça, ce sont les voitures volées qu'il envoie à Mirtikva. Ça ne lui rapporte pas beaucoup, mais c'est pour payer une dette envers celui à qui il m'a donnée. Sûrement une très grosse dette, une affaire de sang, mais ce n'est pas le plus important.

— Le plus important, c'est le trafic de gibier ?

— Oui. Je vais te montrer. Mon oncle pense que Gianni a peur de lui, ce qui est vrai, mais Gianni m'a tout dit comme s'il avait envie que je le répète.

Ils arrivent à Villeroy. Les gens s'étonnent en voyant la jeune Rom assise à côté du docteur. Cette fois, la voiture se gare sur le trottoir, à sa place habituelle. Juillet ne se cache plus. Ils entrent dans la maison aux volets fermés et la première tâche du docteur est de les ouvrir, de laisser entrer la lumière du printemps. Le jour inonde les pièces froides, se reflète sur les photos glacées. Maria pose sa veste sur un fauteuil. La maison accueille la jeune femme, lui fait la fête. Dans la cour, le soleil joue avec les feuilles d'un tilleul.

— Ça sent le renfermé, dit Maria.

Un courant d'air renverse un cadre montrant le docteur, Anne et la petite Noémie qui avait alors deux ans. Maria le ramasse et le contemple longuement. Juillet le lui prend des mains. Tout à coup, il explose :

— Tu comprends que je suis en train de les renier. Que je suis un salaud !

— Qu'est-ce que tu racontes ?

— Tu ne peux pas savoir combien on était heureux. On ne se quittait pas. Anne était professeur de français au collège. Noémie allait entrer en cinquième quand c'est arrivé. Je me souviens du dernier jour, du moment où je les ai quittées après déjeuner pour aller voir un patient. Je ne les ai même pas embrassées parce que c'était urgent. Elles m'ont fait au revoir de la main. Une heure plus tard, elles baignaient dans leur sang… Elles sont mortes dans des conditions horribles et moi, pendant ce temps…

Il s'effondre, tenant toujours le cadre pressé contre sa poitrine. C'est la première fois qu'il pleure depuis des années. Maria le serre dans ses bras, l'étreint tendrement.

— Jamais un homme et une femme ne se sont aussi bien entendus qu'Anne et moi.

— Je ne te demande pas de l'oublier. Je veux seulement te rendre la vie plus facile. Garde-moi près de toi, je ne veux rien de toi, je veux te servir. Voilà, c'est ça, te servir, je veux être ta servante, celle qui sera toujours là quand tu auras besoin et qui saura se faire oublier quand tu ne voudras pas d'elle. Je serai à toi et cette maison retrouvera les parfums de l'été.

Il se mouche, s'essuie les yeux. Maria prend le cadre et le pose à sa place sur la commode. Juillet reste silencieux, hébété, écartelé entre son passé et ce présent qu'il a souhaité. Sa colère est surtout tournée contre lui, contre son envie de vivre. Il voudrait vomir. Pourquoi n'est-il pas mort lui aussi dans un accident ? Sa survie n'a eu de sens que pour ses patients, pour ceux qu'il soulage, et voilà qu'il pense de nouveau à lui avec un égoïsme coupable.

— Viens ! dit Maria en l'obligeant à se lever. Je serai invisible si tu le veux. Je serai toujours là quand tu m'appelleras, chaque instant. Je te redonnerai le goût de la vie.

Il se sépare d'elle, fait quelques pas en direction de la fenêtre, se tourne et observe un long moment la jeune femme.

— Pourquoi ? Je ne suis pas capable de te rendre heureuse. Anne ne se remplace pas.

— Qui t'a dit que je voulais la remplacer ? Mon bonheur sera de te servir sans rien te demander en retour. Rien. Je veux te sauver parce que tu m'as sauvée.

Juillet pense à Django qui doit probablement les épier de la rue.

— Je vais te montrer quelque chose, dit-elle. L'heure est venue de faire payer ceux qui m'ont traitée comme une bête.

— Mais tu n'as plus peur ?

— Avec toi, je n'ai peur de rien. Mon oncle et Mirtikva ne savent pas que je suis ici, c'est le moment de les surprendre. Ils ont des congélateurs pleins d'animaux. C'est Gianni qui transportait les animaux.

— Mais qui chassait, qui tuait le gibier ?

Elle hésite un instant et poursuit :

— Gianni était mon ami. Nous avons été adolescents ensemble. Il était beau avant son accident, mais je ne l'ai jamais aimé. Parfois je me dis qu'il est tombé par désespoir, parce qu'il savait que je ne serais jamais à lui.

Elle se tait, les yeux levés vers le lustre en cristal. Ses souvenirs défilent et elle mesure la portée de son indifférence pour celui qui l'aime plus que tout.

— Comment tu sais que leurs Frigo sont pleins ? demande le docteur qui pense toujours au trafic de gibier.

— Ils livrent le vendredi et nous sommes jeudi. Tu pourras le constater toi-même et avertir le commissaire qui les prendra la main dans le sac. Beaucoup de gens sont impliqués, d'honorables commerçants vont tomber.

— Et les voitures volées, elles sont maquillées à la casse de Saint-Amans ?

— Je ne sais pas. C'est Mirtikva qui est coupable. Mon oncle le déteste, bien sûr, mais l'autre est le plus fort et l'a obligé à tremper dans ce commerce. Il faut l'arrêter avant qu'il ne reparte.

— Pourquoi n'as-tu pas voulu porter plainte contre ton mari ?

Elle fait une petite grimace.

— Parce que je serais obligée de dire des choses dont j'ai honte. Tu ne peux pas savoir comme je me sens sale.

— On va avertir le commissaire Boissy.

— Tu dois voir avant. Tu l'appelleras ensuite.

Ils sortent. Le soleil descend à l'horizon dans un ciel très pur. C'est le soir, les gens rentrent chez eux. Bertrand Juillet les salue sans prêter attention aux

256

regards curieux qui s'attardent sur Maria. Il s'installe au volant.

— Où allons-nous ?

— Dans la forêt. Tu t'arrêteras quand je te le dirai.

— Tu ne m'as pas répondu. Les patrouilles qui chassent la bête n'ont pas gêné les braconniers ?

Elle a un petit sourire.

— Le parc est tellement grand !

Ils passent au Chêne-Brûlé où les sentinelles les saluent, roulent un moment dans l'allée empierrée jusqu'à l'endroit où Gianni laissait toujours sa camionnette avant de continuer à pied. Plus loin, c'est impraticable à cause des énormes rochers entre les taillis, des crevasses, des ronciers inextricables. Maria marche sur les cailloux roulants avec une assurance qui étonne le docteur. Elle se dirige vers la rivière.

— Il faut remonter un peu. En amont du gour Noir. Là où la vallée est moins profonde. Au moulin du Gaud.

Juillet n'a jamais entendu parler de ce moulin. Il suit la jeune femme, étonné d'être là. À cette heure, il devrait visiter ses patients. Et voilà que depuis quelques jours, il déroge à cette règle d'or, fixée dans la terrible douleur de sa maison vide.

— C'est un moulin abandonné construit sur le torrent. La chute d'eau passe dans la cave, mon oncle a remis en état la roue et peut ainsi fabriquer de l'électricité pour ses congélateurs. Personne ne vient jamais ici. D'ailleurs le chemin qui permettait autrefois d'y accéder est bouché par un éboulement de rochers.

— Comment tu sais tout ça ?

— C'est Gianni qui me l'a dit. Il voulait arrêter, mais mon oncle l'obligeait à continuer.

— Et Django ?

Elle se tourne vers le docteur et sourit.

— Django, c'est l'être le plus instable qui soit. Un jour il veut, le lendemain, il ne veut pas. Avec lui, rien n'est comme avec les autres. Il est détestable et il s'arrange pour qu'on l'aime.

Ils escaladent une pente rocheuse abrupte en suivant un sentier de chevreuil et arrivent dans une partie plutôt plate avant une nouvelle pente. Le moulin est construit sur le torrent. Maria se tourne et prend la main de Juillet qui ressent le contact de sa peau comme une brûlure qui lui fait beaucoup de bien. Le bruit de la cascade remplit l'espace, sourd et aérien, comme venu de nulle part. Par un canal taillé dans le rocher, l'eau déviée passe sous le bâtiment dont la toiture se déplume. Les fenêtres sont tombées et les ronces poussent là où l'ancien meunier garait son camion.

— La pêche et la chasse étant interdites dans le parc, personne ne passe jamais ici. Viens.

Elle entraîne Juillet à l'intérieur par une porte déglinguée que personne n'a pensé à remettre en état. Rien ne permet de supposer que l'endroit est régulièrement fréquenté.

— Pour les livraisons, comment s'y prennent-ils ?

— On peut accéder en voiture juste au-dessus de la cascade.

La vaste pièce est encombrée des restes des machines. Une meule se trouve encore au milieu, fixée à son axe. Le vent a rassemblé les feuilles mortes sur un amas de sacs, d'outils divers. Maria conduit Juillet jusqu'à un escalier.

— Fais attention à ne pas tomber.

Au sous-sol taillé dans le rocher, la chute d'eau est captée par une énorme buse qui arrive à une turbine.

258

Sur le fond, adossés au rocher humide, plusieurs congélateurs blancs sont alignés. Maria en ouvre un et Juillet découvre des carcasses de grands animaux, sangliers, chevreuils, et cerfs.

— Mais qu'est-ce qu'ils font de tout ça ?

— Une entreprise les achète pour les conditionner. Ils fabriquent des pâtés, des rôtis, des plats cuisinés. T'en fais pas, ils ne manquent pas de débouchés. Maintenant que tu as vu, filons. Il ne faut pas s'attarder ici, on ne sait jamais.

Ils repartent. La nuit tombe lentement. Les martinets volent dans la lumière ocre du couchant. Les oiseaux se taisent. La forêt se prépare à affronter l'ombre. Les animaux de jour cherchent une cachette sûre, ceux de la nuit sortent de leurs abris. Les premières chauvessouris volent entre les branches.

Ils descendent la pente en se retenant aux rochers et aux arbustes. En bas, près du torrent, Django les attend, tapi entre les aubépines, invisible, à l'affût.

— Beika est tout près d'ici, dit-il en se montrant. Vous devez vous méfier.

— Beika ? s'étonne Juillet.

— La bête ! reprend l'enfant. Je l'ai vue. Mais elle n'est pas seule.

— Beika ? Pourquoi tu l'appelles comme ça ? demande Juillet.

— Parce que c'est son nom, celui que Maria lui a donné !

Maria tourne un regard noir vers Django, puis s'approche de Juillet.

— Il faut que je te dise : la bête, je la connais. Frédéric Clain m'a donné un des petits de sa louve, un jeune louveteau adorable. Il est parti avec sa famille, et le louveteau a grandi. Il est devenu un énorme loup. C'est lui qui a tué mon enfant. Je croyais qu'il était mort et puis il est ressorti, le monstre.

Juillet a écouté d'une oreille distraite. Django soutient son regard avec une pointe de défi.

— Il ne faut pas rester ici, dit le gamin. Si Mirtikva apprend que vous êtes là, il va vous tuer. Suivez-moi.

Le sourire qui éclaire le visage du gamin n'échappe pas à Maria, car elle connaît la duplicité de son jeune frère et ne lui accorde jamais une entière confiance. La nuit flotte, légère, au-dessus du taillis. Django marche devant et propose de faire un détour avant de regagner la voiture :

— Notre oncle et Mirtikva chassent dans le coin. Il ne faudrait pas qu'on devienne leur gibier.

— Attends, dit Maria en s'arrêtant. Django, es-tu certain de ce que tu fais ?

Deux hommes surgissent du fossé, armés de fusils. Maria pousse un cri. Mirtikva s'approche, l'arme pointée sur le docteur Juillet pendant que Ion Prahova s'approche de la jeune femme. Django qui s'est mis en retrait assiste à la scène, un sourire méchant aux lèvres. Son beau visage en est enlaidi. Maria lui crie :

— C'est toi qui leur as dit qu'on était là. Et tu les as conduits jusqu'à nous.

Django baisse la tête. Il regrette ce qu'il vient de faire, pourtant, il n'a pas pu s'en empêcher quand Prahova l'a assuré qu'il allait partir avec lui.

— Mais non ! fait-il en baissant la tête.

— Regarde-moi, reprend Maria.

— Tu m'embêtes, bougonne le gamin qui semble tout à coup démuni de sa belle assurance.

Mirtikva est plus grand que Ion. Son regard brillant sous une casquette grise exprime une haine froide. Ses yeux ne quittent pas Juillet qui cherche le moyen de s'échapper. Mais la pensée que Django les a trahis occupe l'esprit du médecin comme un rocher aux bords tranchants qui entaillent sa chair.

— Vous allez nous suivre sans faire de manières ! dit Ion.

— Vous nous emmenez où ? Ma voiture est garée au bout de l'allée. Elle sera vite repérée. On va nous chercher.

— T'occupe pas de ça. Donne-moi tes clefs et ton portable. Django, fais les poches du docteur.

Le gamin hésite. Alors, Prahova plonge ses mains dans les poches de Juillet qui ne bronche pas. Il y trouve un trousseau de clefs, un portable et un portefeuille.

Le Rom ouvre le portefeuille et en extrait des billets de vingt euros qu'il tend à Django.

— Ce sera pour ta peine, dit-il en souriant. Tu nous as rendu là un bon service.

— Non, j'en veux pas ! s'emporte Django qui s'éloigne la tête basse.

Mirtikva plante le canon de son fusil dans l'estomac de Maria et dit avec un fort accent :

— Tu vas voir ce qu'il en coûte de tromper Mirtikva.

— La police est sur vos traces. Vous allez être arrêtés.

— Sûrement pas.

— Vous nous emmenez où ?

— Tu le verras.

Plusieurs fois dans la matinée, Aline appelle le docteur Juillet. Son portable est sur messagerie, ce qui lui semble anormal. Elle en parle au docteur Lefranc.

— Il ne répond pas et il ne m'a rien dit. C'est très étonnant.

— Bah, il est amoureux ! Dans de telles circonstances, on oublie tout.

— Non. Bertrand n'oublierait pas de m'avertir. Il ne l'a jamais fait, même dans les moments les plus difficiles de sa vie. Je te dis qu'il s'est passé quelque chose : je vais avertir le lieutenant Lormeau.

Ce qu'elle fait. Lormeau s'étonne à son tour et envoie deux gendarmes chez Juillet questionner les voisins. Ils apprennent que le docteur est revenu hier dans l'après-midi avec la jeune femme rom et qu'ils ont quitté la maison une heure ou deux plus tard. Ils ne sont pas rentrés de la nuit.

— Ils sont partis passer un week-end en amoureux, voilà tout.

Les gardes positionnés à l'entrée du parc naturel assurent que le docteur et la jeune femme sont entrés dans le parc et qu'ils ne les ont pas revus. Mais cela ne

262

signifie rien, puisqu'il existe d'autres sorties qui ne sont pas gardées.

Sceptique, Lormeau téléphone à Jules Boissy qui enquête sur la mort de Tonio Lamberto. Des éléments nouveaux accusent Prahova, en particulier les traces de pneus d'un 4×4 noir qui a pilé à l'endroit exact de la chute. L'épave de la Mobylette indique un choc par l'avant où des écailles de peinture noire ont été relevées. Quand il apprend que Maria et le docteur Juillet ont disparu, il sait que quelque chose de grave s'est produit. Il se rend à l'hôpital psychiatrique, demande à rencontrer le directeur. Celui-ci l'accueille froidement.

— Les conclusions des experts psychiatres ne vont pas dans le sens que vous souhaitez. En apprenant la mort de son père, l'état du jeune Gianni s'est encore aggravé. Il est impératif de le garder en milieu hospitalier pour mettre au point un traitement qui pourrait durer plusieurs mois ou plusieurs années.

Boissy s'est toujours méfié des psys surtout quand ils ne sont pas de son avis. Pour lui, Gianni est un bon garçon qui a besoin qu'on l'aide à reprendre confiance en lui. Point n'est besoin de traitements compliqués, il suffit de lui montrer de l'amitié et de le diriger dans la seule voie possible : l'opération chirurgicale.

— Quoi qu'il en soit, la juge Nathalie Briac vient de signer une décharge, précise le commissaire. Je viens chercher ce jeune homme pour qu'il assiste à l'enterrement de son père.

— Dans ce cas, nous déclinons toute responsabilité, répond le directeur. Vous serez le seul à répondre des agissements de ce malade.

— Je vous signe tout ce que vous voulez, mais faites vite, le temps m'est compté.

263

Quelques minutes plus tard, Gianni arrive dans le bureau, la tête basse, en se demandant si on ne l'arrache pas de cet enfer pour le conduire en prison, mais il préfère encore ça au contact des malades mentaux. Il fait confiance au commissaire qui ne l'a jamais humilié.

— Je t'ai apporté ton chapeau, dit Boissy.

— Merci, murmure le jeune homme.

— Je t'emmène. Nous allons à Villeroy.

Quand ils sont installés dans la voiture du commissaire, Gianni redevient lui-même.

— Je ne retournerai jamais dans cet hôpital, murmure-t-il.

Boissy comprend la menace que cache cette affirmation et se demande s'il a eu raison de rendre sa liberté au malade.

Ils roulent en silence. Gianni est recroquevillé sur son siège, la tête cachée derrière son chapeau. Avant d'arriver à Villeroy, le commissaire lui dit :

— Il faut que tu m'aides à débarrasser le pays de la bande des Roms.

— Ils ont tué mon père, murmure-t-il. Ils m'avaient juré qu'ils n'y toucheraient pas. Alors, je peux tout vous dire.

Boissy qui s'attendait à cette réaction sourit :

— Tu es un bon garçon. Je ne t'ai jamais soupçonné.

— Il faut que je vous raconte l'histoire de la bête, répond le jeune handicapé en abaissant un peu plus son chapeau. Le louveteau de Maria est devenu un gros loup qui n'obéissait qu'à Prahova. C'est lui qui a tué un des deux bébés. Ion s'est mis en colère et a attaché l'animal à un arbre. Il l'a battu et l'a laissé pour mort. Le lendemain matin, le loup était parti. Quelqu'un l'avait détaché.

264

— Qui ?

— Je ne peux pas vous le dire parce que je n'en sais rien. Ion a cherché le loup et l'a trouvé dans la forêt, très mal en point. Alors, il lui a apporté à manger. Je ne sais pas pourquoi il s'est pris d'affection pour cet animal. Il passait ses journées en forêt avec lui. Je les voyais souvent : Ion lui apprenait à échapper aux chiens, à brouiller les pistes et à chasser. C'est la bête qui tue le gibier que je transportais dans ma camionnette.

— Mais pourquoi elle s'en prend aux gens ? Ce n'est pas le comportement normal d'un loup.

— Je ne sais pas.

— Les livraisons de gibier se font quand ? poursuit le commissaire qui voit là l'occasion de prendre Ion la main dans le sac.

— Le matin, très tôt, souvent vers cinq heures. Mais il va falloir être très discret. Le moindre faux pas et vous ne coincerez personne.

Ils arrivent à Villeroy en état de siège. La bête a surgi devant un jeune garçon qui se rendait à l'école avec ses camarades. On la croyait du côté de Marvejols, elle attendait l'écolier dans une ruelle qui donne sur la rue principale. Des gardes postés à proximité ont entendu les cris et sont intervenus. L'enfant s'est évanoui de peur, mais n'a pas eu la moindre égratignure.

— Demain matin, vendredi, Prahova livre le gibier. Je viendrai vous chercher, précise Gianni. Il faut cinq ou six hommes que je placerai à des endroits où personne ne pourra les repérer. Soyez prêt à quatre heures du matin.

— Mais toi, qu'est-ce que tu vas faire en attendant ?

— Je vais passer quelques heures avec le souvenir de mon père.

— Réveille-toi ! Tu m'entends ?

Le mouchoir de Maria est imbibé de sang. Elle déchire le bas de son chemisier et passe le tissu propre sur le visage du docteur Juillet, toujours inconscient.

— Réveille-toi ! supplie-t-elle en sanglotant.

Elle aussi a mal. Prahova a renvoyé Django qui s'est mis à râler. Quand le gamin a été parti, Mirtikva a commencé à frapper Bertrand Juillet qui a riposté, mais n'a pas eu le dessus. Un coup de crosse de fusil à la tempe l'a étendu au sol. Maria s'est jetée sur le Roumain pour l'arrêter. Mirtikva l'a giflée avec une telle violence qu'elle est tombée à son tour. Puis il a continué à frapper le docteur en l'injuriant dans sa langue. Il frappait tellement fort que Prahova, redoutant qu'il le tue, s'est interposé.

Enfin, Mirtikva a obligé Juillet à se lever et à marcher devant lui sur le sentier escarpé. Le docteur trébuchait, tombait tous les dix pas, un coup de pied dans les côtes l'obligeant chaque fois à se relever.

Ils sont arrivés à une vieille caravane recouverte de lierre en retrait du campement. Django a ouvert la porte. Prahova a demandé à Maria d'y entrer. La jeune femme a reculé.

— Non, pas là !

— Et si !

C'est là qu'elle s'était enfermée le jour qui a suivi son accouchement. C'est là aussi que son deuxième enfant est mort.

— Non !

— Qu'est-ce que ça peut faire ?

Mirtikva s'est de nouveau mis en colère. Il a menacé Maria de sa grosse main et lui a dit en roumain :

— Qu'as-tu fait de mes fils ? Tu mérites de mourir toi aussi !

Puis il a encore frappé le docteur Juillet. Prahova est intervenu une nouvelle fois :

— Arrête. Tu ne vas pas le tuer puisque quelqu'un d'autre s'en chargera.

Ils ont tiré l'homme inconscient dans la caravane, ils y ont poussé Maria et ont fermé la porte.

— Je t'en supplie, réveille-toi !

Bertrand Juillet bouge enfin. Maria joint les mains et lève les yeux comme pour remercier le ciel. Elle se penche sur son compagnon qui grimace.

— Enfin !

Elle éponge de nouveau le sang qui coule de sa tempe et lui sourit.

— Tu es là ! Je t'aime.

Ce mot lui fait l'effet d'une eau glacée en plein visage. Il reste un long moment flottant entre ciel et terre, sans poids.

— Je t'aime, tu entends, redit Maria comme si la

magie de cet aveu lui redonnait confiance et pouvait faire des miracles.

Il se force à sourire. Ce qui l'étreint, ce sentiment qu'il a toujours refoulé répand en lui sa chaleur et sa glace qui s'affrontent. Il se dresse sur les coudes, regarde autour de lui. Maria le presse contre ses seins. Il voudrait se donner à ce contact si précieux, mais la douleur le retient.

— Où est-on ?

— Ils nous ont enfermés dans cette caravane. Mirtikva voulait te tuer, mais mon oncle l'a retenu en lui disant que quelqu'un le ferait à sa place. J'ai peur.

— Alors, il faut sortir. La forêt est grande.

Il tente de se mettre sur ses jambes, trébuche en poussant un cri de douleur. Maria le serre dans ses bras.

— Je ne sais pas ce qu'ils préparent. Ils sont capables de tout.

— Je ne comprends pas l'attitude de Django.

Maria se tait un instant, comme perdue dans ses pensées, puis sourit légèrement.

— Django n'est pas un mauvais garçon. Il a surtout beaucoup besoin des autres et ne sait pas faire autrement pour attirer l'attention sur lui.

— Il n'utilise pas la meilleure manière pour se faire aimer.

— Il est comme ça. Il éprouve le besoin de tracasser, de faire souffrir ceux qu'il aime. Il a toujours admiré Ion pour sa force. Mais j'ai bien vu qu'il regrettait son acte.

— Le jour va se lever bientôt. Nous pouvons partir.

La porte a été bloquée par Mirtikva, mais Maria connaît une autre sortie. Une ouverture située à l'avant où le cadre pourri permet d'ôter le Plexiglas. En tâtonnant, elle fait glisser le panneau.

Bertrand Juillet reste en retrait, méfiant.

— Cela ne te semble pas bizarre ? À mon avis, ils veulent qu'on s'échappe.

— Non, ils savent très bien qu'on ne partira pas. Tu oublies que les chiens de mon oncle montent la garde.

Elle s'assoit sur une caisse en bois et pose la tête sur ses genoux. Elle craque, tout à coup vidée de ses forces. Mirtikva n'est pas un homme à céder ; son regard froid la hante. Il ne lui pardonne pas la mort de ses fils et surtout d'aimer un autre homme.

Bertrand Juillet l'oblige à se lever et la serre contre lui. Elle sanglote, la tête sur son épaule.

— Je ne veux pas mourir !

— S'il avait voulu nous tuer, on ne serait plus là. Mirtikva a une autre idée en tête.

Maria pleure toujours. Cette idée, elle y pense depuis qu'ils sont enfermés ici. La peur la paralyse.

— Viens, propose Juillet. On va s'allonger sur ces vieux vêtements. On va essayer de se reposer un peu.

Le jour se lève. Les oiseaux font leur raffut habituel. Les chiens de Prahova aboient. C'est l'heure où leur maître les lâche dans la forêt. Ils vont se dégourdir les pattes et reviennent au premier coup de sifflet.

La porte s'ouvre. Ils sursautent. Dans la lumière, la haute stature de Mirtikva se dessine. L'homme porte un fusil de chasse. Il donne un ordre en roumain. Maria lui répond vertement dans cette langue.

— Allez, dehors !

— Où va-t-on ? demande Juillet.

— Tu le verras.

Gianni sait qu'il ne retournera jamais à l'hôpital psychiatrique. Depuis qu'il a quitté le commissaire Boissy, qu'il marche dans la forêt, qu'il respire l'air frais chargé d'odeurs familières, il redevient lui-même. Il retrouve son pas de braconnier. Ses sens s'éveillent aux bruits qui échappent au promeneur ordinaire. Le grand cerf l'observe derrière un rideau d'aubépines, les geais annoncent son passage.

Il regagne la maison de son enfance, pousse la porte. Sur la table, la vaisselle de plusieurs jours dégage une odeur aigre de pourriture. Le sol est jonché de boue sèche, de brindilles de bois. Tout lui rappelle la petite vie qu'il menait ici avec son père. Gianni l'aimait. Au plus profond de son ivresse, Tonio se préoccupait de lui, l'attendait quand il tardait à rentrer. Sans lui, le jeune homme se sait seul au monde.

Sa liberté le met en face de lui-même et de son boulet, l'amour constamment bafoué par la belle Maria. Mais une fois de plus, l'espoir renaît. Depuis qu'il a retrouvé sa forêt, il se demande qui voudra d'une femme condamnée pour la mort de ses jumeaux ? Sûrement pas le docteur Juillet. Et puis, c'est une romanichelle. Quand son oncle et Mirtikva seront en prison, elle sera rejetée par tous, même les siens.

La nuit qui tombe l'attire. La lumière du soir, haute au-dessus des arbres, allonge les ombres qui s'épaississent. Les bruits changent. Les pigeons se rassemblent sur les hautes branches des peupliers ; les merles font entendre leur bruit sec comme un défi à ceux qui veulent les chasser de leur territoire. Les premières hulottes poussent leurs cris plaintifs au loin.

C'est l'heure de la chasse. Un long frisson parcourt le corps de Gianni. Ses mains tremblent, une vague de chaleur monte dans sa poitrine. Il passe dans le petit appentis où se trouve son matériel de braconnier, des pièges de toutes sortes : collets pour les lièvres et les lapins qu'il dissimule si bien que ses collègues gardes forestiers n'ont jamais pu les trouver.

La respiration courte, il part. À mesure que la nuit s'épaissit, sa vue se précise, et il voit nettement les formes glisser les unes dans les autres, se confondre, se séparer. Des bruits qui arrivent prennent un autre sens que les hommes ne peuvent pas comprendre, peur de la proie qui hésite à faire le pas fatal, feulement du prédateur qui jouit de son attente. Gianni entre dans ce jeu de la mort et de la survie, en maître suprême. Lui seul ne risque rien et peut décider du sort de ce daguet qui tourne la tête dans le vent, inquiet.

Il arrive au torrent, dépasse la grotte où il aime se reposer seul après la tournée des pièges. Il remonte le cours du ruisseau jusqu'au moulin où Prahova garde le gibier avant de le livrer à ses complices. Dans quelques heures, les policier les arrêteront, leur passeront les menottes, première étape pour Gianni d'une libération définitive.

Il continue vers la forêt plus dense en bordure du plateau. C'est là que se tiennent les hordes de gros animaux. Plusieurs femelles de chevreuil y séjournent avec leur petit juste né, pour échapper aux renards, et aux quelques chiens errants qui fréquentent le parc. Gianni s'approche lentement. En face, debout, une biche dresse les oreilles. Le jeune homme aperçoit la bête qui l'épie, tapie derrière un genêt. Le loup chasse en félin, comme son maître le lui a appris.

— Beika !

La biche s'enfuit d'un bond. La bête dresse les oreilles et s'éloigne dans les taillis. Gianni marche au hasard des sentiers, tout à coup tremblant de froid, perdu dans son domaine. Il pense à son père. Autrefois, quand Juilla était avec lui, Tonio ne buvait pas. Il a sombré dans l'alcool par solitude, par dépit, pour fuir sa douleur. Que lui serait-il resté s'il avait décidé de casser son verre et ne boire que de l'eau ? La musette scie l'épaule du jeune homme. Il la jette dans un fourré où elle s'écrase avec un bruit de brindilles cassées. Il la récupérera plus tard, l'heure est venue d'aller chercher Boissy et ses hommes. Cela fait longtemps qu'il attendait ce moment.

Les oiseaux chantent, le jour n'est pas loin. Gianni passe chez lui récupérer son chapeau et part en direction de la ville. Il marche dans le sentier quand, tout à coup, une forme surgit devant lui. Il veut se cacher, mais une voix grave l'arrête :

— Ne bouge pas ou je te plombe comme un chevreuil.

Gianni sursaute. Ses yeux habitués à l'obscurité discernent nettement la silhouette de celui qui vient de parler et le canon du fusil braqué sur lui.

— Je veux t'empêcher de faire une grosse erreur, dit Ion Prahova. Tu vas rentrer tranquillement chez toi et ne plus en bouger.

Gianni redécouvre la réalité du parc naturel, de cette forêt où il n'y a d'autre loi que celle du plus fort. Il en a beaucoup profité. Ce matin, il se trouve du côté des faibles, des proies.

Le ciel s'éclaircit au-dessus des arbres. Les oiseaux de la lumière remplacent ceux de l'ombre. Le renard furtif va se cacher au fond de son terrier. À l'orée de la forêt, Boissy et ses hommes doivent s'impatienter.

Ils arrivent à la masure. En passant près du pignon, Gianni remarque la vieille chaise, celle où son père cuvait son vin. Prahova et Mirtikva entrent dans la petite pièce encombrée qui servait autrefois de cuisine. Gianni remarque la carrure du Roumain dans ce lieu où l'espace manque. Le jeune homme baisse la tête par habitude, mais les gestes des Roms ne lui échappent pas. Il sait qu'il va mourir. Cela n'a plus d'importance.

Sans un mot, Prahova le pousse devant lui en direction de la porte. Gianni veut parler, mais Mirtikva lui envoie un coup de poing à la tempe.

— Qu'est-ce qu'on en fait ? demande Mirtikva dans sa langue maternelle.

— On ne va pas le tuer, on n'a pas le temps de cacher son corps. On va l'enfermer dans la cave et l'attacher pour qu'il ne puisse pas crier. La bête le connaît, mais elle ne viendra pas le chercher ici.

Mirtikva prend une corde dans sa musette et attache les mains de Gianni toujours inconscient. Quand c'est fait, il lui enroule autour du visage un tissu très serré.

— Comme ça, fait Prahova, tu ne pourras appeler personne.

Enfin, les deux hommes emportent Gianni dans l'escalier humide de la cave, bloquent la porte par l'extérieur pour le cas où le prisonnier arriverait à se libérer de ses liens et s'éloignent. Django, qui devait les surveiller, sort du fourré et se plante devant eux.

— Et vous allez le laisser là-bas jusqu'à ce qu'il meure ? demande-t-il.

— On sera loin, répond Prahova.

— Mais vous allez partir ? Et moi ? Vous m'avez promis que…

— Tout est prêt. Toi, tu restes là.

Django se faisait une joie de partir avec son oncle, dans un pays où il aurait eu la même couleur que tout le monde, et de ne plus vivre dans des caravanes au milieu d'une clairière boueuse.

— Si tu n'es pas content, on te met avec l'autre. Alors, fais bien attention à ce que tu vas faire et dire.

Il a envie de pleurer et s'éloigne sans un mot. Mirtikva le met en joue. Prahova abaisse le canon :

— Qu'est-ce qui te prend ?

L'autre ne répond pas, mais son regard froid indique qu'il ne reculera devant rien.

— Tout est en place, dit-il quand le gamin s'est évanoui dans les taillis. Ils sont en train de nous chercher du côté du vieux moulin. On a le temps de filer par où tu sais. Il faudrait pas que ce gamin nous fasse prendre.

C'est pour ça que Mirtikva a épaulé son fusil. Il regrette maintenant de ne pas avoir tiré.

— Ça ne risque pas, dit Prahova. La seule personne qui pourrait le convaincre, c'est Maria. Mais Maria et son médecin, tu sais où ils sont…

Boissy s'est contenté de deux heures de sommeil dans une chambre de l'Auberge de la Place. À quatre heures du matin, il est au Chêne-Brûlé avec cinq policiers, mais Gianni ne vient pas.

Après un long moment d'attente, convaincus qu'il s'est passé quelque chose de grave, le commissaire et ses hommes partent en forêt, se cachant à proximité du moulin. Les heures passent, le soleil monte avec une chaleur de plomb qui annonce l'orage, et personne ne vient. Ils entrent dans la bâtisse délabrée : rien n'a changé, les congélateurs sont à leur place, remplis de gibier ; la turbine émet un petit ronflement aigu. À l'évidence, les Roms ont été avertis de l'intervention de la police. Par téléphone, Boissy donne l'ordre à Marlin de renforcer la garde autour du camp et d'arrêter Prahova et Mirtikva. Il voulait les prendre en flagrant délit, mais les preuves de leur culpabilité sont suffisantes. Il demande qu'on appose les scellés sur les portes du moulin en attendant un inventaire de ce qu'il contient.

Il retourne jusqu'à sa voiture, l'esprit occupé par un grand nombre de questions sans réponses. Où est

Gianni ? Le malade mental aurait-il profité de sa liberté pour s'enfuir ? Sa disparition est-elle liée à celle de Maria et du docteur Juillet que ses hommes cherchent depuis deux jours ?

'Son téléphone sonne. C'est son adjoint :

— On vient de retrouver la voiture du docteur Juillet, dit Marlin. À la casse de Saint-Amans. C'est un appel anonyme qui nous a avertis. Nous sommes en train de fouiller le camp des Roms. Nos deux lascars ont disparu. Je vais interroger les vieux et les femmes séparément, cela prendra une bonne partie de la journée.

— Il faut lancer un mandat d'arrêt, diffuser les photos dans les gendarmeries, sans oublier les aéroports et les gares.

— On s'en occupe. Je ne pense pas qu'ils aient eu le temps d'aller bien loin.

— Ça, tu n'en sais rien ! grogne Boissy.

— Le seul risque, c'est qu'ils aient eu le temps d'atteindre le port de Sète où ils ne manquent pas de copains, rétorque Marlin. Tout semble organisé depuis longtemps...

— La priorité des priorités, c'est de retrouver Juillet et Maria. Au fait, vous avez vu le gamin ?

— Django ? Non. On le cherche. Il a sûrement pas mal de choses à nous raconter.

Le gamin n'est pas très loin. S'il avait les yeux de Gianni, le commissaire Boissy le verrait entre les aubépines, qui l'observe. Après que le policier a claqué la portière de sa voiture, Django s'éloigne par un sentier que les grandes herbes recouvrent. Son oncle est parti pour une destination inconnue. L'homme en qui il avait la plus grande confiance vient de le rejeter. Il a eu envie de le donner au policier mais, au dernier moment, quelque chose l'a retenu, une sorte de pudeur. Car il se sent très sale, horrible, plus laid que Gianni. Le voilà seul, perdu dans cette forêt qu'il connaît si bien. Où cela le conduira-t-il ? Le visage sévère du docteur Juillet ne quitte pas ses pensées. Le mystère de cet homme, son combat pour les autres l'attirent, comme s'il passait à côté de quelque chose d'essentiel au fond de lui. Et Maria qu'il a trahie ? Maria, sa deuxième mère. Car c'est bien par jalousie qu'il les a livrés tous les deux à Mirtikva. Il marche en poussant du bout du pied les branches de bois mort que le dernier orage a arrachées. Après avoir détesté tout le monde, c'est lui qu'il déteste. Il s'affale contre un tronc et se met à pleurer, de véritables larmes qui viennent du fond de son âme et roulent sur ses joues. Cela dure longtemps. Le soleil monte sur la forêt ; la chaleur devient intense, les insectes volent autour du garçon qui a posé sa tête sur ses genoux. Il se sent au bout d'un chemin, au bord du précipice. Aller plus loin ne peut que le fracasser contre les pierres. Lui qui a tant triché mesure l'amertume du mensonge. Au camp, Ivon et Piotr qui se détestent vont s'affronter. Mouchka, la femme de Prahova, va vouloir s'imposer, mais tout le monde rejette son caractère insupportable. Sans son chef, le camp est condamné à disparaître.

Il se redresse, essuie son visage avec sa manche, fait quelques pas avec le sentiment d'être différent, comme lavé de tous les masques anciens et décidé à en trouver un nouveau qui ne lui ferait pas mal. Il sait où sont Maria et le docteur Juillet.

Ils sont étendus sur l'herbe, sans connaissance. Le visage tuméfié par les coups qu'ils ont reçus. C'est Mirtikva qui a encore frappé. Avec un plaisir tel qu'il n'a pas épargné ses coups. Il visait surtout le visage. Il s'est acharné sur Maria, pendant que Prahova tenait fermement son compagnon qu'il a frappé aussi.

Les heures passent. Le soleil qui est haut dans le ciel éclaire directement les deux corps. Enfin, Juillet bouge, déplace un bras. Il tente de soulever la tête, une violente douleur lui arrache un petit cri. À côté, Maria bouge aussi. Juillet tend la main dans sa direction et rencontre l'épaule de la jeune femme. Il réussit à se hisser sur les coudes, regarde autour de lui. La douleur à la nuque est insupportable, mais il se force à ne pas grimacer. Maria fait de même.

— Où est-on ? murmure-t-il.

— Au bord du lac, du côté opposé à Villeroy.

Il tente de se mettre debout, réussit à faire quelques pas maladroits. Maria n'ose pas lever les yeux en direction de son compagnon, consciente de sa laideur, défigurée par les coups, semblable à Gianni. Juillet déchire un morceau de sa chemise et le trempe dans l'eau.

— La fraîcheur te fera du bien, dit-il en passant le linge humide sur les chairs tuméfiées. Je ne comprends pas : ils auraient pu nous tuer alors pourquoi…

Un grognement profond vient du fourré voisin. Juillet se lève et voit alors la bête marcher vers eux, les oreilles rabattues sur l'arrière du crâne, dans une attitude d'attaque.

— La voilà la réponse, fait Maria sans se démonter.

Elle fait un pas vers l'animal.

— Beika, qu'est-ce qui te prend ?

La bête saute sur la jeune femme, la renverse avec un rugissement puissant, cherche son visage. Juillet saisit une grosse pierre, martèle le crâne de toutes ses forces. La bête l'écarte en le mordant à l'épaule. L'homme se redresse de nouveau, prend le monstre à bras-le-corps. Le loup, surpris par cette résistance inattendue, lâche Maria et recule de quelques pas avant d'attaquer de nouveau. Juillet a le temps de s'emparer d'un gourdin de bois mort et le fait tournoyer devant lui. Le fauve essuie les coups sans broncher. L'homme et la femme se battent ainsi pendant de longues minutes, usant leurs dernières forces.

Juillet cède le premier. Sa vue se brouille, il ne voit plus une mais plusieurs bêtes qui fouettent le sol de leurs queues touffues. Ses jambes cèdent sous son poids. Il tombe à la renverse. Cette fois, la bête a gagné.

Alors un cri strident retentit du taillis voisin. Django jaillit du fourré les mains en avant, ouvertes comme pour griffer, et il se place entre sa sœur et la bête. Ses beaux yeux noirs lancent des éclairs. Armé d'un bâton de noisetier, il défie l'animal qui grogne et s'aplatit un peu plus sur le sol, rampe vers lui. D'un geste vif, le gamin enfonce la pointe de son bâton dans la gueule du fauve qui pousse un hurlement et recule. Maria assiste à la scène, médusée par le courage de son jeune frère. Juillet réussit à se relever. L'instant d'un éclair, l'homme et l'enfant échangent un très rapide regard. Le loup en profite pour sauter sur Django. Les puissantes mâchoires se referment sur l'épaule qu'elles broient puis s'acharnent sur la poitrine d'où le sang coule à flots. Juillet frappe désespérément la tête du loup qui lâche enfin prise. Maria se positionne à son tour devant le corps inerte de son frère.

— Beika, tu vas t'arrêter !

Cette fois, le loup dresse les oreilles. Il semble avoir entendu son nom et reconnu la voix de sa maîtresse. Il cesse de fouetter le sol de sa queue, hésite à attaquer de nouveau.

— Beika !

La bête regarde autour d'elle, puis s'enfuit dans les taillis.

Un bruit monte au-dessus des arbres. Un hélicoptère se rapproche à très basse altitude. C'est probablement ce qui a mis l'animal en fuite. Django gît au sol, gravement blessé au torse et au visage. Juillet retrouve ses réflexes de médecin et déchire sa chemise pour faire un garrot au bras droit où l'artère a été sectionnée.

— Il faut que l'hélicoptère nous voie.

Dans un effort ultime, il se met sur ses jambes et rejoint Maria qui agite les bras pour attirer l'attention. L'hélicoptère passe et s'éloigne. Juillet revient vers le gamin dont le sang coule toujours à flots des blessures béantes. Il tente de l'arrêter avec ce qui lui reste de chemise roulée en boule.

L'hélicoptère revient. Maria a pu se hisser sur un

rocher et, cette fois, la machine s'arrête au-dessus d'elle. La berge du lac est assez dégagée pour permettre à l'appareil d'atterrir. Deux hommes en descendent.

— Vite, dit le docteur Juillet. Il faut conduire ce garçon à l'hôpital. Il perd son sang. Espérons que nous arriverons à temps.

Une fois à bord, Juillet prend le pouls de Django et le trouve très faible. Il échange un regard anxieux avec Maria qui caresse la joue de son frère.

— Pressons, hurle-t-il au pilote. Son cœur commence à flancher !

Ils sont là, Maria et Bertrand Juillet, le visage défait, les vêtements en lambeaux, couverts de sang et de boue, à genoux près du corps de Django. Maria lui pose un linge humide sur le front.

— Plus vite ! crie encore Juillet.

Maria, à genoux, murmure une prière. Elle ne sent pas ses propres blessures. Juillet a oublié son bras profondément mordu. Ils n'ont qu'une pensée, ce cœur qui bat de plus en plus faiblement et de manière tellement irrégulière qu'il ne va pas continuer à battre longtemps.

Quand le cœur s'arrête, le docteur pousse un cri, pèse de tout son poids sur le blessé pour pratiquer un massage. Il s'active, insuffle de l'air dans la bouche entrouverte. La prière de Maria se mélange aux vibrations de l'appareil. Le pilote le pousse à son maximum et annonce :

— Moins de cinq minutes avant atterrissage. Une équipe est prête à prendre le blessé en charge dès que nous toucherons le sol.

— Ce sera trop tard ! hurle Juillet qui puise au fond de lui un restant de force.

Et le cœur repart. Faiblement, quelques battements, sans l'assistance du médecin. Cela ne dure que le temps de souffler, de mobiliser un reste d'énergie. Puis Juillet reprend le massage pour aider la petite pompe à insuffler la vie dans ce corps déchiré, mais la pression qu'il exerce n'est pas suffisante, et le cœur s'arrête de nouveau.

— On arrive, dit le pilote en positionnant son appareil au-dessus du terre-plein circulaire.

En dessous, des hommes en blouse blanche agitent les bras.

— Trop tard ! s'écrie Juillet en s'acharnant sur la poitrine inerte.

Les turbines sifflent encore. Le vent du rotor fait s'envoler un nuage de poussière et de graviers. Les hommes, courbés en avant, s'approchent de la porte déjà ouverte. Ils n'attendent pas que l'appareil soit stabilisé sur ses patins pour sortir le blessé et le poser sur une civière. En moins d'une minute, Django est dans la salle de soins intensifs où plusieurs personnes s'affairent. Juillet qui n'a pas voulu qu'on s'occupe de lui est parmi les soignants, sa chemise pend en lambeaux ensanglantés, il fait piètre figure au milieu de l'équipe médicale vêtue de blanc.

Ils s'activent tous sans un mot, sachant parfaitement ce qu'ils doivent faire dans cette lutte ultime. Comme le massage cardiaque ne donne rien, des électrodes sont branchées pendant la transfusion de sang. Le choc électrique, celui de la dernière chance, remet le cœur en marche. Un cri de joie éclate dans toutes les poitrines. Pour arracher ce jeune blessé à la mort, ils sont tous prêts à aller jusqu'au bout de leurs forces, de se battre pendant des heures, sans relâche.

Le cœur bat de nouveau ; la pression artérielle remonte. Juillet s'écroule à son tour. Cette fois, il ne peut pas aller plus loin. On appelle du renfort.

— Vite, s'écrie le docteur Perrot.

Enfin, Django ouvre les yeux, ses longs cils battent en ailes de papillon, puis se fixent sur l'infirmière qui lui tapote le dessus de la main et lui sourit.

— Comme tu nous as fait peur ! lui murmure-t-elle.

— Gianni ! fait le blessé d'une voix très faible. Gianni, il est dans la cave de sa maison.

— Qu'est-ce que tu racontes ?

Il ferme les yeux. L'infirmière tourne vers les autres un regard interrogateur. Juillet qui a repris connaissance demande des nouvelles de Maria.

— Elle va bien. C'est qui ce Gianni dont vient de parler le gamin ?

— Que vous a-t-il dit ?

— Que ce Gianni est dans la cave, chez lui…

— Il faut avertir le commissaire Boissy. C'est urgent.

L'équipe s'affaire de nouveau autour du blessé entre la vie et la mort. Le cœur de Django qui semblait bien reparti montre de nouveau des signes de faiblesse. Le rythme redevient irrégulier et les battements sont de plus en plus faibles. Le docteur Perrot donne des ordres par mots brefs et précis…

Jules Boissy est au camp rom quand il apprend la nouvelle sur son portable. Il a demandé une fouille systématique de la dizaine de caravanes pendant que Marlin s'occupe de la casse de Saint-Amans où plusieurs voitures volées ont été retrouvées. Il interroge les adultes, cherchant un détail, quelque chose qui lui permettrait d'arrêter les deux fugitifs. Les routes sont fermées tout autour de Villeroy, mais il y a fort à parier que Prahova et Mirtikva sont partis depuis longtemps. Les polices des pays voisins, Italie, Espagne, Grèce ont été alertées, mais Boissy sait qu'il ne faut pas attendre grand-chose de ces manœuvres.

La nouvelle le rassure : Gianni ne l'a pas trahi. Il a donc eu raison de lui faire confiance. Pourvu que ce vaurien de Django s'en tire ! Il a montré suffisamment de courage pour qu'on lui fasse de nouveau confiance. Loin de la mauvaise influence de son oncle, le gamin peut changer. Cela fait chaud au cœur du commissaire père de famille qui pense qu'on est dimanche et que son fils aîné est rentré à quatre heures du matin.

Il monte dans sa voiture en demandant aux inspecteurs de continuer les interrogatoires. Avant la masure des Lamberto, il arrête son véhicule là où l'allée devient sentier sous la végétation. Le soleil commence sa descente vers l'horizon. Il fait chaud, l'orage pourrait éclater dans la soirée.

Il entre dans la maison, passe à côté de la table en se pinçant les narines. La porte qui donne sur l'escalier de la cave a été bloquée par une planche à l'extérieur. Il l'ouvre, appuie sur un interrupteur, mais la lampe pendue au bout de son fil est grillée. Il descend prudemment l'escalier de pierres glissantes. Gianni est là, ligoté et bâillonné. En quelques secondes, le jeune homme est libéré. Boissy va chercher son chapeau posé sur la table.

— Vous les avez arrêtés ? demande Gianni.

— Non, mais c'est une question d'heures. Viens, le temps presse.

Ils sortent. Gianni qui a mal au dos et aux jambes marche en boitillant.

— Et Maria ?

— T'en fais pas, elle va bien. Je n'ai pas oublié que tu es le seul à pouvoir nous débarrasser de la bête.

Il hésite un instant, relève légèrement son chapeau.

— Maintenant que Ion n'est plus là, je le peux, mais il faut que je sois seul, dit-il.

Boissy n'insiste pas. Il n'a pas dormi plus de deux heures en deux jours et a hâte de rentrer chez lui.

— À demain, fait-il en s'éloignant. Veux-tu que je t'apporte quelque chose ?

— Je n'ai besoin de rien, merci.

Boissy a le sentiment d'être lâche. Il arrive à sa voiture, pose la tête sur le volant et somnole ainsi quelques instants.

Gianni marche dans le sentier. Ce qu'il doit faire, il y pense depuis longtemps, mais trop de choses se bousculaient dans son esprit pour lui en laisser la liberté. Il a besoin de montrer sa supériorité à Maria. Un dernier acte humain avant de sombrer, puisque le dernier espoir s'est envolé. Il passe dans l'appentis, prend son fusil. Une seule balle suffit : Gianni ne rate jamais sa cible. Il sort. La nuit l'enveloppe.

Il arrive au bord du lac. L'eau reflète des paquets de lumière claire qui voguent comme des bateaux plats et sombrent entre les vaguelettes que pousse un léger vent. Il n'y aura pas d'orage, le ciel s'est éclairci, les étoiles scintillent, posées sur le silence des arbres.

La bête est là. Beika a l'oreille la plus fine de toute la forêt. Rares sont ceux qui peuvent la surprendre quand elle redoute un danger. Sa défense, face à l'armée déployée contre elle, est des plus simples : elle fuit et n'hésite pas à parcourir des dizaines de kilomètres dans une campagne abandonnée des hommes où les chemins discrets ne manquent pas. Connaissant bien les chiens, avec qui elle a grandi, l'art de brouiller les pistes reste sa spécialité. Et quand elle n'y arrive pas, la meute de Prahova vient l'aider.

Elle tourne la tête vers Gianni qu'elle ne voit pas. A-t-elle capté l'intention de l'homme qui ne la quitte pas des yeux ? Elle agite sa queue, visiblement inquiète. Gianni lève lentement son arme. Ses pensées sont tournées vers Maria. L'index se place sur la détente. Le coup part, puissant dans ce monde de frôlements, de pas feutrés. La bête fait un saut de côté et s'enfuit.

Gianni pousse un juron exaspéré. Cette victoire aussi lui sera refusée ! Comment a-t-il pu rater une cible aussi facile ? Il n'a pas été assez discret. Le loup l'a aperçu à l'instant ultime et a pu éviter le coup mortel. Désormais, il devra se méfier de la bête qui cherchera à l'éliminer : le pacte entre les deux maîtres de la forêt est rompu.

En arrivant chez lui, la tête basse, il ressent la présence de quelqu'un qui le regarde caché derrière le mur. Le surprendre n'est pas bien compliqué, car cet homme de la ville n'a aucune oreille, et pas la moindre défiance face aux ruses ordinaires. Un détour de quelques mètres suffit à placer le jeune homme derrière Jules Boissy qui, surpris, se retourne vivement. Le policier regarde un instant Gianni sans chapeau, son fusil à la main gauche. Il n'a pas besoin d'explication pour comprendre.

— Tu l'as ratée ?

Gianni baisse la tête. Les mots qui se pressent en lui sont trop lourds de conséquence pour leur donner vie.

— Alors, c'est fini. On a perdu tous les deux.

Il a parlé sans rancœur, sans reproche. Il se dirige vers la porte, entre, allume comme s'il était chez lui, s'assoit sur la chaise du vieux Lamberto, en bout de table. Ce soir, le commissaire au regard sévère est un autre homme. Il n'est plus investi d'une mission, il montre son visage ordinaire, celui qu'il réserve à ses fils.

— Maxime et Tanguy ont treize et quinze ans. Je ne les comprends pas toujours, mais j'agis en fonction d'eux, pour l'image que j'ai envie de leur donner. Comme eux, j'ai le goût du défi, je suis un fonceur. En te voyant, j'ai pensé que tu pourrais être mon fils et que je devais faire quelque chose pour toi.

Gianni écoute cette voix monocorde qui le réconforte. Il n'a jamais voulu d'autre père que le sien, son ivrogne de Tonio, mais Boissy lui montre un chemin encore ouvert devant lui.

— Je vais repartir traquer la bête. Je l'aurai ou elle m'aura.

— Les psychiatres ne lâchent pas ceux qu'ils tiennent. Cependant, tu es majeur, tu n'as jamais commis aucun délit sauf le braconnage. Je vais demander au juge qu'il te laisse en liberté surveillée.

— Ce n'est pas la peine. Je ne retournerai jamais à l'hôpital.

Prahova et Mirtikva sont arrêtés au Maroc où ils ont pu se rendre grâce à des complices dans le port de Sète. Ils sont aussitôt transférés en France où ils devront répondre du meurtre de Tonio Lamberto, du vol et trafic de voitures de luxe, de vente illégale de gibier. En même temps, tout un réseau de commerçants est démantelé. Plusieurs personnes influentes sont mises en examen. Les Villeroyens applaudissent : pour une fois, des gros bonnets doivent répondre de leurs actes devant la justice. Ce demi-succès du commissaire Boissy ne fait pas oublier la bête qui continue de hanter la région. Elle se tient tranquille, certes, mais les gens sentent le poids de sa présence. Les grands moyens mis en place pour assurer la sécurité donnent de bons résultats, cependant les habitants de Villeroy et des environs ne supportent plus d'être constamment surveillés, de ne pouvoir se déplacer sans prendre d'infinies précautions.

Après deux semaines d'hospitalisation, Maria et le docteur Juillet sont sur pied. Quelques pansements rappellent leur mésaventure, mais ils peuvent rentrer chez eux.

Quand il les voit entrer tous les deux dans sa chambre, Django fait une horrible grimace, se cache sous les draps.

— Voilà que tu fais comme Gianni ? s'étonne le docteur.

— Partez ! Je ne veux plus vous voir.

On croyait qu'il avait compris qu'en s'opposant à la bête avec Maria et Juillet, il avait choisi son camp, mais non, Django n'est pas un roseau qui plie dans le sens du vent.

— Je voulais te remercier, dit Juillet. Tu as eu beaucoup de courage pour t'opposer à la bête. Tu as risqué ta vie pour nous. Tu nous as sauvés.

Il secoue la tête.

— Non, je voulais seulement montrer à Beika que je n'ai pas peur d'elle.

Il tire le drap sur sa tête.

— Tu dois sortir dans quelques jours. Doit-on téléphoner à ta mère de venir te chercher ?

— Vous faites ce que vous voulez, murmure le gamin, bougon.

Juillet et Maria sortent de la chambre.

— Il joue au dur parce qu'il a honte de ce qu'il a fait, explique la jeune femme. Ça va lui passer.

Maria rejoint sa chambre. La réception lui annonce que quelqu'un l'attend dans le hall. Elle s'étonne et pousse un petit cri de surprise quand on lui dit que c'est sa mère et le vieil Ivon. Elle pose le téléphone, s'affole. Elle sait pourquoi ils sont là et tremble, mais comment leur échapper ? Juillet, qui est devant la porte en train de bavarder avec un médecin, la voit sortir sans lui jeter le moindre regard et courir dans le couloir. Il se précipite.

— Maria, qu'est-ce qui se passe ?

— Rien, laisse-moi.

— Réponds-moi ! N'oublie pas que nous rentrons à Villeroy ce soir. C'est mon collègue qui vient nous chercher.

— Non, je ne rentre pas à Villeroy.

Elle s'éloigne sans rien ajouter. Juillet veut l'obliger à parler, mais elle tourne la tête.

— Laisse-moi.

Elle descend l'escalier jusqu'au hall. Debout, près des portes de verre, Monika et Ivon attendent, vêtus de noir. Ivon porte un grand chapeau et des vêtements fripés. Monika est vêtue d'une robe longue. Un foulard gris cache ses cheveux. Maria mesure tout à coup la distance qui la sépare de ces deux personnes, mais comment leur échapper ?

Monika jette à la jeune femme un regard froid. Ivon, bossu, appuyé sur sa canne, lève vers elle son visage maigre au nez en bec d'aigle.

— Ils ont arrêté ton oncle et ton mari, dit Monika. On sait que tu dois sortir, il faut que tu viennes avec nous.

La jeune femme retient un sanglot, se tourne vers le docteur Juillet resté en retrait.

— Non, je ne veux pas ! s'écrie-t-elle.

— Tu oublies que ton oncle t'a sauvée une première fois et qu'il pourrait parler. Nous aussi, on pourrait parler.

Ivon ponctue ces propos de mouvements de la tête. La vieille continue :

— On est partis du camp. On va revenir chez nous. On a besoin de toi. Avec ton instruction, tu pourras travailler.

— Non, je ne veux pas.

— Qu'est-ce que tu dis ? Tu préfères rester ici avec ce qui t'attend ?

Elle fait non. Pendant ces quelques jours, Maria a cru que le passé la laisserait tranquille, qu'elle allait commencer une vie nouvelle, la seule qu'elle souhaite. Elle espérait rester auprès du docteur Juillet, mais sa mère n'a pas oublié, cette mère inflexible, dépourvue de sentiments.

— Django ? demande Maria. Je veux pas le laisser.

— C'est un malin. Il se débrouillera. On s'arrangera pour lui faire savoir où on est. Maintenant, il faut partir.

— Mes affaires sont restées dans la chambre.

— Tu n'en as pas besoin, fait Monika en se tournant vers le docteur Juillet qui s'est approché.

Monika s'éloigne, suivie du vieux boiteux. Maria hésite. Juillet la rattrape et la prend par l'épaule pour l'obliger à le regarder.

— Laisse-moi, dit-elle.

Il ne trouve pas les mots pour protester. Maria fait quelques pas et se retourne :

— Je t'ai menti. Je n'ai jamais eu l'intention de vivre avec toi.

— Qu'est-ce que tu racontes ?

— Adieu !

Elle monte dans la vieille voiture. Ivon s'est installé au volant, sa canne à côté de lui. La voiture démarre avec un bruit de tuyau d'échappement fêlé. Juillet n'a pas bougé, figé par les paroles de Maria qui creusent en lui un vide immense. Comment a-t-elle pu lui mentir ? Quelle est la raison de ce retournement inattendu ?

Il remonte à l'étage, court comme un fou dans le couloir jusqu'à la chambre de Django qui se cache de nouveau la tête. Juillet arrache le drap et oblige le gamin à le regarder.

— Qu'est-ce qui se passe ? Tu peux me dire pourquoi ta mère et ton oncle sont venus chercher Maria ?

— Elle doit sortir aujourd'hui, non ?

— Ne fais pas l'idiot. Ils ont parlé d'un secret.

Django se met à rire découvrant ses belles dents. Ses yeux noirs sont pleins de malice sous le paravent des longs cils.

— Tu vas me le dire ou…

— Je ne peux rien dire. C'est un secret, alors, forcément, je ne le connais pas !

Le gamin sait qu'il a tout intérêt à garder un dernier argument pour faire pencher la balance de son côté. Juillet claque la porte, passe dans sa chambre, se laisse tomber sur son lit.

Le soir, Lefranc le ramène à Villeroy sans lui poser la moindre question. Juillet n'avait pas imaginé ce retour sans Maria. La rue est déserte. Derrière sa fenêtre, la voisine regarde le docteur ouvrir son portail. Depuis qu'il est parti, l'opinion des gens a changé. On ne comprend plus les intentions du docteur. Comment lui, l'homme austère, celui qui incarnait la fidélité a-t-il pu se laisser ensorceler par une bohémienne, une femme soupçonnée d'avoir tué ses deux bébés ?

Chez lui, les photos sur les meubles lui adressent un regard inerte de papier. Il a voulu oublier Anne et Noémie, il a voulu les abandonner et c'est elles qui l'abandonnent. Cette maison est définitivement vouée à des mortes.

La sonnette retentit. Il va à la fenêtre pour voir qui se tient debout au portail. C'est Aline. Juillet dit à la secrétaire d'entrer.

— Ça fait plaisir de te revoir, dit Aline en embrassant Juillet. On serait heureux, Jean et moi que tu viennes dîner chez nous.

Juillet accepte car il n'a pas envie de rester seul dans cette maison hostile. C'est Lefranc qui a téléphoné à Aline pour l'informer que Juillet n'était pas bien. Tout ce qu'elle veut, c'est lui apporter un peu de réconfort, une présence attentive. Ce n'est que dans la voiture qu'Aline demande :

— Qu'est-ce qui s'est passé ?

— Je ne veux pas en parler.

Dès le lendemain, Juillet reprend son travail et ses habitudes. Après son petit déjeuner chez Marie-Josée, il se rend à son cabinet mais les patients ne se bousculent pas. Son retour dérange. Celui dont on ne pensait pas pouvoir se passer met les gens en face d'un choix qu'ils ne veulent pas trancher. Ils ont été nombreux à critiquer son attitude vis-à-vis des Roms et surtout de Maria. Un homme capable de changer aussi radicalement ne peut plus être pris au sérieux.

Juillet remarque vite que la confiance s'est rompue entre lui et les Villeroyens, mais il s'en moque et envisage sérieusement de partir. Il vit dans l'attente ; chaque sonnerie de son portable le fait sursauter. Il espère encore que Maria va l'appeler et lui annoncer son retour. Mais, à mesure que le temps passe, il comprend que la jeune femme ne changera pas d'avis.

Chez lui, dans un accès de colère, il enlève les photos du salon, hésite à les mettre à la poubelle, puis les range au fond d'un placard. Cette action le réconforte, mais très vite, ce qu'il a considéré comme une victoire sur le passé s'ouvre sur le néant : il est plus seul que jamais. Alors, il tente de s'absorber dans le rangement de ses timbres. Les deux albums que lui a volés Django lui manquent comme des compagnons indispensables. Qu'en a-t-il fait, cet horrible gamin ? Les a-t-il fourgués à un prix dérisoire alors qu'ils contenaient des trésors, les a-t-il jetés dans le caniveau ? Juillet serre les poings.

Un après-midi, après avoir déjeuné chez Marie-Josée, il revient au centre médical pour prendre son agenda. Il traverse le parc public quand son portable vibre dans sa poche. Fébrile, comme à chaque fois, le docteur, espérant toujours entendre Maria, porte l'appareil à son oreille droite. Il est déçu une fois de plus, même si la voix du docteur Perrot l'intrigue. Les deux hommes bavardent quelques instants, constatent qu'ils n'ont aucune nouvelle de la jeune femme. Enfin, le docteur Perrot aborde le sujet de son appel.

— C'est à propos de Django. Il est guéri et peut sortir de l'hôpital. La juge pour enfants parle de le placer dans une famille. Il a refusé, il a dit qu'il voulait venir chez vous.

— Quoi ?

C'est vrai que Django a risqué sa vie en affrontant la bête. Personne ne peut savoir ce qui serait arrivé sans lui. Juillet pense aussi que le gamin n'a rien fait pour arracher Maria aux griffes de sa mère. De plus, il ne se sent pas la force d'affronter les difficultés qui accompagnent fatalement le petit Rom.

— Non, je ne peux pas !

— Bien, je m'en doutais. C'est un gamin à emmerdes. Je vais dire à la juge pour enfants que tu refuses. D'ailleurs, elle n'était pas très chaude pour que tu le prennes. Elle considère que sa place n'est pas avec un homme seul.

Juillet est dépité par une telle remarque parce qu'il en mesure la vérité profonde. Il range son téléphone dans sa poche quand la sonnerie le fait sursauter de nouveau. Il murmure un « allô » qui est une question. Une voix enfantine qu'il connaît bien le surprend, même s'il s'y attendait vaguement.

— C'est simple, si je ne viens pas chez toi, je ferai les pires conneries !

Juillet sursaute.

— Je t'interdis de me parler comme ça. Et puis tu n'as pas à me tutoyer. Est-ce que tu crois que tu as fait le moindre effort ?

— Bon, c'est d'accord. Je voulais te demander pardon, mais je n'insiste pas. Tant pis pour Maria.

— Qu'est-ce que tu racontes ?

Malin, Django a raccroché. Juillet reste un instant l'appareil à la main, cherchant vainement ce que le gamin a bien voulu insinuer. A-t-il des nouvelles ? Maria l'a-t-elle chargé d'une mission auprès de lui ? Django est capable des pires mensonges quand ça peut lui être utile, pourtant, le docteur ne peut pas laisser passer cette seule chance. Il fait demi-tour, regagne sa voiture et s'en va en trombe. Aline assiste à la scène de la fenêtre de son bureau et se dit qu'elle devra encore une fois décommander la dizaine de rendez-vous de l'après-midi.

Au parking de l'hôpital, il n'y a plus de place. Juillet abandonne sa voiture sur l'emplacement réservé aux médecins et se rend directement à la chambre de Django qui ne se montre pas surpris.

— Je savais que tu viendrais, fait-il en souriant mali-
cieusement.

— Je t'interdis de me tutoyer, s'écrie Juillet de fort
mauvaise humeur. Qu'est-ce que tu voulais me dire à
propos de Maria ?

Le gamin éclate de rire. Ses beaux yeux pétillent de
malice. Une morsure de la bête fait une traînée rouge
en travers de sa joue. Il y porte la main.

— Mais rien du tout. Maria ne m'a pas appelé.
Qu'est-ce que tu crois, ma mère la tient par le bout du
nez. En laisse, comme un petit toutou !

Juillet s'approche de lui, la main levée, menaçant.

— Tu mériterais que je te flanque une raclée.

— Alors, tu me prends chez toi ?

Juillet recule, offusqué et séduit par l'effronterie de
Django qui sourit encore. Dans la lumière rasante de la
fenêtre, le docteur voit en lui les traits de Maria en plus
jeune, mais aussi avec une rouerie qui se lit dans le pli
des lèvres, son menton un peu plus fort que celui de la
jeune femme.

— À une condition, dit Juillet. Tu te tiendras tranquille. À la première bêtise, je te fous dehors !

Le gamin se redresse avec la vivacité d'un ressort
qui se détend.

— Je te jure que je serai le plus gentil des garçons.
J'irai à l'école et je m'appliquerai. Je ne volerai plus.
D'ailleurs, regarde comme je vais changer : ce portable
qui est posé sur la table, je l'ai piqué à une infirmière,
la grande chèvre aux dents de cheval. Tu peux le lui
rendre.

— Non, tu vas le faire toi-même.

— D'accord, je lui dirai que je l'ai trouvé dans le
couloir et elle me donnera une récompense.

— Tu n'es qu'un vaurien, réplique Juillet. Prends tes affaires, on s'en va.

Après avoir vu la juge pour enfants et signé des tas de papiers qu'il n'a même pas pris le temps de lire, le docteur Juillet rentre à Villeroy. À côté de lui, Django se tait. Il regarde le paysage et pense que ce devait être formidable vu de l'hélicoptère. Mais il n'en garde aucun souvenir. Seule la gueule et les dents de la bête restent présentes à sa mémoire. Au bout d'un long moment de silence, il demande :

— Qu'est-ce que vous avez fait de Gianni ?

— Il est chez lui. Il est bien seul depuis la mort de son père. Il essaie de tuer la bête.

— S'il n'y arrive pas, personne ne pourra le faire. Si un jour on a le temps, je te raconterai l'histoire de la bête.

— Je la connais. Gianni a tout dit au commissaire Boissy. La bête a été dressée par ton oncle.

— Non, il n'a pas tout dit.

— Ah bon ? fait le docteur intrigué.

— Ça te paraît pas bizarre qu'elle attaque le visage des gens et qu'elle ne les tue pas ?

— Si, en effet !

— Bon, fait Django, je vois que tu t'en fous. Tant pis, je te le dirai une autre fois.

— Mais si, ça m'intéresse !

Django n'ajoute rien. Le silence retombe entre eux. Ils arrivent à Villeroy.

— Je dois aller faire mes consultations. Je t'avertis, si tu en profites pour faire la moindre bêtise, je te conduis chez la juge et je ne veux plus jamais entendre parler de toi.

— Je t'ai dit que je serai sage.

Juillet s'en va, abandonnant Django seul dans cette maison où très peu de gens sont entrés depuis le grand malheur. Bien qu'il ait rangé les photos, décidé à tourner la page, il a l'impression de laisser un parasite ronger sa mémoire, déranger une vie qui s'était bâtie sur l'absence. Il en est préoccupé. Pourtant, il fait ses visites et, auprès de ses patients, oublie que Django, livré à lui-même, est capable des pires extrémités.

Le soir, il rentre après avoir pris le temps d'acheter de quoi dîner chez le traiteur. Quand il sort de sa voiture, la lumière allumée dans le salon le rassure. Django est sur le canapé en train d'écouter de la musique.

— Moins fort ! hurle Juillet. Ta musique de sauvages me hérisse.

Django éclate d'un grand rire en baissant le son.

— Viens voir. J'ai préparé ma chambre.

Le docteur le suit, et pousse un grand cri :

— Qu'est-ce qui t'a pris ? Tu n'avais pas le droit, tu entends !

Django recule, sur la défensive, prêt à griffer.

— C'est la chambre de Noémie. Je n'y ai pas touché depuis qu'elle est partie. Tu comprends que tu viens de la déranger dans son sommeil. Tu l'as définitivement éloignée de la maison.

Juillet est abattu, au bord des larmes. Django reste à l'écart, visiblement effaré par cette douleur d'adulte montrée à nu, comme une vilaine plaie. Puis il se détend, pousse un cri d'animal, court dans le couloir et disparaît.

— Django, reviens ! hurle Juillet.

Mais l'enfant est loin. Le docteur reste longtemps face à la nuit qui grésille du bruit des grillons. Un immense désespoir s'empare de lui. Une fois de plus, son passé vient de se dresser entre lui et la vie ordinaire, un mur infranchissable contre lequel il s'écrase à chaque tentative.

Il ne peut pas laisser le gamin seul et décide de le chercher avant d'avertir les gendarmes. Il prend sa voiture, parcourt les rues de Villeroy, puis se dirige vers l'ancien campement des Roms.

L'endroit est désert. Les chiens ont été confiés à un chenil avant le départ de la tribu. Django est là, assis devant la caravane abandonnée où il a grandi. Il lève la tête quand les phares l'éblouissent. Juillet descend de sa voiture, le gamin ne cherche pas à s'enfuir.

— Écoute, fait-il, j'ai été un peu vif. Il ne faut pas m'en vouloir, tu comprends que je suis attaché à ce qui me reste de ma fille.

— Non, je comprends pas.

La colère reprend Juillet qui n'en montre rien.

— Il y a une autre chambre au fond du couloir. Tu vas l'aménager pour toi. Comme ça, je pourrai penser que tu es le frère de Noémie.

— Je ne suis pas le frère de Noémie, mais je voulais pas te faire de peine.

— Alors viens, j'ai acheté à manger.

Django se laisse emmener. Ils rentrent sans un mot, séparés par des pensées qui ne peuvent se rejoindre, et en même temps unis par un curieux sentiment qui ne s'exprime que par la confrontation.

Ils dînent en silence. Leur différence ne peut pas se gommer en quelques heures. Ils se savent au bord de la falaise, l'un et l'autre prêts à tomber. À la fin du repas, Django murmure quelque chose et s'enferme dans la chambre du fond. Juillet n'insiste pas et va se coucher à son tour, mais il reste longtemps les yeux ouverts sur la nuit, sans pouvoir trouver le sommeil.

Le lendemain, il se lève très tôt en évitant de faire du bruit. Il passe dans la salle de séjour. Django est là, assis sur le canapé, qui regarde le jour se lever. Les oiseaux piaillent dans le tilleul en fleur.

— Qu'est-ce que tu fais là ? Tu n'as pas pu dormir ?

Il fait non de la tête. Il n'a cessé de penser au camp des Roms vide, aux vieilles caravanes abandonnées, à son enfance rattachée à ce coin boueux de forêt. Juillet comprend.

— Tu t'ennuies sans les tiens ?

— Je m'ennuie sans Maria.

— Viens prendre ton petit déjeuner. J'ai acheté du lait et du chocolat. J'ai aussi du pain grillé et de la confiture. Ensuite tu retourneras à l'école. Je t'accompagnerai si tu veux.

Django semble satisfait. Être accompagné à l'école par le docteur Juillet, dire qu'il vit désormais chez lui, mentir un peu en ajoutant qu'il l'a adopté, c'est pour Django se défaire d'une carapace de saleté, ne plus être l'étranger, le manouche que l'on regarde en coin. C'est accéder au rang des autres.

Ils déjeunent en silence. La nuit a dissipé la lourdeur entre eux, cette impression de ne jamais pouvoir s'entendre. Ce matin, ils ne pensent qu'aux choses ordinaires, l'heure qui tourne et l'école.

— À midi, tu viendras manger avec moi chez Marie-Josée.

Django ne s'attendait pas à une telle proposition.

— Mais qu'est-ce qu'ils vont dire les gens ?

— Ils diront ce qu'ils veulent. Ça m'est égal.

301

Cette nuit, éveillé mais laissant son esprit voguer sans contrainte, Juillet a compris que Noémie et Anne ne s'opposent pas à ce que Django vive près de lui. Au contraire, Noémie lui a soufflé qu'elle voulait bien lui prêter sa chambre. Pour dormir en paix dans un passé apaisé, les deux disparues souhaitent que celui qui reste de l'autre côté de la barrière redonne un sens à son existence. Si elles refusaient Maria, elles acceptent ce garçon perdu. Le docteur pose sa main sur l'épaule de Django :

— On s'occupera de la vaisselle ce soir. Viens, c'est l'heure d'aller à l'école.

— Je vais m'arranger pour retrouver vos albums de timbres.

— Voilà que tu me vouvoies, maintenant ?

Ils partent. Le directeur du collège accueille le mauvais élève avec des égards qu'il n'avait pas quand Django venait avec sa mère. Les deux hommes bavardent un moment et Django rejoint sa classe sous les regards curieux de ses camarades.

À midi, le docteur termine ses consultations et se rend chez Marie-Josée où il s'étonne de ne pas trouver l'enfant. Quelques instants plus tard, le lieutenant Lormeau le ramène. Juillet qui redoutait une nouvelle frasque est servi :

— Il paraît qu'il s'est battu à l'école. Et il s'est enfui. Mais ce n'est pas tout. Il a repris ses vieilles habitudes et s'est fait prendre en train de piquer des CD au centre culturel.

Django lance sur Juillet son regard d'animal sauvage.

— Qu'est-ce qui t'a pris ? Tu m'as juré que tu ne recommencerais plus.

Il se tait, le gamin, regardant tour à tour le gendarme et Juillet qui se retient pour ne pas le gifler.

— Qu'est-ce que j'en fais ? demande Lormeau. Je l'envoie au juge pour enfants ?

— Non, décide Juillet. Je le garde. Je vais arranger tout ça avec le responsable du centre culturel et le directeur du collège.

— Comme vous voulez, docteur, mais vous allez au-devant de gros ennuis.

— On verra.

Le gendarme s'en va. Juillet emmène Django à sa table habituelle. Cette nuit, Noémie ne lui a-t-elle pas fait comprendre que certains comportements qui semblent absurdes proviennent de l'anxiété, de la peur, du besoin d'être aimé ? Django baisse la tête, visiblement honteux, mais n'est-ce pas encore de la comédie pour se tirer à bon compte de sa nouvelle bêtise ? Le gamin pourrait dire qu'il s'est battu pour reprendre les albums de timbres qu'il a volés pour les échanger contre des CD, mais ce n'est pas vrai. Il s'est battu parce qu'un garçon l'a regardé d'une manière qu'il n'aime pas, il a volé parce que la tentation était là, qu'elle brûlait ses doigts et qu'il n'a pas su résister. Aujourd'hui, il n'a pas envie de mentir.

Ils mangent en silence, sous le regard des autres clients prêts à s'apitoyer non pas sur l'enfant, mais sur le docteur qui va encore avoir des soucis avec cette graine de voyou. Django a le sentiment d'être un autre, d'avoir changé de vie. C'est la première fois qu'il mange ici, au milieu de ces gens pressés. Ses vêtements le différencient encore des autres, Juillet le remarque :

— Ce soir, après l'école, je vais t'emmener acheter de quoi t'habiller correctement.

Django reçoit cette décision comme la marque évidente d'un rejet.

— Il faudra aussi me blanchir la peau, sinon je ferai toujours manouche au milieu des gens bien.

Juillet ne répond pas. À la fin du repas, il conduit Django au collège où le directeur, face au dévouement du médecin, accepte de reprendre le jeune Rom en lui faisant la morale.

Le soir, après avoir visité quelques patients, Juillet s'arrange pour être à la sortie de l'école. Il s'étonne de ne pas voir arriver son protégé. Il demande aux autres enfants, l'un d'eux lui explique :

— Il est sorti par l'autre côté, la petite porte des ateliers qui donne sur la rue. Il a dit qu'il ne voulait plus vous voir.

Excédé, Juillet saute dans sa voiture et part à la recherche du gamin qu'il trouve sur la place, assis près de la fontaine.

— Qu'est-ce que tu fais là ? Tu savais bien que je venais te prendre pour t'acheter des vêtements.

Il baisse la tête, le regard toujours fixé sur le jet d'eau. Juillet le prend par l'épaule et le secoue.

— Tu m'entends ? J'ai autre chose à faire qu'à te courir après.

Alors Django se tourne vers Juillet et hurle :

— Qu'est-ce que ça peut foutre que je sois mal habillé ? Je serai toujours un étranger, un bohémien. J'ai eu tort. Je veux partir, rejoindre ma mère et ma sœur. On n'est pas des gens comme les autres.

— Tu me fatigues avec tes pleurnicheries. Maintenant tu vas me suivre chez le marchand de vêtements.

Si tu n'es pas content, c'est la même chose, répond Juillet en l'attrapant par le bras.

— Je vais vous suivre, d'accord. Mais avant, il faut que je vous dise quelque chose qui va vous anéantir. Vous savez pourquoi Maria a tant peur des tribunaux et pourquoi elle a été obligée de suivre les autres ? Ce fameux secret ? C'est vrai que la bête a tué le premier bébé, mais c'est elle qui a tué le second.

Juillet chancelle, comme assommé par ce qu'il vient d'apprendre. Il s'assoit sur le rebord de la fontaine, la tête basse. Comment est-ce possible ? Comment Maria, une femme aussi douce, a-t-elle pu commettre un acte aussi odieux ?

— Elle les détestait, continue Django, parce qu'ils ressemblaient à leur père. Elle refusait de leur donner à téter. Mon oncle s'est mis en colère et il a frappé Maria. Très fort, si fort qu'elle est restée deux jours couchée dans la vieille caravane où il l'avait enfermée avec les bébés. C'est ma mère qui les faisait téter avec du lait de vache. Mais Maria ne supportait pas de les entendre pleurer. Un jour, elle en avait mis un dehors parce qu'il criait trop fort. La bête qui vivait avec les chiens de mon oncle a renversé le landau et a tué le bébé en lui écrasant le visage dans sa mâchoire. Ion s'est mis en colère. Il a attaché la bête à un arbre et il l'a frappée. Il tenait le bébé mort d'une main et pressait le visage écrasé sur la gueule du loup pour qu'il comprenne pourquoi il le cognait. Et ça a duré longtemps. La bête n'a pas poussé un cri, pas une plainte. Quand Ion s'est calmé, on a cru que Beika était morte, la tête couverte du sang du bébé. Le lendemain, elle était partie. C'est Maria qui l'a libérée parce qu'elle était contente de ce qu'avait fait la bête. Alors mon oncle l'a cherchée et l'a soignée. Puis il lui a appris à chasser. Cela a duré des mois. Mais avec elle, il ne risquait pas de se faire prendre. Il a creusé des abris dans le parc pour qu'elle échappe aux gardes. Si la bête s'en prend aux gens, c'est sûrement à cause de la tête du bébé écrasée contre son museau pendant que Ion lui tapait dessus.

— Et le deuxième bébé ?

— Deux jours plus tard, Maria a dit que le deuxième bébé était mort de convulsions, mais personne ne l'a crue. Quand on lui a demandé ce qui s'était passé, elle a éclaté de rire. Elle a dit qu'elle était bien débarrassée de cette vermine. On a compris ce qu'elle avait fait. Tout le reste, on l'a inventé. Si elle avait refusé de suivre les autres, ils l'auraient dénoncée et elle serait en prison pour le pire des crimes.

Des pigeons se posent devant eux. Un mâle gonfle les plumes brillantes de son cou et roucoule en tournant autour d'une femelle.

— Viens, dit Juillet. On va quand même acheter les vêtements.

Gianni a repris la traque de la bête. Pour Maria, il veut laisser de lui l'image du maître de la forêt, le seul capable de tuer l'animal qui tient tête à une armée. Depuis plusieurs jours, il arpente le parc, relevant les moindres indices qui pourraient le conduire vers le loup. Pour se nourrir, celui qui n'a pas le courage d'affronter les gens de Villeroy se contente de cueillir les légumes sauvages, les asperges qui poussent dans les coins ombragés, les champignons, et de braconner oiseaux et lapins.

Chaque soir, après une journée d'errance, il rentre dans sa masure, exténué, bien conscient que sa place n'est plus ici. Il n'a envie de rien. Ses forces s'usent contre le rocher tranchant de son amour impossible. Vivre sans l'espoir de retrouver Maria est trop lourd pour ses épaules.

Alors, il décide d'en finir. Tant pis s'il ne tue pas la bête. Il a réglé chaque détail de sa disparition, de sa propre mise à mort. Ses yeux de monstre se tournent constamment vers le téléphone posé sur la table. Entendre une dernière fois la femme qu'il a aimée depuis le premier regard. Il avait à peine quinze ans. Les Roms sont arrivés avec leur caravanes, leurs chiens, et Ion Prahova à qui tout le monde obéissait. Ils se sont installés dans le hameau abandonné. Gianni, caché à proximité, a vu Maria aller au puits. Elle a tourné les yeux vers lui sans le voir. Alors, il a compris que son destin ne pourrait s'accomplir sans elle…

Sa main s'approche du téléphone, touche l'objet froid, le caresse du bout des doigts, comme si c'était la peau de Maria. Il prend l'appareil, compose un numéro qu'il connaît par cœur, puis hésite avant d'appuyer sur le bouton vert qui lance l'appel. La sonnerie retentit quelque part loin de la forêt. Trois fois, quatre fois. Gianni est presque soulagé que Maria ne réponde pas. Il s'apprête à reposer le téléphone quand une voix lui répond, cette voix qu'il connaît si bien et qui remue en lui tant de sentiments, de forces contradictoires, de désirs et de répulsions. Il bredouille :

— C'est toi, Maria ?

— Gianni ! fait la jeune femme qui vient aussi de le reconnaître. Ton appel me fait tant de bien.

— Où es-tu ?

Un silence dans lequel il entend la respiration de Maria. Et cet espoir insensé qui revient, qui donne au jeune homme la force de s'écrier :

— Ils te tiennent. Ils veulent dire des monstruosités à la police si tu les abandonnes ? Tu sais bien que je suis le seul à pouvoir te sauver.

— Non, je ne veux pas. On ne peut pas refaire le passé. Va trouver Django. Il est chez le docteur Juillet. Dis-leur… et puis non, laisse tomber.

Le téléphone glisse des mains de Gianni. Il a entendu

l'amour de la jeune femme dans sa manière de prononcer le nom du docteur Juillet. Il se retrouve en enfer.

La sonnerie retentit. C'est Maria, il ne décrochera pas. Il passe dans la pièce voisine, ouvre un tiroir et prend une feuille de papier et un crayon. L'heure de l'ultime confession est arrivée. Il s'installe de nouveau dans la cuisine, pousse les ustensiles sales pour faire de la place. Puis il plie la feuille, la glisse dans une enveloppe sur laquelle il écrit : « Pour le commissaire Boissy ». Il pose la lettre sur la porte, la coince entre deux planches disjointes de sorte qu'elle soit très visible. Tout son corps est agité de tremblements. Il va dans son appentis, cherche son couteau de chasse qu'il fixe à sa ceinture, prend son fusil et part dans la forêt.

Maria a bien compris que Gianni se préparait à commettre un acte sans retour. Elle s'en veut de ne pas lui avoir rendu le sentiment noble qu'il a pour elle depuis tant d'années. Pourquoi lui a-t-elle parlé de Django et du docteur Juillet ?

L'appel de Gianni vient de la replacer dans la réalité. Elle comprend que sa fuite n'a pas de sens, qu'elle ne la conduira nulle part. Maria se sait sous mandat d'arrêt ; les policiers finiront par la trouver, alors, pourquoi fuir ? Pour cacher une vérité qui finira forcément par apparaître ? Mentir reste encore la meilleure manière de perdre à jamais le seul homme qui lui fait oublier qu'elle est rom, qu'elle se doit à sa communauté.

Elle veut se nettoyer du passé qui lui pèse, au prix de la prison, au prix qu'il faudra payer pour se donner à cet amour brûlant comme de l'or.

Trois caravanes se suivent. Le groupe a fait halte sur un terrain vague en bordure d'Alès. Dès qu'il a parcouru trente kilomètres, le vieil Ivon passe le volant à Piotr, mais les étapes sont courtes. Qu'iraient-ils faire en Roumanie ? Ils souhaitent arrêter leur voyage le plus tôt possible, là où on les laissera vivre en paix. Ion Prahova ne restera pas longtemps en prison : il n'a pas commis de grave délit. Il n'est que complice du trafic de voitures et de vente de gibier tué par un animal dressé. Il n'est pas directement responsable des attaques de la bête. Au bout d'un an ou deux, il sera sorti et la vie recommencera comme avant.

Maria sait ce qui lui reste à faire. Elle a eu tort de paniquer, de céder au chantage de sa mère. Elle se découvre assez forte pour affronter la justice.

Elle revient au campement, entre dans la caravane de sa tante qui ne lui adresse plus la parole depuis que Prahova a été arrêté. Pour Mouchka, c'est elle la responsable, elle qui a parlé à la police. Les deux femmes ne se sont jamais appréciées et elles sont prêtes à se déclarer une guerre ouverte. Maria attend que sa tante soit sortie pour voler les clefs et les papiers de la voiture. Elle court au véhicule et, sans la moindre précaution, démarre. Mouchka et Ivon se demandent ce qui se passe. Avant qu'ils aient compris, Maria est loin. Elle a passé son permis de conduire à dix-huit ans : Ion l'avait voulu ainsi pour qu'elle livre les paniers et les objets de vannerie à différents magasins.

Elle emprunte les petites routes des Cévennes et arrive deux heures plus tard à Villeroy. Sans hésiter, elle se gare devant la maison de Juillet. C'est le soir, la nuit va tomber, le docteur est là. Elle traverse la cour, entre par le garage ouvert. Dans le noir, elle monte l'escalier en cherchant les marches du bout du pied. La porte de communication est ouverte et le spectacle qui s'offre à

— Je vais vous tuer tous les trois, ensuite je me tue-
rai et tout sera dit.

Django, d'ordinaire téméraire, se tient en retrait. Le
gamin a bien compris que Gianni est dans un état de
folie où il n'y a rien à lui faire entendre. Juillet se place
devant Maria.

— Gianni, il faut que tu m'écoutes.

— Non, je n'écoute plus personne. Je suis un
monstre, un horrible monstre. Je ne peux commettre
que des actes monstrueux.

— Gianni, hurle Maria. Je te jure que si tu nous épar-
gnes, je resterai avec toi.

Il éclate d'un grand rire.

— À quoi ça servirait puisque tu ne m'aimes pas ?

Il lève son arme à la hauteur de son visage. Juillet
regarde sur le côté pour se mettre à l'abri.

À cet instant, un terrible hurlement monte du taillis.
Gianni tourne son arme, mais n'a pas le temps d'éviter
la charge de la bête. Le fusil lui échappe ; il roule au
sol, terrassé par les puissantes pattes de l'animal. Sa
main droite réussit à s'emparer du couteau fiché dans
une poche le long de sa cuisse.

Maria se pelotonne contre Juillet. Django se précipite,
s'empare du fusil, vise, appuie sur la détente. Un clic
métallique lui indique que l'arme n'était pas chargée.

Le loup et l'homme enlacés se battent, l'un avec ses
dents puissantes, l'autre avec son couteau. Juillet
arrache le fusil des mains de Django et, le tenant par le
canon, frappe la bête avec la crosse. Le sang ruisselle
sur le pelage du loup poignardé en pleine poitrine. Il ne
cède pourtant pas et, tenant la tête de Gianni dans l'étau
de ses puissantes mâchoires, veut l'entraîner à l'écart.
Les deux belligérants roulent sur la berge abrupte,

tombent dans l'eau profonde qui se teinte de rouge. Ils coulent à pic. Juillet plonge à son tour, disparaît dans le bouillon. Quelques instants plus tard, il remonte : il n'a rien vu dans cette eau noire.

— Il n'y a plus de bête, dit-il. Gianni avait promis de la tuer et il a réussi.

Personne ne répond. Les deux cadavres, toujours enlacés, remontent, inertes, à la surface. Juillet sort de l'eau et appelle la gendarmerie puis le commissaire Boissy pour lui raconter ce qui s'est passé.

Les pompiers arrivent dans les minutes qui suivent. Ils sortent de l'eau le corps de Gianni et celui de la bête enfin vaincue.

— Il y a quelque chose que je ne comprends pas, fait le commissaire. C'est à cause du bébé que Prahova écrasait sur le museau de la bête qu'elle défigurait les gens, mais pourquoi s'est-elle tenue tranquille pendant deux ans ?

— C'est simple, dit Django enfin libre de parler. La bête tuait le gibier toujours de la même manière : en lui saisissant la tête. Même les gros sangliers ! Elle s'acharnait sur la tête, comme pour les défigurer. Ion laissait faire jusqu'à ce qu'un marchand de Montpellier lui demande des têtes de cerfs, de chevreuils et de sangliers pour les naturaliser. Il paraît qu'il y a un marché juteux. Alors Ion a corrigé la bête pour qu'elle tue ses victimes uniquement en les saignant par le cou. Comme elle ne voulait pas obéir, il s'est mis en colère et lui a passé une bonne raclée en l'attachant pour qu'elle ne puisse pas se défendre. Je le sais, je l'ai vu. C'était au début du printemps. Depuis, la bête n'a plus touché aux têtes du gibier. Il fallait bien qu'elle passe ses nerfs sur quelqu'un.

— Je comprends, dit Boissy qui ne cache pas sa déception. Il n'y avait donc pas, de la part de Prahova, une volonté délibérée de se servir de la bête pour défigurer les gens. Dommage, j'aurais aimé le faire plonger pour trente ans. Ce qu'on pourra lui reprocher, c'est de ne pas avoir tué la bête quand elle a commencé à agresser les gens.

Cette fois, c'est Maria qui répond.

— Il l'aimait. Après l'avoir battue à mort, il s'est mis à l'aimer plus que ses chiens. Au début, ça l'a amusé de jouer au chat et à la souris contre une armée de chasseurs. Mais je le connais : s'il avait su que vous le soupçonniez, il aurait sûrement tué la bête.

Jules Boissy ouvre l'enveloppe cachetée à son intention par Gianni. Devant le lieutenant Lormeau, devant ses gendarmes, devant Juillet et Maria, devant Django, il lit d'une voix pleine d'émotion :

Je vous ai promis de tuer la bête, je n'ai pas réussi. Maintenant, c'est elle qui me chasse et moi qui fuis. Je vais mettre fin à mes jours, c'est mon droit le plus strict. Cela ne servirait à rien de m'opérer, de faire de moi un autre homme. Et puis, sans l'espoir de retrouver Maria, je ne suis plus à ma place ici, parmi les animaux que je chasse et que je protège à ma manière.

Je dois vous confesser un crime pour éviter une grave erreur judiciaire. C'est moi qui ai étouffé l'enfant de Maria. Quand Beika a tué le premier bébé, j'ai pensé qu'en libérant Maria du second, je me l'attacherais pour toujours. Je suis un monstre. Je devais avouer la vérité avant de paraître devant le juge suprême.

Je vous demande pardon de ne pas avoir été à la hauteur de la confiance que vous aviez mise en moi.

Quand la voix de Boissy s'arrête, un long silence se fait. Même les animaux de la forêt se taisent comme s'ils savaient que leur roi n'est plus. Enfin, une ambulance arrive pour emmener le corps du jeune homme à la morgue de Mende où il restera le temps de clore l'enquête. Les policiers chargent aussi le cadavre du loup, cette bête qui a terrorisé le pays pendant près de deux mois.

Le lendemain, les journaux, les télévisions racontent comment Gianni Lamberto a tué la bête. L'été est là. Juillet a repris son travail en redoutant les vacances qui vont laisser beaucoup de liberté à Django. Mais le gamin tient sa promesse. Il ne vole plus et, un soir, alors que le docteur rentre de ses consultations, deux paquets sont posés sur la table de la salle de séjour. Il s'en étonne, Django lui demande de les ouvrir.

— Mes albums de timbres ! Gros bandit, mais tu les avais cachés où ?

Django éclate de ce rire joyeux qui lui va si bien.

— Je ne les avais pas volés. Ils étaient dans votre sous-sol, au milieu de vos vieux bouquins. Vous avez dû les descendre en pensant que c'était autre chose.

— Sûrement ! fait Juillet en riant à son tour.

Maria rentre du jardin. Sa petite robe ne cache rien des formes de son corps si jeune, si svelte, ce corps à mi-chemin entre celui de Anne et de Noémie. C'est elle qui s'adresse à Django :

— Voilà ce qu'on a décidé, dit-elle en se tournant vers Juillet et en lui prenant la main. Tu vas bientôt assister à une grande fête.

Il fait semblant de ne pas comprendre.

— Eh bien, dit Juillet, après le procès qui devrait avoir lieu en octobre, nous nous marierons.

— Et si Maria est condamnée à la prison ?

— Nous avons pris de très bons avocats. N'oublie pas qu'il y a la confession de Gianni. Et si elle est condamnée, on attendra qu'elle soit libérée.

Ils se taisent. Maria baisse les yeux. Sa faute a été de souhaiter la mort des bébés. La haine qui remplissait son cœur l'empêchait de leur apporter l'attention d'une mère, et la peine infligée par le tribunal n'effacera pas son sentiment de culpabilité.

— Mon crime, c'est de ne pas avoir aimé deux innocents. Je suis coupable de la joie que leur mort m'a procurée. Pauvre Gianni !

— Il est temps de tourner la page et de penser à l'avenir, dit Juillet.

Elle fait oui de la tête, mais elle sait bien que les souvenirs de Gianni et de ses enfants détestés la hanteront toute sa vie.

- III Café   3 $
- 2 muesli   8 $
- 1 mint   5 $
- 1 soda   1 $
- bus   8 $
                  _____
              ~ 25 $
                  _____

POCKET N° 14658

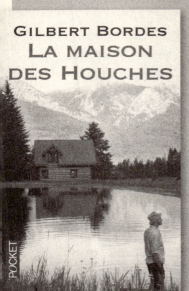

« Une nouvelle histoire d'hommes et de terres (...), d'émotions, de peurs et de joies. »

Le Populaire du Centre

Gilbert BORDES
LA MAISON
DES HOUCHES

Au cœur de la vallée de Chamonix, Lucien refuse de quitter sa ferme des Houches pour une maison de retraite : il aime trop la liberté et les trésors de la nature. Surtout, il a un ultime serment à tenir : gravir une dernière fois la montagne. Mais il va devoir emmener avec lui Sophie, sa petite-fille et forte tête...

Retrouvez toute l'actualité de Pocket sur :
www.pocket.fr

Cet ouvrage a été composé par IGS-CP
à L'Isle-d'Espagnac (16)

Imprimé en Espagne
par CPI Blackprint Iberica

DÉPÔT LÉGAL : avril 2013

S20989/01